国家中等职业教育改革发展示范学校

汽车整车
维护与检测

QICHE ZHENGCHE
WEIHU YU JIANCE

■主　编　胡　梅　向　华

副主编　杨　浩　高　进

参　编　张　媛　魏志刚

　　　　朱　蓉　刘家鸣

主　审　李　虎

重庆大学出版社

内 容 提 要

本书以"汽车制造与检修"专业相关工作任务及职业能力分析为依据,按照国家职业技能汽车检修工四级标准编写而成,书中将理论知识与实际维修过程的工作任务紧密结合并且作了适当整合,突出知识点的过程以及掌握实际工作任务的操作流程,目的是使学生具有从事汽车维护保养岗位工作的职业能力。其主要内容包括:汽车维护与检测认识、发动机的保养、汽车免拆维护、照明、仪表与附属装置的维护及故障诊断与排除、汽车底盘维护与检测、汽车整车性能检测、整车综合故障诊断共7个项目。

本书适用于中等职业学校汽车专业教学使用。

图书在版编目(CIP)数据

汽车整车维护与检测 / 胡梅,向华主编.—重庆:重庆
大学出版社,2015.4(2015.1重印)
国家中等职业教育改革发展示范学校建设系列成果
ISBN 978-7-5624-8985-6

Ⅰ.①汽… Ⅱ.①胡…②向… Ⅲ.①汽车—车辆修理—中等
专业学校—教材 Ⅳ.①U472

中国版本图书馆 CIP 数据核字(2015)第 066991 号

汽车整车维护与检测

主编 胡梅 向华
副主编 杨浩 高进
主审 李虎
策划编辑:曾令维
责任编辑:陈力 版式设计:曾令维
责任校对:关德强 责任印制:张策

*

重庆大学出版社出版发行
出版人:陈晓阳
社址:重庆市沙坪坝区大学城西路 21 号
邮编:401331
电话:(023) 88617190 88617185(中小学)
传真:(023) 88617186 88617166
网址:http://www.cqup.com.cn
邮箱:fxk@ cqup.com.cn(营销中心)
全国新华书店经销
重庆新生代彩印技术有限公司印刷

*

开本:787mm×1092mm 1/16 印张:17.25 字数:431千
2015 年 4 月第 1 版 2025 年 1 月第 3 次印刷
ISBN 978-7-5624-8985-6 定价:38.00 元

序 言

////////////////

重庆市工贸高级技工学校实施国家中职示范校建设计划项目取得丰硕成果。在教材编写方面，更是量大质优。数控技术应用专业 6 门，汽车制造与检修专业 4 门，服装设计与工艺专业 3 门，电子技术应用专业 3 门，中职数学基础和职业核心能力培养教学设计等公共基础课 2 门，共计 18 门教材。

该校教材编写工作，旨在支撑体现工学结合、产教融合要求的人才培养模式改革，培养适应行业企业需要、能够可持续发展的技能型人才。编写的基本路径是，首先进行广泛的行业需求调研，开展典型工作任务与职业能力分析，建构课程体系，制定课程标准；其次，依据课程标准组织教材内容和进行教学活动设计，广泛听取行业企业、课程专家和学生意见；再次，基于新的教材进行课程教学资源建设。这样的教材编写，体现了职业教育人才培养的基本要求和教材建设的基本原则。教材的应用，对于提高人才培养的针对性和有效性必将发挥重要作用。

关于这些教材，我的基本判断是：

首先，课程设置符合实际，这里所说的实际，一是工作任务实际，二是职业能力实际，三是学生实际。因为他们是根据工作任务与职业能力分析的结果建构的课程体系。这是非常重要的，惟有如此，才能培养合格的职业人。

其二，教材编写体现六性。一是思想性，体现了立德树人的要求，能够给予学生正能量。二是科学性，课程目标、内容和活动设计符合职业教育人才培养的基本规律，体现了能力本位和学生中心。三是时代性，教材的目标和内容跟进了行业企业发展的步伐，新理念、新知识、新技术、新规范等都有所体现。四是工具性，教材具有思想品德教育功能、人类经验传承功能、学生心理结构构建功能、学习兴趣动机发展功能等。五是可读性，多数教材的内容具有直观性、具体性、概况性、识记性和迁移性等。六是艺术性，这在教材的版式设计、装帧设计、印刷质量、装帧质量等方面都得到体现。

其三，教师能力得到提升。在示范校建设期间，尤其在教材编写中，诸多教师为此付出了宝贵的智慧、大量的心血，他们的人生价值、教师使命得以彰显。不仅学校不会忘记他们，一批又一批使用教材的学生更会感激他们。我为他们感到骄傲，并向他们致以敬意。

重庆市教科院职成教研究所 谭绍华

2015 年 3 月 5 日

前 言

为了适应我国汽车检修行业技能型人才培养的需要,满足中等职业学校以就业为导向的办学目标和要求,我们在汽车专业教学改革的基础上,根据汽车维修专业相关工作任务及职业能力分析为依据,按照国家职业技能汽车检修工四级标准编写了本教材。

本书在编写的过程中依托现代先进职业教育理念,充分体现课程内容的职业性、实践性和科学性特点,真正体现汽车制造与检修专业"校企双元、德技双修"这一人才培养模式。注重培养学生的动手能力与思维能力,以达到优化学生的知识、技能与素质的目的。使学生在学习过程中掌握工作过程中的组织方法,提高学生的综合职业能力与职业素质,为汽车检修行业培养合格的高素质技能型人才。

本书共包括 7 个项目、22 个任务,即项目 1:汽车维护与检测认识;项目 2:发动机的保养;项目 3:汽车免拆维护;项目 4:照明、仪表与附属装置的维护及故障诊断与排除;项目 5:汽车底盘维护与检测;项目 6:汽车整车性能检测;项目 7:整车综合故障诊断。教材根据每个项目内容多少细分为若干个任务,每个任务都大致分为以下几个方面:一是任务目标;二是任务描述;三是任务实施;四是任务检测;五是评价与反馈。

本书由重庆市工贸高级技工学校胡梅、向华担任主编并负责全书的统稿,杨浩、高进担任副主编,长安汽车股份有限公司副教授、一级技能师李虎负责本书的审稿。向华、张媛编写项目 1 及项目 3;魏志刚、杨浩编写项目 2;朱蓉编写项目 4;高进编写项目 6;向华、高进共同编写项目 5;胡梅、刘家鸣编写项目 7。

由于编者水平有限,加之时间仓促,书中难免出事疏漏之处,恳请广大读者批评指正。

编　者
2014 年 7 月

目录

项目 **1**
汽车维护与检测认识

任务1.1　汽车技术状况分析

【任务目标】

目标类型	目标要求
认知目标	1.知道汽车技术状况变化的规律、原因、特征
	2.知道汽车技术状况的变化规律
	3.知道影响汽车技术状况变化的原因
	4.知道常用维修工具、设备、仪器和仪表的用途与使用方法
技能目标	1.能够进行安全操作,具有安全生产意识
	2.能够正确使用常用的维修工具、设备、仪器和仪表
	3.能够正确识别汽车及发动机型号
情感目标	1.养成主动学习习惯
	2.培养"5S"/"EHS"意识
	3.培养团队协作交流与语言表达能力

【任务描述】

随着汽车行驶里程的增加,汽车零件会由于磨损、变形、疲劳、腐蚀等原因而逐渐失效,使汽车的技术状况也逐渐变差。因此,正确掌握汽车在使用过程中技术状况变化的规律、原因及特征对延长汽车的使用寿命、提高汽车的使用效率意义重大。

通过本任务的学习,知道汽车技术性能下降的特征及其规律、原因。

【知识准备】

一、汽车技术性能下降的特征表现

1. 动力性能下降

汽车动力性是衡量汽车克服行驶阻力、迅速提高速度和以较高的平均速度行驶的能力。动力性的好坏,直接影响汽车各项性能的充分发挥。衡量汽车动力性的主要指标有汽车的最大爬坡度、汽车最高行驶速度(km/h)以及汽车加速时间(s)等。

①汽车爬坡能力下降,牵引力性能变差。汽车爬坡能力是指汽车满载时用 1 挡行驶的最大爬坡度。一般运输车辆的爬坡度在 30% 左右。当汽车接近大修里程时,爬坡能力下降 1 个挡位。

②汽车最高行驶速度是指汽车在平坦、良好、干燥的路面上,可能达到的最高行驶速度。根据试验资料得知,汽车行驶里程接近大修时,最高车速比新车下降 10% ~ 15%。

③汽车加速时间对汽车平均速度有很大影响。加速时间短,则汽车在较短时间内和较短加速距离内可达到较高行驶速度,从而提高汽车平均技术速度和获得较好的经济效益。

2. 经济性能变差

经济性是指发动机的燃料及润滑油的消耗程度。通常,燃料占汽车运输成本的 25% ~ 30%,当汽车接近大修时,由于汽缸磨损过大,活塞环与汽缸壁密封不良,也会使润滑油料的消耗急剧增加。

①燃油消耗量是一个综合参数,除了用来判断供油系技术状况外,还可以用作确定发动机及整车的技术状况。

②机油消耗增多,反映汽缸磨损严重,活塞环损坏,曲轴箱通风堵塞或漏油等状况。

3. 工作可靠性变差

工作可靠性是指汽车长期工作不产生损坏和故障的性能。随着行驶里程的增加,汽车行驶途中技术故障增多,停驶修理时间增加,临时性修理频率提高,小修费用增大,车辆技术完好性能下降,影响运输生产率和运输成本。评价汽车工作性能的好坏,通常采用大修间隔里程长短和小修次数两个技术指标。

二、汽车技术状况的变化曲线规律

汽车技术状况变化规律呈曲线,是指汽车的技术状况随其行驶里程或行驶时间的延长而变化的关系。将零件的正常磨损量和行驶里程的关系用坐标表示出来,该坐标曲线称为零件的磨损特性曲线,如图 1.1 所示,分为 3 个阶段。

(1)第一阶段

第一阶段为零件的磨合期(一般为 1 000 ~ 1 500 km)。如图 1.1 中 Ok_1 段曲线所示,其特征是零件磨损较快,这是新加工零件表面凹凸不平产生嵌合性磨损所致。磨合期的磨损量主要取决于零件表面的加工质量及合理使用、正确维护等因素。

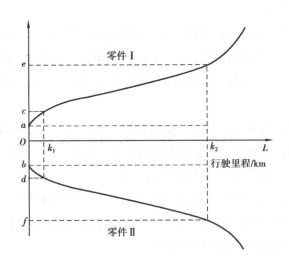

图 1.1　零件的磨损特性曲线

（2）第二阶段

第二阶段为零件的正常工作期。如图 1.1 中 k_1k_2 段曲线所示，其特征是零件的磨损量随行驶里程的增加而缓慢增长。这是因为零件经过磨合后表面粗糙度逐渐减小，表层组织有所硬化，表面变得较为光滑，且两个相互配合零件间的间隙处于正常允许范围内，润滑条件良好，所以磨损量的增长是缓慢的。正常工作期的长短与零件的结构、使用条件、维修质量等有关。

（3）第三阶段

第三阶段为零件的极限磨损期。如图 1.1 所示，其特征是配合零件间的间隙已达到最大允许使用极限，零件的磨损量急剧增加。随着行驶里程的增加，磨损量的加大，零件间的配合间隙越来越大，相互运动时会产生较大的冲击和振动，同时难以形成润滑膜，最终导致加速磨损，并伴随渗漏、油压降低、异响等症状，若继续使用，零件将出现异常磨损，此时应及时进行大修，以恢复汽车的使用性能。

三、汽车技术状况变化的影响因素

影响汽车技术状况变化的因素包括：零件磨损、化学腐蚀、老化变形等，其中影响最大的因素是零件磨损。

1. 运行条件的影响

①环境温度对零件强度、润滑条件以及零件间的相互配合都有很大的影响。气温过高会造成发动机过热，使充入发动机的可燃混合气量减少，导致功率下降；高温则会出现突爆和早燃，加剧了汽缸磨损；高温使润滑油黏度下降，且加剧润滑油氧化变质，使各运转机件摩擦面的润滑油性能变差，机件磨损加快。

②道路条件。路面质量和路面材料及路面平坦度，均对汽车的行驶阻力、行驶速度、燃料消耗及汽车各机件的磨损产生影响。良好的道路行驶条件，可使车辆的车速得到充分发挥，汽车的动力性、经济性得到提高，且零件的磨损少，使用寿命长，反之则降低。

2. 汽车设计制造质量

由于汽车零部件及总成设计、制造工艺或材料选用不当,出现某些先天性缺陷或制造出来的汽车不适应特定地区的使用条件而产生缺陷。因此,汽车结构设计的科学合理性、汽车零部件制造材料的性能、制造加工装配质量等都直接影响汽车的技术状况。

3. 燃料品质的影响

①汽油品质对发动机零件的磨损有很大影响。当汽油中的重质馏分较多时,汽油不易挥发,易冲刷配合件表面的润滑膜,加剧零件的磨损。另外,当汽油中的含硫量增多时,对发动机产生的化学腐蚀作用就越大,磨损也就越严重。

②柴油品质对发动机零件的磨损也有很大影响。当柴油中的重质馏分过多时,会造成燃烧不完全,形成碳粒而加剧汽缸的磨损;柴油的黏度如果过大会增大机件的运动阻力;黏度过小又会失去润滑作用而加速零件的磨损。

4. 润滑材料品质

(1)润滑油

润滑油的品质主要是指其黏度、油性、抗氧化性能。

①黏度。润滑油随着温度升高而黏度降低的性质称为黏度—温度特性。黏度的高低直接影响润滑油的流动性。冬季,润滑油黏度大,流动困难,使各部机件润滑条件变差,从而加剧各机件磨损;夏季,润滑油黏度小,润滑系统的油压过低,导致各部机件润滑油不足,不能形成可靠油膜,同样加剧各机件磨损。

②油性。油性是指润滑油在零件表面的黏附能力。若油性好,金属零件之间不直接接触,可降低零件的磨损速度;若润滑油中有水或机械杂质时,使油性变坏,磨损加剧。

③抗氧化性能。抗氧化性能是指润滑油在使用过程中,由于高温作用而逐渐变质,形成糊状物、胶质沉积物和积炭,破坏了金属散热和运动件运动能力,甚至因污物堵塞润滑油道、油管而影响润滑油的通过能力,破坏润滑系统的正常工作。

(2)润滑脂应根据品质和使用要求合理选用

为减轻机件磨损,润滑脂不得混入灰土、砂石及金属屑等杂物。

5. 管理和使用状况的影响

使用技术对汽车技术状况的影响是很大的,如驾驶员的驾驶操作方法与驾驶技能、车的载重量、行驶速度及新车(或大修车)的磨合质量等。因此在选配车辆时应注意适合当地的道路、气候及客观条件,尤其是运力、运量、运距等,新车在使用前的维护,磨合期的各项规定都应严格执行,注意建立车辆的技术管理档案,并加强汽车的技术管理,以发挥车辆的效能和降低运行消耗。

6. 配件质量

零件制造或加工工艺不符合规定或满足不了零件的技术要求,而在维修过程中勉强使用,这样就破坏了配合零件表面应有的几何形状和机械性能,使零件产生早期损坏。在装配过程中,由于选用不当或者没有按照工艺规程操作,使零件间的相互间隙调整不当甚至无法调整,不能满足必要的技术要求,造成装配质量下降、早期损伤,从而影响汽车的技术状况。

7.保养质量的影响

汽车在使用过程中,随着行驶里程的增加,各零部件都将产生腐蚀、变形、损伤及松动,在一定条件下,这种自然损伤是有规律的。如果根据规律确定保养周期、作业项目、技术要求,定期进行清洁、检查、润滑、紧固、调整与及时消除故障,不但可以保持汽车技术性能完好,而且可减少零件磨损并能延长汽车使用寿命。

【任务实施】

一、准备工作

1.工具设备和材料

课件、汽车、组合工具、工具车、零件摆放台、机油滤清器拆装钳、计算机等上网设备。

2.安全防护用品

标准作业装。

二、信息收集

汽车型号:＿＿＿＿＿＿＿＿＿＿＿＿　发动机型号:＿＿＿＿＿＿＿＿＿＿＿＿

三、学生以小组为单位,在教师提供的实习场地进行汽车磨损零件损伤识别,然后填写表1.1

表1.1　汽车磨损零件识别作业表

零件名称	主要磨损部位	磨损量	备　注

四、学生以小组为单位,在教师提供的实习场地进行汽车变形零件损伤识别,然后填写表1.2

表1.2 汽车变形零件识别作业表

零件名称	零件变形方式	变形量	备　注
曲　轴			
凸轮轴			
正时齿轮			
气　门			
气门弹簧			
缸体平面			
传动轴			

五、各小组成员通过教室上网设备,查阅各种汽车的磨合里程,进行比较,各派一个代表上台叙述

【任务检测】

一、填空题

1. 随着汽车行驶里程的增加,汽车零件会由于_____、_____、_____、_____等原因而逐渐失效,使汽车的技术状况逐渐变差。

2. 汽车的技术性能指标主要有_____、_____和_____。

3. 衡量汽车动力性的主要指标有:汽车的_____,汽车的_____(km/h);汽车的_____(s)等。

4. 磨合期零件的磨损量主要取决于零件表面的_____及_____、_____等因素。

5. 正常工作期的长短与零件的_____、_____、_____等有关。

6. 零件处于极限磨损期时,会出现零件_____,并伴随_____、_____等症状。

7. 路面_____和_____及_____度,均对汽

车的行驶阻力、行驶速度、燃料消耗及汽车各机件的磨损产生影响。

8.定期进行清洁、检查、润滑、紧固、调整与及时消除故障,不但可以保持汽车_____
_____完好,而且可减少_____并能延长_____寿命。

9.润滑脂应根据品质和使用要求合理选用。为减轻机件磨损,润滑脂不得混入_____
_____、_____及_____等杂物。

二、判断题

1.汽车动力性是衡量汽车克服行驶阻力、迅速提高速度和以较高的平均速度行驶的能力。 （ ）

2.汽车行驶里程接近大修时,最高车速比新车提高10%～15%。 （ ）

3.加速时间短,则汽车在较短时间内和较短加速距离内达到较高行驶速度。 （ ）

4.机油消耗增多,反映汽缸磨损严重、活塞环损坏、曲轴箱通风堵塞或漏油。 （ ）

5.环境温度对零件强度、润滑条件以及零件间的相互配合都没有什么影响。 （ ）

6.由于汽车零部件及总成设计、制造工艺或材料选用不当,出现某些先天性缺陷或制造出来的汽车不适应特定地区的使用条件而产生缺陷。 （ ）

7.随着汽车行驶里程的增加,各零部件都将产生腐蚀、变形、损伤及松动等故障。 （ ）

8.使用技术对汽车技术状况的影响不是很大。如驾驶员的驾驶操作方法与驾驶技能、车的载重量、行驶速度及新车(或大修车)的磨合质量等。 （ ）

9.新车在使用前的维护,磨合期的各项规定都应严格执行,注意建立车辆的技术管理档案,并加强汽车的技术管理,以发挥车辆的效能和降低运行消耗。 （ ）

【评价与反馈】

班级：　　　　　　　　姓名：　　　　　　　　指导教师：

序　号	考核项目	配　分	考核内容	配　分	考核标准	得　分
1	出勤/纪律	5	出勤	2	违规一次不得分	
			行为规范	3	违规一次不得分	
2	安全/防护/环保	20	着装	4	违规一次不得分	
			个人防护	4	违规一次不得分	
			"5S"/"EHS"	4	违规一次不得分	
			设备使用安全	4	违规一次不得分	
			操作安全	4	违规一次不得分	

续表

序　号	考核项目	配　分	考核内容	配　分	考核标准	得　分
3	知识水平	20	知识测验成绩	20	测验成绩的20%计	
4	技能考核	40	技能测验成绩	40	测验成绩的40%计	
5	学习能力	10	工单填写,工艺计划制订	4	未做不得分	
			组内活动情况	4	酌情扣1~4分	
			资料查阅和收集	2	未做不得分	
6	任务拓展	5	知识拓展	2	未做不得分	
			技能拓展	3	未做不得分	
7	总　分		100			

【教师评估】

序　号	优　点	存在问题	解决方案
教师签字:			

任务1.2　汽车常规维护保养

【任务目标】

目标类型	目标要求
认知目标	1.知道汽车维护的概念与意义 2.知道汽车维护的原则与要求 3.知道汽车维护的基本内容与步骤 4.知道汽车维护常用的工具、设备、仪器和仪表的使用方法

目标类型	目标要求
技能目标	1. 能够进行安全操作,具有安全生产意识 2. 能够正确使用常用的维修工具、设备、仪器和仪表 3. 能规范进行汽车维护作业
情感目标	1. 养成主动学习习惯 2. 培养"5S"/"EHS"意识 3. 培养团队协作交流与语言表达能力

【任务描述】

汽车维护是针对汽车进行的一种维持性和保护性的技术措施。其目的是降低汽车机件的磨损速度,预防事故的发生,使汽车经常保持良好的技术状态,以延长汽车的使用寿命。从而提高和保证汽车行驶的安全性,减少或避免交通事故的发生。

通过本任务学习,知道汽车维护的原则与要求;知道汽车维护的内容及步骤。

【知识准备】

一、汽车维护的原则和要求

1. 汽车维护的原则

汽车维护的原则是预防为主、定期检测、强制维护。车辆的技术管理应坚持预防为主和技术与经济相结合的原则;我国目前对运输车辆实行择优选配、正确使用、定期检测、强制维护、视情修理、合理改造、适时更新和报废的全过程综合性管理。

2. 汽车维护后应达到的要求

①保持车容整洁、装备齐全。

②保证车辆良好的技术状态,可随时出车。

③减少车辆行驶中运行材料的消耗,以降低运输成本。

④减少车辆噪声及排放污染物。

⑤各主要零部件及总成应尽量保持完好的技术状况,以保证行车安全和延长汽车的大修间隔里程。

二、汽车维护的类型

汽车维护按其性质不同可分为预防性维护和非预防性维护两大类。

1. 预防性维护

预防性维护是指维护作业按预先规定的计划而执行的维护。按作业的范围和深度不同可分为定期维护、季节性维护、磨合维护和停驶前维护。

（1）定期维护

定期维护是指按技术文件规定的维护周期所实施的维护,如日常维护、一级维护和二级维护等,其中二级维护又包含了一级维护的作业内容。

（2）季节性维护

季节性维护是指为了使车辆适应季节变化而实施的维护,其目的是使车辆适应季节性变化,发挥汽车的使用性能,减少零部件的损耗,提高工作的适应性和可靠性。

（3）磨合维护

磨合维护是指新车或大修竣工后的车辆在磨合期所进行的维护,一般分为磨合前、磨合中、磨合后维护。其维护质量直接影响车辆的使用寿命、工作可靠性和使用经济性等。

（4）停驶前维护

停驶前维护是指汽车在停驶前所实施的维护,其目的是防止汽车因较长时间的停驶而影响汽车技术性能。

2.非预防性维护

非预防性维护,又称事后维护,指汽车没有预先计划而实施的维护。对于一些突发性故障,由于难以预测而无法安排维护计划,因此只有采取事后的维护。

三、汽车维护作业的主要内容

汽车维护作业的主要内容有清洁、紧固、调整、检查、补给和润滑等。

①清洁作业包括汽车外表清洗、车身和车门玻璃擦拭,车内打扫;保持滤清器和水、油、气管道的清洁、蓄电池外表的洁净等。

②紧固作业包括紧固汽车所有连接件,如轮胎螺母、半轴螺母等。紧固汽缸盖、油底壳、进排气歧管、发动机支承螺栓、驾驶室支承螺栓、钢板弹簧 U 形螺栓等。

③调整作业是按规定要求对汽车总成各部件和电气设备等进行的必要维护,如调整发动机怠速、点火正时、喷油正时、气门间隙及调整离合器、制动踏板自由行程等。

④检查作业是汽车维护作业的基础,其他作业一般都要依靠检查作业的结果。

⑤润滑作业是按汽车各总成、各部位的润滑要求进行的。如更换发动机机油,变速器、转向器及主减速器齿轮油,各部润滑油脂等。

⑥补给作业是按需添加燃料、润滑料、冷却液、减振液、制动液、洗涤液、蓄电池电解液及空调制冷剂等。

四、汽车维护作业的技术要求

①清洁。具体维护实施之前,应将车辆各部清洗干净,且确保各部无油污、泥污、车厢无积水、门窗玻璃洁净等。

②紧固。汽车各部螺栓、螺母和锁紧装置等按要求规格、数量配齐,并按顺序拧紧,不得有短缺、松动和损坏现象。

③润滑。按照汽车润滑图表和规定的周期,选用规定牌号规格的润滑油、润滑脂进行润滑,各油嘴、油杯和通气塞必须配齐并保持畅通。

④调整。按规定要求对汽车各总成、零部件及电气设备等进行必需的调整和必要的试验,使其性能满足技术要求。

⑤竣工检验。维护当中及维护后要做好必要的竣工检验,以确定维护质量。

五、汽车的日常维护

汽车日常维护属于预防性维护作业,是一、二级维护作业的基础,以清洁、补给和安全检视为中心内容。

1. 出车前的维护

出车前的维护作业主要是进行全面的检查,具体项目如下:

①清洁车身内外及底盘各部,擦拭驾驶室玻璃和后视镜等。检查发动机缸体放水开关、散热器放水开关及贮气筒放水开关是否良好;检查上次收车后报修项目是否维修良好。

②检查燃油量是否充足;检查润滑油量是否在机油尺所要求的刻度线之间,是否有变质、渗水等现象;检查蓄电池液面高度是否符合规定要求,不足时应添加蒸馏水;检查冷却液容量。

③检查加速踏板操纵机构的运动情况,应操纵轻便、灵活可靠。汽油发动机应检查节气门和阻风门的连接及工作情况;柴油发动机应检查断油机构的连接及工作情况。

④检查离合器、制动装置的操纵系统,操纵应轻便,工作应可靠,制动效能应符合规定要求。

⑤检查照明、信号、仪表、喇叭及刮水器等是否工作正常、齐全有效;检查门锁、门窗玻璃及其升降机构等是否正常齐全有效,操纵灵活。

⑥检查汽车外露部件的螺栓、螺母等是否齐全有效、坚固可靠;检查车头罩锁及安全钩是否锁止可靠,可视情况紧固。

⑦检查驾驶证、行车证及驾驶车辆必须携带的各种行车证件是否齐全。

⑧检查转向杆、直拉杆、转向臂等连接件是否牢固可靠;检查转向万向节叉的连接紧固情况;检查前后悬挂装置是否正常;检查方向盘自由转动量是否超过规定范围等。

⑨检查车辆装载及轿车、客车乘员乘坐是否符合规定。若货车拖带挂车时,检查牵引装置和连接部件是否牢固可靠,挂车的安全防护装置是否齐全;检查备胎及备胎架是否完好有效,牢固可靠;检查随车工具是否齐全。

⑩按规定要求启动发动机,检查发动机及传动机构是否运转正常,察听有无异响;汽车各部位均不应有漏水、漏油、漏气、漏电现象。

2. 行车中的维护

行车中的维护,具体项目如下:

①发动机启动后,观察水温表、气压表、机油压力表的读数,当水温高于50 ℃,贮气筒气压达到441 kPa、润滑油压力达到98 kPa以上时,方能挂挡起步行驶。

②行车中,应注意察听发动机、底盘等各部有无异响,发现故障要及时排除,不要带故障行车。

③行车中,应随时注意观察各指示仪表的指示动态,及时了解车辆的各部工作状况。若有异常,应及时停车检查并排除。

④行车中,离合器、变速器、转向系、制动系等应操纵轻便、灵活、工作正常。

行车中,应注意观察照明、信号、仪表、喇叭等是否正常,若有异常,应随时停车排除后才能继续行驶。

⑤行车中,应经常注意货物装载状况和乘客的动态情况。

3. 途中行车时的维护

途中停车时的维护,具体项目如下:

①检查轮胎气压及外表,及时清除胎面花纹中的夹杂物等,应无偏磨和吃胎现象。

②检视制动器有无拖滞发热现象。检查驻车制动器工作是否正常、转向机构等各连接部件是否牢固可靠;拖挂装置是否安全可靠;安全防护装置是否齐全有效。

③检视车辆各部有无漏水、漏油、漏气、漏电现象。

④检视装载货物是否牢固可靠,若松动,应及时紧固。

4. 收车后维护

收车后的维护,具体项目如下:

①检视汽车各部有无漏水、漏油、漏气及制动液渗漏现象,及时补加燃油、润滑油、冷却液、制动液、变速器用油、动力转向用油、电解液、清洗液等。

②对于未加防冻液的车辆,冬季应及时放掉发动机冷却系内的冷却水,放水时应将散热器加水口盖及放水开关全部打开,才能将发动机缸体内的水全部放尽。

③冬季露天存放的汽车,当室外温度低于-30 ℃时,应将蓄电池拆下放入室内存放,以防电解液结冰而冻坏蓄电池。

④检视悬挂总成安装是否牢固,减震器有无漏油现象,钢板弹簧有无断片、错位现象,弹簧是否断裂等。

⑤检视车辆连接部位,螺栓、螺母是否松动等。

⑥对于气压制动的车辆,应定期打开放水开关,放净贮气筒内的存水、油污。

⑦检查轮胎外表及气压,视需要补充充气和清除异物。

⑧每日收车后,应清洁汽车各部,因尘土、工业尘垢、昆虫、鸟粪等杂物沾在汽车上的时间越长,对汽车的破坏性作用就越大。

⑨收车后检查发现的故障应及时排除或及时报修,以保证第二天能及时出车。

【任务实施】

一、准备工作

1. 工具设备和材料

课件、汽车、组合工具、工具车、零件摆放台、机油滤清器拆装钳、计算机等上网设备。

2. 安全防护用品

标准作业装。

二、信息收集

发动机型号：＿＿＿＿＿＿＿＿＿＿＿＿　　发动机编号：＿＿＿＿＿＿＿＿＿＿＿＿

三、学生以小组为单位,在教师提供的汽车上进行汽车出车前维护。维护后填写表1.3

表 1.3　汽车出车前维护作业表

维护项目	维护内容	判定结果	备　注
清洁 1			
清洁 2			
检查 1			
检查 2			
检查 3			
补给 1			
补给 2			

四、学生以小组为单位,在教师提供的汽车上进行汽车日常维护。维护后填写表1.4

表 1.4　汽车日常维护作业表

维护项目	维护内容	判定结果	备　注
清洁 1			
清洁 2			
检查 1			
检查 2			
补给 1			
补给 2			

五、学生以小组为单位,在教师提供的汽车上进行汽车一级维护。维护后填写表 1.5

表 1.5　汽车一级维护作业表

维护项目	维护内容	判定结果	备　注
润滑 1			
润滑 2			
润滑 3			
紧固 1			
紧固 2			
紧固 3			

六、学生以小组为单位,在教师提供的汽车上进行汽车二级维护。维护后填写表 1.6

表 1.6　汽车二级维护作业表

维护项目	维护内容	判定结果	备　注
检查 1			
检查 2			
检查 3			
调整 1			
调整 2			
调整 3			

七、各小组成员通过教室上网设备,查阅的有关汽车维护的新技术新方法,各派一个代表上台叙述

【任务检测】

一、填空题

1. 汽车维护是针对汽车进行的一种维持性和保护性的技术措施。其目的是降低汽车机件的_____,预防_____的发生,使汽车经常保持良好的技术状态。

2. 我国目前对运输车辆实行择优选配、正确使用、_____、_____、视情修理、合理改造、适时_____的全过程综合性管理。

3.汽车维护作业的主要内容有_____、_____、_____、_____、补给和润滑等。

4.汽车日常维护属于_____作业,是一、二级维护作业的基础,它以清洁、补给和_____为中心内容。

5.汽车磨合维护是指新车或大修竣工后的车辆在磨合期所进行的维护,一般分为____、_____、_____、_____维护。

6.途中停车时,检查轮胎气压及_____,及时清除胎面花纹中的_____等,应无_____和_____现象。

7.出车前应检查离合器、制动装置的操纵系统,操纵应_____,工作应_____,_____应符合规定要求。

8.每日收车后,检视汽车各部有无_____、_____、_____及制动液_____现象,及时补加燃油、润滑油、冷却液、制动液、变速器用油、动力转向用油、电解液、清洗液等。

9.每日收车后,对于未加防冻液的车辆,冬季应及时放掉发动机冷却系内的_____,放水时应将散热器_____盖及_____全部打开,才能将发动机缸体内的水全部放尽。

二、判断题

1.汽车维护的原则是预防为主、定期检测、强制维护。　　　　　　　　（　　）

2.汽车维护后可以考虑的要求有:车容整洁、装备齐全;保证车辆良好的技术状态,可随时出车。　　　　　　　　（　　）

3.汽车通过维护能够提高和保证汽车行驶的安全性,减少或避免交通事故的发生。　　　　　　　　（　　）

4.定期维护是指按技术文件规定的维护周期所实施的维护,如日常维护、一级维护和二级维护等,其中二级维护又包含了一级维护的作业内容。　　　　　　　　（　　）

5.平时停车时,应检视车辆各部有无漏水、漏油、漏气、漏电现象。并检视装载货物是否牢固可靠,若松动,应及时紧固。　　　　　　　　（　　）

6.行车中,应随时注意观察各指示仪表的指示动态,及时了解车辆的各部工作状况。若有异常,应及时停车检查并排除。　　　　　　　　（　　）

7.冬季露天存放的汽车,当室外温度低于－30 ℃时,应将蓄电池拆下放入室内存放,以防电解液结冰而冻坏蓄电池。　　　　　　　　（　　）

8.每日收车后,应清洁汽车各部,因尘土、工业尘垢、昆虫、鸟粪等杂物沾在汽车上的时间越长,对汽车的破坏性作用并不大。　　　　　　　　（　　）

9.每日收车后,对于气压制动的车辆,应定期打开放水开关,放净贮气筒内的存水、油污。并检查轮胎外表及气压,视需要补充充气和清除异物。　　　　　　　　（　　）

【评价与反馈】

班级： 姓名： 指导教师：

序 号	考核项目	配 分	考核内容	配 分	考核标准	得 分
1	出勤/纪律	5	出勤	2	违规一次不得分	
			行为规范	3	违规一次不得分	
2	安全/防护/环保	20	着装	4	违规一次不得分	
			个人防护	4	违规一次不得分	
			"5S"/"EHS"	4	违规一次不得分	
			设备使用安全	4	违规一次不得分	
			操作安全	4	违规一次不得分	
3	知识水平	20	知识测验成绩	20	测验成绩的20%计	
4	技能考核	40	技能测验成绩	40	测验成绩的40%计	
5	学习能力	10	工单填写,工艺计划制订	4	未做不得分	
			组内活动情况	4	酌情扣1~4分	
			资料查阅和收集	2	未做不得分	
6	任务拓展	5	知识拓展	2	未做不得分	
			技能拓展	3	未做不得分	
7	总 分		100			

【教师评估】

序 号	优 点	存在问题	解决方案

教师签字：

任务1.3 汽车维护常用工量具与使用

【任务目标】

目标类型	目标要求
认知目标	1. 知道汽车维护时要使用的各种工具与量具 2. 知道汽车维护时常用工量具的正确使用方法 3. 知道汽车维护时常用工量具的合理选择 4. 知道汽车维护时常用工量具的安全操作规则
技能目标	1. 能够进行安全操作,具有安全生产意识 2. 能够正确使用常用的维修工具、设备、仪器和仪表 3. 能够正确识别汽车维修时的各种工具与量具
情感目标	1. 养成主动学习习惯 2. 培养"5S"/"EHS"意识 3. 培养团队协作交流与语言表达能力

【任务描述】

汽车维护时,汽车维修工要使用各种工具与量具。每一位汽车维修工只有掌握了这些工具与量具的知识与操作技能,才能够在汽车维护作业时合理地选择及使用这些工具与量具,做到安全、高效地完成汽车维护任务。

通过本任务学习,知道汽车维护时要使用的各种工具与量具。知道各种工具与量具的合理选择及其安全操作规则。

【知识准备】

一、汽车维护常用工具及使用方法

1. 螺丝刀

①用途:螺丝刀又称起子或改锥,是一种用来拆装带有槽口的螺栓(或螺钉)的手工具。

②种类:汽车维护当中常用的螺丝刀有:平螺丝刀、十字花螺丝刀、偏置螺丝刀等,如图1.2所示。

③使用方法及注意事项:螺丝刀使用前后要擦净刀柄及端口部的油污,以免工作时滑脱而发生意外。选用的螺丝刀刀口端应与螺栓(或螺钉)上的槽口相吻合,否则会造成螺丝刀刀口或螺栓(钉)槽口损坏。

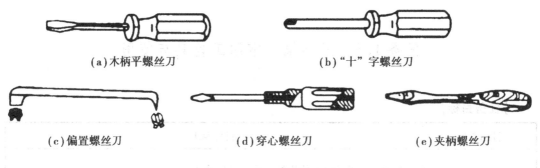

(a)木柄平螺丝刀　　　　　　(b)"十"字螺丝刀

(c)偏置螺丝刀　　　　(d)穿心螺丝刀　　　　(e)夹柄螺丝刀

图1.2　螺丝刀

使用时不允许将工件拿在手上用螺丝刀拆装,以免螺丝刀从槽口内滑脱伤人;不允许用扳手或钳子扳转螺丝刀口端的方法来增加扭力,以免使其发生弯曲或扭曲变形。

正确使用螺丝刀的方法是用手握持螺丝刀,手心抵住其柄端,让螺丝刀口端与螺钉槽口处于垂直吻合状态,如图1.3所示。当开始拧松或最后拧紧时,应用力将螺丝刀压紧后再用手腕力按需要的力矩扭转螺丝刀。

2.钳子

①种类:钳子的种类很多,汽车维护中常用的有鲤鱼钳和尖嘴钳两种,如图1.4所示。

②用途:鲤鱼钳用来切割金属丝、扭弯金属材料或夹持扁的和圆柱形的小工作物;尖嘴钳可用来夹持一些小零件。

图1.3　螺丝刀的握持方法

(a)鲤鱼钳　　　　　　　　　(b)尖嘴钳

图1.4　钳子

③使用方法及注意事项:使用前应擦净钳子上的油污,以免工作时滑溜。使用后应保持清洁。

使用时必须将工作物夹牢后再用力切割或扭弯,用鲤鱼钳夹持较大工作物时,可放大钳口使用。

使用时不允许用钳子代替扳手拆装螺丝或用钳柄代替撬棒等,也不可用钳子代替锤子敲击零件。

3.锤子

①用途和种类:锤子又称手锤,俗称榔头。根据材料不同又分为铜锤、木槌、橡胶锤和铁锤等。汽车维护通常使用铁锤,有圆头和横头两种,如图1.5所示。

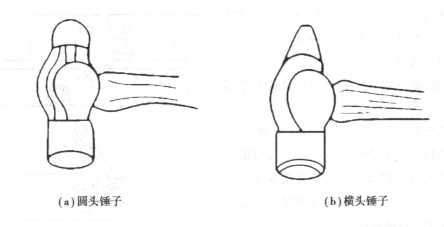

(a)圆头锤子　　　　　　　　　　　　(b)横头锤子

图 1.5　锤子

②使用方法及注意事项:使用前,先检查锤柄安装是否牢固可靠,若松动,应重新安装牢靠,以免锤头脱出造成事故。

使用时,应将手上及锤子柄上的汗渍、油污等擦拭干净,以防锤子滑脱。

使用时,手要握紧锤柄后端,手的握持力要松紧适度,以保证锤击时灵活自如。

4.扳手

①用途。扳手是用来拆装带有棱角螺钉和圆柱螺钉的工具。

②种类。扳手的种类很多,用途也各不相同,常用的有开口扳手、梅花扳手、套筒扳手、活动扳手、管子扳手、扭力扳手和专用扳手等。

a.开口扳手。开口扳手有双头和单头两种,按其开口角度又可分为 15°、45° 和 90° 3 种,如图 1.6 所示。常用的有 6 件套和 8 件套,适用范围在 6 ~ 24 mm。主要用于拆装一般标准规格的螺母和螺栓,使用时可上、下套入或直接插入。

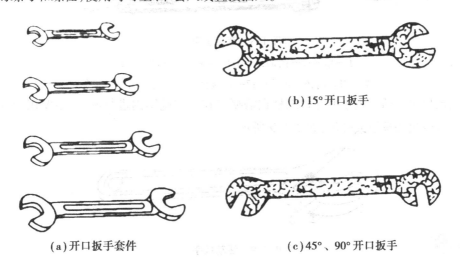

(a)开口扳手套件　　　　　　　　　　(b)15°开口扳手

(c)45°、90°开口扳手

图 1.6　开口扳手

b.梅花扳手。常用的梅花扳手有6件套和8件套两种。适用范围在5.5~27 mm,如图1.7所示。梅花扳手两端呈套筒式圆环状,圆环内一般有12个棱角,能将螺母或螺栓的六角部分全部围住。

c.套筒扳手。套筒扳手是一种组合型工具,使用时由几件共同组合成一把扳手。常用的套筒扳手有13套件、17套件和24套件等多种规格,如图1.8所示。套筒扳手用于拆装位置狭小且特别隐蔽的螺栓或螺母。

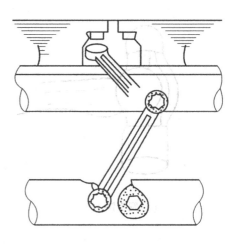

图1.7 梅花扳手

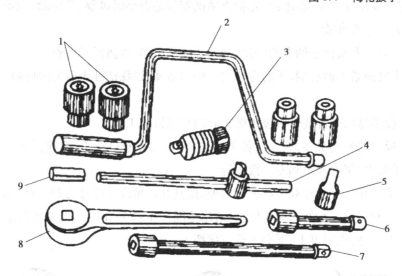

图1.8 套筒扳手

1—套筒;2—摇柄;3—方向接头;4—活动手柄;

5—螺丝刀套筒;6—短接杆;7—长接杆;8—快速手柄;9—接头

d.活动扳手。活动扳手的开口端根据需要可在一定范围内进行调节,主要用于拆装不规则的带有棱角的螺栓或螺母,如图1.9所示。

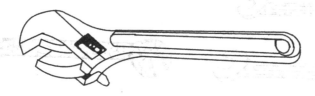

图1.9 活动扳手

e.管子扳手。管子扳手用来扭转管子、圆棒及其他扳手难以夹持、具有光滑圆柱面的工件。由于其钳口上有齿槽,使用时尽量避免将工件表面咬坏,管子扳手使用方法如图1.10所示。

　　f.扭力扳手。扭力扳手是一种与套筒扳手中的套筒配合使用,能显示扭转力矩的专用工具。汽车维护中常用的扭力扳手规格为 0~300 N·m。在维护作业中,凡有扭紧力矩要求的螺栓或螺母,均需用扭力扳手拧到规定力矩,如图 1.11 所示。

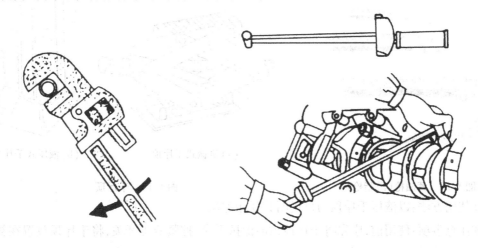

图 1.10　管子扳手使用方法　　　　　　　　图 1.11　扭力扳手

　　g.专用扳手。专用扳手是一些用途较为单一的特殊扳手的统称。机油滤清器扳手如图 1.12 所示。

　　5.活塞环拆装钳

　　①用途:活塞环拆装钳是一种专门用于拆装活塞环的工具,如图 1.13 所示。

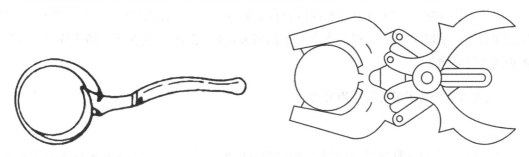

图 1.12　机油滤清器扳手　　　　　　　　图 1.13　活塞环拆装钳

　　②使用方法:使用活塞环拆装钳时,将拆装钳上的环卡卡住活塞环开口,握住手把稍稍均匀地用力,使得拆装钳手把慢慢地收缩,而环卡将活塞环徐徐地张开,装入环槽内。

　　6.滑脂枪

　　①用途:滑脂枪俗称黄油枪,如图 1.14 所示,是一种专门用来加注润滑油脂的工具。

　　②使用方法:使用前,先拧下滑脂枪压力缸筒后盖,加满润滑脂,然后盖好盖子。加注滑润脂时,将滑脂枪接头对准黄油嘴,直进直出,不应偏斜,以免影响黄油的加注。

　　7.千斤顶

　　①用途及种类:千斤顶是一种常用简单的起重工具,按其工作原理的不同可分为机械式和液压式两种,如图 1.15 所示。

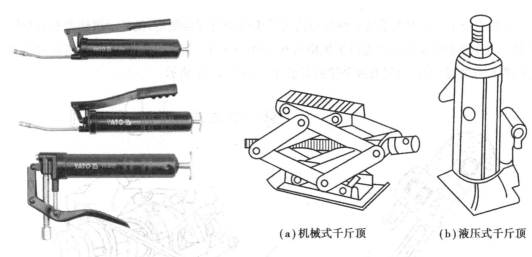

图 1.14　黄油枪(滑脂枪)　　　　(a)机械式千斤顶　　(b)液压式千斤顶

图 1.15　千斤顶

②使用方法:以液压千斤顶为例说明其使用方法。

③注意事项:使用前,应先将千斤顶顶面擦拭干净,拧紧液压开关,将千斤顶放置在被顶部位的下部使其与汽车被顶部位间相互垂直,以防千斤顶滑出而造成事故。

用三角垫木将汽车着地车轮前后塞住,防止汽车在顶起过程中发生滑溜事故。旋转顶面螺杆,改变千斤顶顶面与汽车间的原始距离,使顶起高度符合要求。用手上、下压动手柄,当被顶起汽车升到一定高度后,在车架下面放置相应高度的马凳。

徐徐拧松液压开关,使汽车缓慢平稳地下降,并架稳在马凳上。

使用千斤顶时,一定要注意顶车的位置和支车的高度,以保证安全。另外,在使用时,千斤顶要放置在平坦的地面上,以免支车时下陷或者歪斜,必要时,应在千斤顶下面垫一层厚木板或者类似物品。

二、汽车维护常用量具及使用方法

1.厚薄规

①用途:厚薄规又称塞尺,是用来检验两机件间间隙大小的,它由多片厚度不同的标准钢片所组成,每片上均刻有数字(单位:mm),如图 1.16 所示。使用时可用一片测量,也可用多片组合后进行测量。

②使用方法:使用前,先将厚薄规片两表面擦拭干净,然后将其插入被测间隙中,来回拉动厚薄规片,感到松紧度适度为止,所插钢片的厚度即为被测间隙尺寸。

2.游标卡尺

①用途:游标卡尺是一种能直接测量工件内、外直径、宽度、长度和深度的量具,如图 1.17 所示。

②种类及结构:游标卡尺按测量功能可分为普

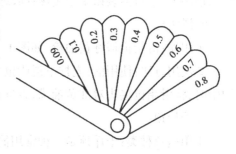

图 1.16　厚薄规

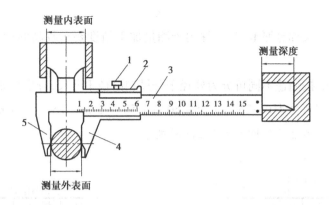

图 1.17　游标卡尺

1—锁紧螺钉;2—副尺(游标);3—主尺;4—活动卡钳;5—固定卡钳

通游标卡尺、深度游标卡尺和带表卡尺等;按测量精度可分为 0.10 mm,0.20 mm,0.05 mm 以及 0.02 mm 等多种。

③使用方法:使用游标卡尺前,先将工件被测表面和卡钳接触表面擦拭干净。

测量工件外径时,将活动卡钳向外移动,使两卡钳间距大于工件外径,然后再慢慢移动副尺,将两卡钳与工件接触。测量工件内径时的方法与上述相反,如图 1.18 所示。

用深度游标卡尺测量工件深度时,将固定卡钳与工件被测表面平整接触,然后缓慢移动副尺,使卡钳与工件接触,如图 1.19 所示。

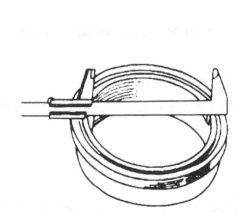

图 1.18　用游标卡尺测量工件内径

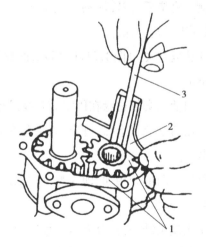

图 1.19　深度游标卡尺测量工件深度

1—工件;2—主尺;3—副尺(游标)

④读数方法:如图 1.20 所示,首先读出副尺"0"线所在位置以前的主尺上的读数,再查看副尺上零刻线右边第几条刻度线与主尺某一刻度线对准,将游标精度乘以副尺上的格数,即为所测读数的小数值。最后将主尺上整数和副尺上的小数值相加即得被测工件的尺寸。

工件尺寸 = 主尺尺寸 + 游标卡副尺小数值

游标卡副尺小数值 = 尺精度 × 副尺格数

3. 千分尺

①用途:千分尺又称分厘卡,是一种用于测量加工精度要求较高的精密量具,测量精度可高达 0.01 mm。

②种类及结构:按用途不同可分为外径千分尺和内径千分尺,分别用来测量零件的外径和内径;按测量范围可分为 0 ~ 25 mm,25 ~ 50 mm,50 ~ 75 mm,75 ~ 100 mm 和 100 ~ 125 mm 等多种不同规格,其各部位名称如图 1.21(a)所示。

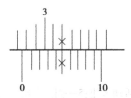 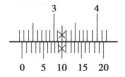

(a)0.1 mm精度(27+5×0.1=27.5 mm)　　　(b)0.05 mm精度(20+10×0.05=22.5 mm)

图 1.20　游标卡尺读数方法

③使用方法:将工件被测表面擦拭干净后置于千分尺两砧端之间,使千分尺螺杆轴线与工件中心线垂直或平行,若歪料则会影响测量的准确性。

旋转旋粗,使砧端与工件测量表面接近后,改用旋转棘轮盘,直到棘轮发出"咔咔"声响为止,此时的指示值即为所测量的工件尺寸。

测量完毕后,倒转活动套筒取下千分尺。将千分尺擦拭干净,并涂抹少许工业凡士林后,放入工具盒内保存。

④读数方法:如图 1.21(b)所示,读数分别为(7.5 + 0.39) mm = 7.89 mm,(7 + 0.35) mm = 7.35 mm。

读出活动套管边缘在固定套管线最近的轴向刻度线后的读数。

读出活动套管上那一格与固定套管上基准线对齐即轴向刻度中心线重合的圆周刻度线的读数。

将以上两部分相加,即为测量的工件尺寸。

4. 百分表

①用途及结构:百分表是一种比较性测量仪器,主要用于测定工件的偏差值、零件平面度、直线度、跳动量、汽缸圆度、圆柱度误差以及配合间隙等。百分表各部位名称如图 1.22(a)所示。

②读数方法:百分表的表盘刻度一般分为 100 格,当量头每移动 0.01 mm 时,大指针就偏转 1 格(表示 0.01 mm);当大指针转 1 圈时,小指针偏转 1 格(表示 1 mm)。指针的偏转量就是被测零件的实际偏差或间隙值。

③使用方法:如图 1.22(b)所示。

先将百分表固定在表架上,以测杆端量头抵住被测工件表面,并使量头产生一定的

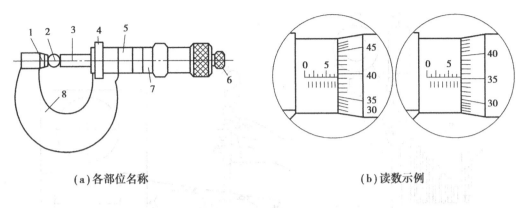

（a）各部位名称　　　　　　　　　（b）读数示例

图 1.21　千分尺

1—砧座；2—工件；3—螺杆；4—制动环；5—固定套筒；6—棘轮；7—活动套管；8—弓架

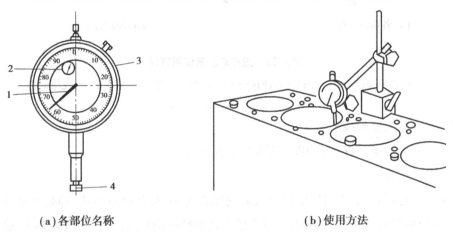

（a）各部位名称　　　　　　　　　（b）使用方法

图 1.22　百分表及其使用方法

1—大指针；2—小指针；3—表盘；4—量头

位移。

移动被测工件,同时观察百分表盘上指针的偏转量,该偏转量即被测物体的偏差尺寸或间隙值。

5.量缸表

①用途:量缸表又称内径量表或内径百分表,是一种用于测量孔径的比较性量具,在汽车维护中主要用于测量发动机汽缸和轴承座孔的圆度,圆柱度误差和零件磨损情况。

②构造:量缸表由百分表、表杆、表杆座、活动测杆(量头)、支撑架和一套长度不等接杆组成,如图 1.23(a)所示。

③使用方法:如图 1.23(b)所示。

用手拿住绝热套,另一只手尽量托住表杆下部,轻轻摆动表杆,使量缸表活动测杆(量头)与汽缸轴线垂直,通过观察百分表指针摆动情况来判断,当表针指示到最小数值时,即表

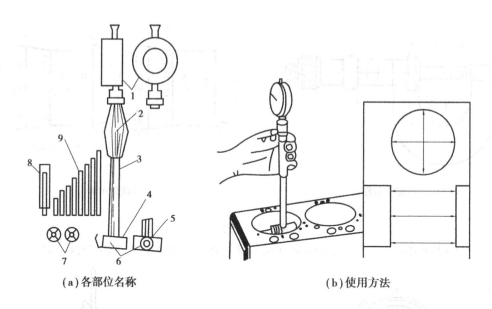

(a)各部位名称	(b)使用方法

图1.23　量缸表及其使用方法

1—百分表;2—绝热套;3—表杆;4—表杆座;5—活动测杆(量头);6—支撑架;

7—螺母;8—加长接杆;9—接杆

示测杆已垂直于汽缸轴线。

量缸表读数方法与百分表相同,读出百分表头指示数值。

6.汽缸压力表

①种类:汽缸压力表专门用于检查汽缸内压力大小,按其指示形式不同,可分为指针式和记录式两种;按其连接形式不同,可分为推入式和螺纹接口式两种,如图1.24所示。

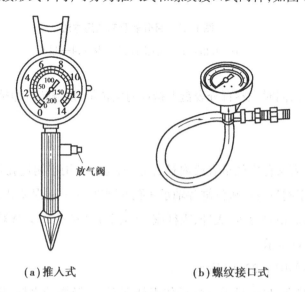

(a)推入式	(b)螺纹接口式

图1.24　汽缸压力表

②使用方法:启动发动机并运转至正常工作温度,旋下所测汽缸的火花塞(汽油发动机)或喷油器(柴油发动机)。

汽油发动机必须将节气门和阻风门完全打开,将汽缸压力表的锥形橡胶圈压紧在火花塞座孔上,如图1.25所示。

用起动机带动曲轴旋转3~5 s,使发动机转速保持在150~180 r/min(汽油机)或500 r/min(柴油机),此时汽缸压力表所指示的压力值即为该缸的汽缸压缩压力。按下汽缸压力表上的放气阀,则表针回零。实际测量时,每个汽缸应重复2~3次。

7.燃油压力表

①用途:燃油压力表是用来检测燃油供给和喷射系统工作是否正常的仪表,如图1.26所示。

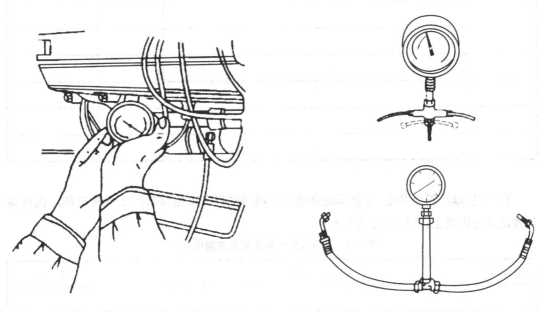

图1.25　测量汽油发动机汽缸压力　　　图1.26　燃油压力表

②使用方法:一般电控汽油喷射系统的供油总管上设有专用的油压检测口(如汽油滤清处),将其连接到检测口处,接通点火开关,即可观察燃油压力表的读数。

【任务实施】

一、准备工作

1.工具设备和材料

课件、汽车、组合工具、工具车、零件摆放台、机油滤清器拆装钳、计算机等上网设备。

2.安全防护用品

标准作业装。

二、信息收集

汽车型号:_____ 发动机型号:_____

三、学生以小组为单位,在教师提供的实习场地进行汽车检修常用工具识别。先将工具依次放在钳台上,然后填写表1.7

表1.7 汽车检修常用工具识别作业表

工具名称	主要用途	型 号	备 注

四、学生以小组为单位,在教师提供的实习场地进行汽车检修常用工量具识别。先将量具依次放在钳台上,然后填写表1.8

表1.8 汽车检修常用工量具识别作业表

量具名称	主要用途	型 号	备 注

五、各小组成员通过教室上网设备,查阅的有关汽车检修的新型工具与量具,各派一名代表上台叙述

【任务检测】

一、填空题

1. 每一个汽车维修工只有掌握了常用工具与量具的知识与操作技能，才能够在汽车维护作业时合理地_____及_____这些工具与量具，做到_____、_____地完成汽车维护任务。

2. 汽车维护做业时，常用的工具有_____、_____、_____、_____、_____、_____、_____等。

3. 汽车维护做业时，常用的量具有_____、_____、_____、_____、_____、_____等。

4. 使用厚薄规前，先将厚薄规片两表面_____，然后将其插入被测_____中，来回拉动厚薄规片，感到松紧度_____为止，所插钢片的厚度即为被测间隙尺寸。

5. 通常，可以用鲤鱼钳来切割_____、扭弯_____或夹持扁的和圆柱形的_____；尖嘴钳可用来夹持一些_____。

6. 在使用千斤顶时，千斤顶要放置在平坦的地面上，以免支车时下陷或者歪斜，必要时，应在千斤顶下面垫一层厚木板或者类似物品。

7. 用千分尺测量时，应将工件被测表面擦拭干净后置于千分尺_____之间，使千分尺螺杆轴线与工件中心线_____，若歪料会影响测量的_____。

8. 量缸表又称内径量表或内径百分表，是一种用于测量_____的比较性量具，在汽车维护中主要用于测量发动机_____和_____的圆度，圆柱度误差和零件_____情况。

9. 常用的扳手有：_____扳手、_____扳手、_____扳手、_____扳手、_____扳手、_____扳手和_____扳手等。

二、判断题

1. 汽车维护做业时，汽车维修工要使用各种工具与量具。　　　　　　　　　（　　）

2. 螺丝刀使用前后不要擦净刀柄及端口部的油污，以免工作时滑脱而发生意外。

　　　　　　　　　　　　　　　　　　　　　　　　　　　　　　　　　（　　）

3. 锤子又称手锤，使用前，应先检查锤柄安装是否牢固可靠，若松动，应重新安装牢靠，以免锤头脱出造成事故。　　　　　　　　　　　　　　　　　　　　　　（　　）

4. 使用千斤顶时，一定要注意顶车的位置和支车的高度，以保证安全。　　（　　）

5. 用途千分尺又称分厘卡，是一种用于测量加工精度要求较高的精密量具，测量精度高达0.10 mm。　　　　　　　　　　　　　　　　　　　　　　　　　　　　（　　）

6. 百分表主要用于测定工件的偏差值、零件平面度、直线度、跳动量、汽缸圆度、圆柱度误差以及配合间隙等。   （ ）

7. 测量汽缸压力时，汽油发动机必须将节气门和阻风门完全打开，将汽缸压力表的锥形橡胶圈压紧在火花塞座孔上。   （ ）

8. 用深度游标卡尺测量工件平面时，将固定卡钳与工件被测表面平整接触，然后缓慢移动副尺，使卡钳与工件接触。   （ ）

9. 测量燃油压力时，一般电控汽油喷射系统的供油总管上设有专用的油压检测口（如汽油滤清处），将燃油压力表连接到检测口处，接通点火开关，即可观察燃油压力表的读数。

（ ）

【评价与反馈】

班级：   姓名：   指导教师：

序 号	考核项目	配 分	考核内容	配 分	考核标准	得 分
1	出勤/纪律	5	出勤	2	违规一次不得分	
			行为规范	3	违规一次不得分	
2	安全/防护/环保	20	着装	4	违规一次不得分	
			个人防护	4	违规一次不得分	
			"5S"/"EHS"	4	违规一次不得分	
			设备使用安全	4	违规一次不得分	
			操作安全	4	违规一次不得分	
3	知识水平	20	知识测验成绩	20	测验成绩的20%计	
4	技能考核	40	技能测验成绩	40	测验成绩的40%计	
5	学习能力	10	工单填写，工艺计划制订	4	未做不得分	
			组内活动情况	4	酌情扣1~4分	
			资料查阅和收集	2	未做不得分	
6	任务拓展	5	知识拓展	2	未做不得分	
			技能拓展	3	未做不得分	
7	总 分		100			

【教师评估】

序　号	优　点	存在问题	解决方案
教师签字：			

项目 **2**

发动机的保养

任务2.1 发动机机油和机油滤清器的更换

【任务目标】

目标类型	目标要求
认知目标	1.知道发动机机油的作用及等级的区分 2.知道发动机机油更换的目的 3.知道发动机机油滤清器的相关知识及作用 4.知道发动机机油滤清器更换的目的
技能目标	1.能够正确使用机油回收桶收集废机油和更换机油排放塞衬垫 2.能够正确和安全的使用举升设备、其他工具 3.能够正确拆卸和安装机油滤清器 4.能够正确加注机油并进行机油液面检查
情感目标	1.养成主动学习习惯和动手操作的能力 2.培养"5S"/"EHS"意识 3.培养团队协作交流与语言表达能力

【任务描述】

发动机是汽车的心脏,良好的润滑是保证发动机正常工作的重要条件之一。在发动机工作时,润滑系机油型号与油量的多少、机油滤清器是否正常、机油是否清洁、油道是否通畅,都将影响发动机的正常运转。因此,发动机机油和机油滤清器的维护十分重要。

通过本任务的学习,了解汽车发动机机油的分类、型号、性能指标和机油滤清器的作用和相关的维护作业。

【知识准备】

一、发动机机油概述

机油一直是很多汽车用户熟知的一个词汇,那到底机油的作用是什么呢? 发动机内有许多相互摩擦运动的金属表面,这些部件运动速度快、环境差,工作温度可达400~600 ℃。在这样恶劣的工况下,只有合格的润滑油才可降低发动机零件的磨损,延长使用寿命,那么合格的润滑油需要满足哪些要求呢?

1. 机油的作用

(1)润滑减磨

当汽车启动后,活塞和汽缸之间、主轴和轴瓦之间、正时齿轮等均存在着快速的相对摩擦,机油的一个作用就是通过零件的运动,在两个摩擦表面间形成油膜,油膜会将两个摩擦的零件表面隔开,从而达到减少磨损的目的。

(2)清洗清洁

机油的另一个作用就是通过循环流动,将发动机零件上的积炭、油泥、金属磨损颗粒等脏东西带回油底壳,达到清洗清洁的效果。

(3)密封防漏

机油还可以在有相对运动的零件间形成油膜,来提高它们的密封性,有利于防止漏气或漏油。

(4)防锈防蚀

机油通过零件的运动,会在零件表面形成油膜,这层油膜可以吸附在零件表面上,防止水、空气等与零件表面接触而使零件腐蚀生锈。

(5)冷却降温

机油能够将发动机中的部分热量带回机油箱,再散发至空气中,起到帮助冷却液冷却发动机的作用。

(6)减震缓冲

当发动机启动时,汽缸口压力急剧上升,突然加剧活塞、活塞销、连杆和曲轴轴承上的负荷,这个负荷经过轴承的传递润滑,吸收冲击并减小振动,起到缓冲的作用。

2. 定期更换机油的原因

机油在使用过程中受高温、高压作用并与燃烧中的混合气接触产生变质。即使没有外部渗漏,在正常情况下机油也会逐渐地被消耗掉。如图2.1所示为机油从气门与导管的间隙及活塞与汽缸的间隙被吸入燃烧室与混合气一起燃烧或形成积炭。由于没有简单可行的方法判断机油是否变质,因此只能采用定期更换的方法。

3. 机油等级

①黏度分类法 采用SAE的黏度分类法,将发动机润滑油分为低温用油、高温用油和多级机油3类,即:

a.低温用油:0 W,5 W,10 W,15 W,20 W,25 W。

b.高温用油:20,30,40,50,60。

c.多级机油:5W-30,10W-30,10W-40 等。

其中,数字表示黏度等级,数值越大,黏度越高;字母 W 代表冬季机油品种。另外,多级机油(全气候机油)是用低黏度的基础油加入稠化剂制成的。这种机油在高温时具有与SAE 30相同的黏度值,而在低温时,它的黏度不超过冬用机油SAE 5 W 的黏度值。如图2.2所示为两种黏度机油使用温度比较。

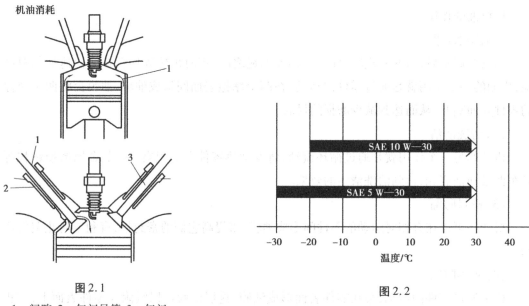

图2.1
1—间隙;2—气门导管;3—气门

图2.2

②机油品质分类标准 根据机油的性能和使用场合不同,API 将机油分为汽油机系列和柴油机系列。每个级别用两个字母表示,第一个字母表示适用的发动机类型,如 S 表示适用于汽油发动机,C 表示适用于柴油发动机等;第二个字母表示质量级别,根据油品特性和使用场合不同,四冲程汽油机机油系列分为:

a.SC,SD,SE,SF,SG,SH,SJ,SL,SM 等级别。

b.1993—1996 年款汽油机用 SH 级机油。

c.1997—2000 年款汽油机用 SJ 级机油。

d.2001—2004 年款汽油机用 SL 级机油。

e.2005 年款汽油机用 SM 级机油。

• 二冲程汽油机机油分为 RA,RB,RC,RD 等级别。

• 柴油机机油系列分为 CC,CD,CD-Ⅱ,CE,CF,CG,CH 等级别。

- 通用机油(如 SE/CC,SF/CD 等)汽油机和柴油机都可使用。

③合成机油 近年来合成机油使用越来越多。合成机油可将有机物分子合成一种适合具体情况的最终产品而生产出来。

a.合成机油的优点。

- 提高热和氧化稳定性,出现氧化温度大约比普通机油高 28 ℃。
- 蒸发少。
- 黏度随温度变化小,改善了冷起动性能并降低了燃油消耗。
- 降低机油消耗,因为合成机油提高了密封性。
- 使发动机部件更清洁。
- 合成机油不会受燃油污染。

b.合成机油的缺点。

- 合成机油价格远高于普通机油(由于其换油里程较长,相当于普通机油的 3 ~ 6 倍,可能最终费用并不高)。
- 磨合性差,最初的 10 000 km 不推荐使用。
- 不适合旧发动机。磨损大的发动机若使用合成机油,其消耗量将很大。
- 不能与其他牌子的合成机油或普通机油混用。

二、机油滤清器

机油滤清器(oil filter)位于发动机润滑系统中。它的上游是机油泵,下游是发动机中需要润滑的各零部件。汽车机油滤清器的作用是对来自油底壳的机油中有害杂质进行滤除,以洁净的机油供给曲轴、连杆、凸轮轴、增压器、活塞环等运动副。机油滤清器按其结构可分为可换式、旋装式、离心式;按在系统中的布置可分为全流式、分流式。机油滤清器所使用的过滤材料有滤纸、毛毡、金属网、非织造布等。机油滤清器如图 2.3 所示。

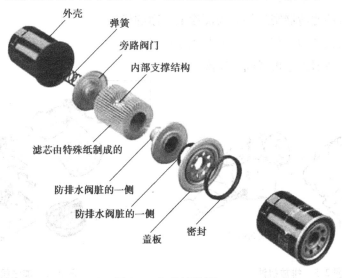

图 2.3 机油滤清器

1. 机油滤清器及主要部件的作用

机油滤清器的作用是滤除机油中的金属颗粒和油污。机油滤清器接口处的单向阀是作为截止阀用的,它用于防止发动机熄火时机油从滤清器中流出。旁通阀的作用是在滤芯被堵塞后,滤芯内侧和外侧压力差变大,当压力差大于设定值时,旁通阀被打开,此时机油不通过滤芯,直接流向各机件。

2. 定期更换机油滤清器的目的

如图2.4所示,使用中的滤芯表面的小孔逐渐会被污垢堵塞,如果滤芯被完全堵塞,机油压力差会使旁通阀打开,将脏机油送入发动机各润滑点。

由于无法用目视来判断滤清器堵塞程度,因此采用定期更换的方式。通常在更换机油时也同时更换机油滤清器。

(a)新滤清器　　　　(b)用过的滤清器

图2.4　滤清器使用前后对比

三、机油和机油滤清器的更换操作程序

当气温低于20 ℃时,排放机油工作应在热车熄火不久后进行,以便充分排放。

①举升车辆如图2.5所示。

②检查下述区域有无漏油痕迹:曲轴前油封如图2.5箭头处所示;油底壳垫和放油螺塞;其他结合面及管路。

③拆下放油螺塞和密封垫圈,将旧机油排入机油回收器内。

④放完油后安装带新密封垫圈的放油螺塞,根据维修手册的规定力矩拧紧。

⑤更换机油滤清器。其步骤如下:

a.用机油滤清器扳手拆下机油滤清器。

b.检查和清洁机油滤清器安装表面。

c.在新的机油滤清器密封垫圈表面涂上干净的机油。

d.用手将机油滤清器旋至密封圈与底座接触。

e.用机油滤清器扳手再紧固3/4圈。

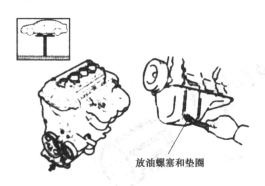

放油螺塞和垫圈

图2.5　排放机油

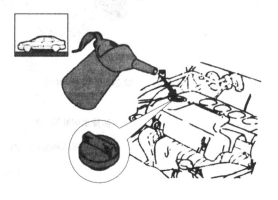

图2.6　加注机油

⑥加注机油时切勿加注过多机油。放低车辆,从机油加注口加入规定量的机油,如图2.6所示。

⑦机油等级为 API-SL 或 API-SM。

【任务实施】

一、准备工作

1. 工具设备和材料

福克斯轿车、举升机、机油回收桶、19 号梅花扳手、机油滤清器套筒、扭力扳手等。

2. 安全防护用品

标准作业装。

二、信息收集

发动机型号:_____　　发动机机油等级及型号:_____

三、作业工单

步　骤	作业记录	作业内容
1		
2		
3		
4		
5		
6		
7		
8		
9		
10		
11		
12		
13		
14		
15		
16		
17		
18		
19		
20		
21		

续表

步　骤	作业记录	作业内容
22		
23		
24		
25		
26		
27		
28		
29		

四、考核单

序　号	考核项目	考核要求	分　值	错漏项记录	得　分
1	仪容仪表	工作服、鞋帽的穿戴、首饰的佩戴等	6		
2	安全文明生产	作业过程中工、量具使用的正确性,有无损坏	2		
		作业中造成车辆的划伤或脏污,人员的伤害等	4		
		作业中有无返工现象	2		
3	车辆前期准备和安全检查	新车1 500 km要进行保养,必要时更换机油和滤清器;每行驶5 000 km更换一次发动机机油;每年行驶里程低于5 000 km,至少更换一次发动机机油和机油滤清器;使用一年或行驶1 200 km必须更换机油滤清器	2		
		放置车辆挡块和车用三件套(地板铁、座椅套、方向盘套)、翼子板布、前格栅布	3		
		检查发动机室各工作液(机油、冷却液、清洗液、制动液)	2		
		确定换挡杆是空挡,拉起驻车制动杆	2		
		接好废气排气抽气管	2		

续表

序　号	考核项目	考核要求	分　值	错漏项记录	得　分
4	检查发动机机油	将发动机预热至 60 ℃ 并停机 3 min 后,拔出机油尺擦拭干净重新插入	6		
		将标尺拔出检查油面高度,油迹应在两个弯折标记之间	2		
		打开汽缸盖前罩盖上的机油加注口盖,将机油加注口盖取下	2		
5	举升汽车	将汽车停放在维修车位中,调整举升臂	4		
		举升汽车至合适操作高度并锁止	2		
6	排放发动机机油和拆卸机油滤清器	正确选择拆卸工具	4		
		将机油回收桶推入放油位置,检查油封和机油排放塞是否漏油	4		
		用 19 号梅花扳手拧下排放塞,放出机油时小心机油喷溅,直至机油不能连续成线	5		
		用专用工具拆卸旧滤清器使之松动并用手旋下,防止烫伤	4		
		彻底清理并检查与机油滤清器的配合面不得残留其他污物	2		
7	安装新的机油滤清器	将新滤清器内灌满新机油	2		
		在新滤清器滤芯 O 型密封圈上涂抹一层均匀机油	2		
		用手将密封圈接触底座,对正并旋入,再用扭力扳手拧至 20 N·m	5		

续表

序 号	考核项目	考核要求	分 值	错漏项记录	得 分
8	加注新机油	更换新机油排放塞和机油排放塞垫片,并将机油排放塞旋紧至 40 N·m	5		
		用抹布清洁机油滤清器及排放塞处	2		
		清理车下设备及周围人员,解除举升机的锁止并降下车辆	3		
		取下机油加注口上的遮挡物,向发动机内加注新机油 2.5 L,并盖好机油加注口盖	3		
		汽车静置 15 min,检查油位是否符合要求,并调至规定高度	4		
		启动发动机,使润滑系统正常工作,怠速 3 min 后停机	4		
9	复检并降下车辆	重新将车辆举升至工作高度,锁止举升机	2		
		复检机油滤清器及排放塞是否有漏油情况,如有漏油应解决处理	2		
		解除举升机锁止并降下车辆	2		
10	"5S"工作	收起翼子板布、前格栅布及车用三件套,并盖上发动机机舱盖	2		
		整理清洁工具、清理场地做好"5S"工作	2		
总 分			100		

五、各小组成员通过教室上网设备,查阅各种品牌汽车发动机机油,比较其特点,并各派一个代表上台叙述

【任务检测】

一、判断题

1.发动机是汽车的心脏,良好的润滑是保证发动机正常工作性的重要条件之一。

（　　）

2.机油的主要作用是通过零件的摩擦表面,并在摩擦表面间形成油膜,油膜会将两个摩擦的零件表面隔开,从而达到减少磨损的目的。　　　　　　　　　　　　（　　）

3.机油可以在有相对运动的零件间形成油膜,从而提高其密封性,有利于防止漏气或漏油。　　　　　　　　　　　　　　　　　　　　　　　　　　　　（　　）

4.机油能够将发动机中的部分热量带回机油箱,再散发至空气中,可起到帮助冷却发动机的作用。　　　　　　　　　　　　　　　　　　　　　　　　　　　（　　）

5.机油在使用过程中受高温、高压作用并与燃烧中的混合气接触会产生变质。即使没有外部渗漏,在正常情况下机油也会逐渐地被消耗掉。　　　　　　　　　（　　）

6.合成机油的优点有:提高热和氧化稳定性,出现氧化温度大约比普通机油高 28 ℃;蒸发少;黏度随温度变化小,改善了冷启动性能并降低了燃油消耗。　　　　（　　）

7.机油滤清器的作用是滤除机油中的金属颗粒和油污。机油滤清器接口处的单向阀是作为截止阀用的,它用于防止发动机熄火时机油从滤清器中流出。　　　　（　　）

8.当气温低于 20 ℃时,排放机油工作应在热车熄火不久后进行,以便充分排放。

（　　）

9.放完油后安装带新密封垫圈的放油螺塞,并根据维修手册的规定力矩拧紧。（　　）

10.更换机油滤清器时,应在新的机油滤清器密封垫圈表面涂上干净的机油。　（　　）

二、简答题

1.发动机机油的作用有哪些?

2.更换新机油时要注意哪些问题?

3.机油滤清器的作用有哪些？更换机油滤清器时应注意哪些问题？

【教师评估】

序号	内　容	优　点	存在问题	解决方案
1	出勤、纪律、仪容仪表			
2	安全文明生产的意识			
3	学习态度的主动性与积极性			
4	基础知识的掌握			
5	操作技能的练习			
6	其他方面			
教师签字				

任务2.2　发动机空气滤清器、空调空气滤清器的更换

【任务目标】

目标类型	目标要求
认知目标	1.知道发动机空气滤清器的作用 2.知道发动机空气滤清器更换的目的 3.知道发动机空调滤清器的相关知识及作用
技能目标	1.能够正确拆卸和安装发动机空气滤清器 2.能够正确拆卸和安装发动机空调滤清器

目标类型	目标要求
情感目标	1.养成主动学习习惯和动手操作的能力 2.培养"5S"/"EHS"意识 3.培养团队协作交流与语言表达能力

【任务描述】

在发动机工作时,空气在进入汽缸之前,应先经过空气滤清器的过滤,才能进入汽缸。以便形成可燃混合气。空气滤清器的作用是过滤空气中的杂质。因此,清洁畅通是发动机燃料系空气供给系统及汽车空调滤清器的主要作用。如果汽车在行驶中使用过脏的空气滤清器,或者空气中的杂质过多会使发动机进气不足,燃油燃烧不充分,导致发动机工作不稳定,动力下降、耗油量增加、空调工作不稳定等故障的发生。

通过本任务学习,知道汽车发动机空气滤清器、空调滤清器的作用、类型、工作原理。并完成它们的日常维护作业内容。

【知识准备】

在一般道路情况下,汽车行驶 7 500 ~ 8 000 km 后必须对空气滤清器进行清洁维护。在沙尘较大的地区其维护间隔应相应缩短。空气滤清器直接关系到汽车在行驶过程中发动机的进气问题,如果在正常的城市公路上行驶,空气滤清器在汽车行驶 5 000 km 时就应进行检查。如果滤清器上积尘过多,可以考虑用压缩空气从滤芯内部向外吹,将灰尘吹净,但压缩空气的压力也不能过高,以防滤纸被损坏。如果空气滤清器发生堵塞或积尘过多就会致使发动机进气不畅,而且大量的灰尘会进入汽缸,从而加快汽缸积炭速度,使发动机点火不畅、动力不足,车辆的油耗就自然会升高。

一、发动机空气滤清器概述

空气滤清器关系发动机的动力性、经济性、进气噪声、柴油机的烟度。根据统计显示,机动车和工程机械发动机的早期磨损 70% 与空气滤清器有关,空气滤清器的滤清效率对发动机的磨损和寿命起着决定性的作用。

1.空气滤清器的作用

发动机在工作过程中要吸进大量的空气,如果空气不经过滤清,空气中悬浮的尘埃被吸入汽缸中,就会加速活塞组及汽缸的磨损。较大的颗粒进入活塞与汽缸之间,会造成严重的"拉缸"现象,这在干燥多沙的工作环境中尤为严重。空气滤清器起到滤除空气中灰尘、砂粒的作用,以保证汽缸中进入足量、清洁的空气。现代汽车大都使用纸质的一次性空气滤芯。

空气滤清器中的滤芯可滤去空气中98%～99%的污物,有些发动机的空气滤清器还安装有共鸣器,其有助于降低吸气噪声。

2.空气滤清器的类型

按照滤清原理,空气滤清器可分为过滤式、离心式、油浴式、复合式几种。目前,发动机中常用的空气滤清器主要有惯性油浴式空气滤清器、纸质干式空气滤清器、聚氨酯滤芯空气滤清器等几种。惯性油浴式空气滤清器先后经过惯性式滤清、油浴式滤清、过滤式滤清三级滤清,后两种空气滤清器主要通过滤芯过滤式滤清。惯性油浴式空气滤清器具有进气阻力小,能适应多尘多沙的工作环境,使用寿命长等优点,以前在多种型号的汽车、拖拉机的发动机上采用。但这种空气滤清器滤清效率较低、质量大、成本高、维护不便,在汽车发动机中已逐渐被淘汰。纸质干式空气滤清器的滤芯采用经过树脂处理的微孔滤纸制成,滤纸多孔、疏松、折叠,有一定的机械强度和抗水性,具有滤清效率高、结构简单、质量轻、成本低、保养方便等优点,是目前应用较广泛的汽车用空气滤清器。聚氨酯滤芯空气滤清器的滤芯采用柔软、多孔、海绵状的聚氨酯制成,吸附能力强,这种空气滤清器具有纸质干式空气滤清器的优点,但机械强度低,在轿车发动机中使用较为广泛。后两种空气滤清器的缺点是使用寿命较短,在恶劣环境条件下工作不可靠。各种空气滤清器各有优缺点,但不可避免地都存在进气量与滤清效率之间的矛盾。随着对空气滤清器的深入研究,对空气滤清器的要求也越来越高。近年来,出现了一些新型的空气滤清器,如纤维滤芯空气滤清器、复式过滤材料空气滤清器、消声空气滤清器、恒温空气滤清器等,以满足发动机工作的需要。

3.更换空气滤清器滤芯的目的

空气滤清器位于进气道的入口处,在行车的过程中,空气中的尘埃、水分、油污被空气滤清器滤芯过滤,当纸质滤芯吸附了过多的污物后就会发生堵塞,进气量就会下降,导致发动机功率降低,此时就应更换空气滤清器滤芯。

二、空调空气滤清器概述

汽车空调滤清器俗称花粉滤清器,是一种专门用于汽车车厢内空气净化的过滤器。采用高效吸附材料——活性炭与长丝无纺布复合的活性炭复合滤布;结构紧凑,能有效过滤烟臭、花粉、尘埃、有害气体和各种异味。

1.空调空气滤清器的作用

汽车空调滤清器的作用是:过滤从外界进入车厢内部的空气,使空气的洁净度提高,一般的过滤物质是指空气中所包含的杂质,微小颗粒物、花粉、细菌、工业废气和灰尘等,空调滤清器的效果是防止这类物质进入空调系统而破坏空调系统,给车内乘用人员提供良好的空气环境,保护车内人员的身体健康,还有就是防止玻璃雾化。空调空气滤清器安装在加热器和蒸发器模块中,位于蒸发器芯的前部,可以通过加热器和蒸发器模块下部左前角附近的盖板拆装滤清器。

2.空调滤清器的分类

空调滤清器一般分为两类,即普通型空调滤清器和活性炭系列空调滤清器,普通型空调滤清器,一般是由一种特定的环保过滤材料经过加工折叠后做成,多为白色单层。活性炭系列空调滤清器,是由两面非制造布(无纺布)复合中间夹有微小的颗粒活性炭做成的活性炭滤布,再深加工制作成空调滤清器。汽车空调滤清器的位置一般安装在汽车的副驾驶舱前的玻璃下仓位置,车主也可根据自身条件自助更换,因为它的拆装和操作过程都非常简单;也可在车辆的销售维修4S店里由工作人员来更换。

普通型的空调滤清器就只能起到抑制灰尘和颗粒物进入的作用,活性炭系列空调滤清器,能在空气经过阻流的很短时间段里利用颗粒活性炭本身的物理性能,吸附空气中其他的微小物和更多的有害物质。故活性炭系列空调滤清器的效果要比普通的滤清器好很多。空调滤清器的更换时间和周期一般为汽车行驶 8 000～10 000 km 时更换,也可根据行车的外界环境来定,如果环境干湿度对比大,常年气候干燥,风沙大,应提前更换。

3.更换空调空气滤清器滤芯的目的

空气中的尘埃、水分、油污被空气滤清器过滤后进入空调的风道,这些污物吸附在空气滤清器的纸芯上,当纸芯吸附了过多的污物后就会发生堵塞,造成空调的出风量下降,制冷制热效果下降。

三、发动机空气滤清器滤芯的更换程序

1.拆卸步骤

• 断开进气温度传感器。电气连接器如图 2.7 所示。

• 断开空气流量传感器。电气连接器如图 2.8 所示。

• 松开进气管/空气流量传感器软管卡箍。

• 拆卸进气管/空气流量传感器总成。

• 从节气门体和空气滤清器盖上小心拆卸进气软管。

• 拆卸 2 个壳体盖紧固卡箍。

• 拆卸空气滤清器盖。如图 2.9 所示,并拆卸空气滤清器滤芯。

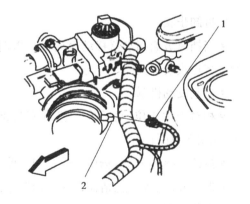

图 2.7 断开进气温度传感器
1—电气连接器;2—进气温度传感器

• 检查壳体盖密封总成和空气导管是否损坏,若有损坏则进行必要的更换。

2.安装步骤

• 将空气滤清器滤芯小心安装到空气过滤器总成上。

• 重新安装壳体盖并重新安装壳体盖并紧固螺钉。

• 将进气软管重新小心安装到节气门体和空气滤清器盖上。

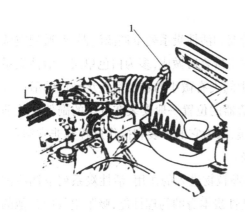

图 2.8　断开空气流量传感器
1—电气连接器

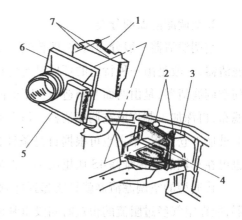

图 2.9　拆卸空气滤清器盖
1—空气过滤器总成;2,7—空气导管;
3—动力控制模块支架;4—壳体盖;
5—空气滤清器盖;6—滤芯

- 紧固进气软管卡箍。
- 重新安装进气管/空气流量传感器总成。
- 紧固进气管/空气流量传感器软管卡箍。
- 连接空气流量传感器电气连接器。
- 连接进气温度传感器电气连接器。

四、空调空气滤清器滤芯的更换程序

1. 拆卸步骤

- 当挡风玻璃刮水器移动至向上位置时用车钥匙将点火装置关闭。
- 抬起发动机罩。
- 相对于中心位,将后发动机罩密封推开一半,如图 2.10 所示。
- 拆卸右侧空气进气栅格,如图 2.11 所示。
- 拆卸乘客室空气滤清器,如图 2.12 所示。

2. 安装步骤

- 安装乘客室空气滤清器。
- 安装进气栅格。
- 安装后发动机罩密封。
- 盖好发动机罩。
- 使挡风玻璃刮水器返回至停止位置。

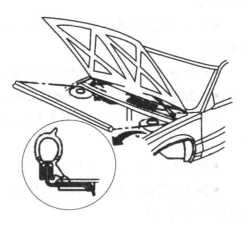

图 2.10　抬起发动机罩

图2.11 拆卸右侧空气进气栅格

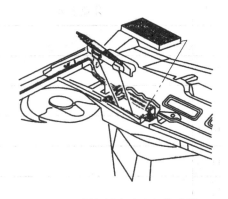

图2.12 拆卸乘客室空气滤清器

【任务实施】

一、准备工作

1. 工具设备和材料

福克斯轿车、120件套工具及其滤清器。

2. 安全防护用品

标准作业装。

二、信息收集

发动机型号：_____ 发动机空气滤清器的类型：_____

三、作业工单

1. 拆装发动机空气滤清器

步　　骤	作业记录	作业内容
1		
2		
3		
4		
5		
6		

续表

步　骤	作业记录	作业内容
7		
8		
9		
10		
11		
12		
13		
14		
15		
16		
17		
18		
19		
20		

2.拆装发动机空调滤清器

步　骤	作业记录	作业内容
1		
2		
3		
4		
5		
6		
7		
8		
9		

步 骤	作业记录	作业内容
10		
11		
12		
13		
14		
15		
16		
17		
18		
19		
20		

四、各小组成员通过教室上网设备,查阅汽车发动机空气滤清器的与空调滤清器的故障,比较其特点,各派一个代表上台叙述

五、考核单

序 号	考核项目	考核要求	分 值	错漏项记录	得 分
1	仪容仪表	工作服、鞋帽的穿戴、首饰的佩戴等	6		
2	安全文明生产	作业过程中工、量具使用的正确性,有无损坏	2		
		作业中造成车辆的划伤或脏污,人员的伤害等	4		
		作业中有无返工现象	5		
		汽车行驶 7 500 ~ 8 000 km 必须对空气滤清器进行清洁维护,正常来说,车辆行驶 8 000 ~ 10 000 km 时空调滤清器需要更换一次	4		

续表

序　号	考核项目	考核要求	分　值	错漏项记录	得　分
3	工作过程	放置车辆挡块和车用三件套(地板铁、座椅套、方向盘套)、翼子板布、前格栅布	5		
		确定换挡杆是空挡,拉起驻车制动杆	2		
		断开进气温度传感器电气连接器	4		
		断开空气流量传感器电气连接器	4		
		松开进气管/空气流量传感器软管卡箍	4		
		拆卸进气管/空气流量传感器总成	4		
		从节气门体和空气滤清器盖上小心拆卸进气软管	5		
		拆卸2个壳体盖紧固卡箍	4		
		拆卸空气滤清器盖并拆卸空气滤清器滤芯	4		
		检查壳体盖密封总成和空气导管是否损坏,若有损坏则进行必要的更换	5		
		更换滤芯后的安装顺序与拆卸顺序相反(后拆先装,先拆后装)	10		
		工具的正确选用	2		
		更换空调滤清器滤芯			
		当挡风玻璃刮水器移动至向上位置时用车钥匙将点火装置关闭	2		
		抬起发动机罩	2		
		相对于中心位,将后发动机罩密封推开一半	2		
		拆卸右侧空气进气栅格	2		
		拆卸乘客室空气滤清器	4		
		更换滤芯后的安装顺序与拆卸顺序相反(后拆先装,先拆后装)	10		
4	5S工作	收起翼子板布、前格栅布及车用三件套,并盖上发动机机舱盖	2		
		整理清洁工具、清理场地做好"5S"工作	2		
	总　分		100		

【任务检测】

一、判断题

1. 在发动机工作时,空气在进入汽缸之前,应先经过空气滤清器的过滤,才能进入汽缸。以便形成可燃混合气。空气滤清器就是过滤空气中的杂质。（　　）

2. 如果汽车行驶中使用过脏的空气滤清器,或者空气中的杂质过多会使发动机进气不足,燃油燃烧不充分,导致发动机工作不稳定,动力下降、耗油量增加。（　　）

3. 在一般道路情况下,汽车行驶7 500～8 000 km必须对空气滤清器进行清洁维护。（　　）

4. 一般的过滤物质是指空气中所包含的杂质,微小颗粒物、花粉、细菌、工业废气和灰尘等。（　　）

5. 空调滤清器一般分两类,即普通型空调滤清器和活性炭系列空调滤清器。（　　）

6. 按照滤清原理,空气滤清器可分为过滤式、离心式、油浴式、复合式几种。目前,发动机中常用的空气滤清器主要有惯性油浴式空气滤清器、纸质干式空气滤清器、聚氨酯滤芯空气滤清器等几种。（　　）

7. 空调滤清器的更换时间和周期一般为汽车行驶8 000～10 000 km时更换,也可根据行车的外界环境来定,如果环境干湿度对比大,常年气候干燥,风沙大,应提前更换。（　　）

8. 在发动机空气滤清器滤芯的更换时,首先应断开进气温度传感器及断开空气流量传感器。（　　）

9. 在发动机空气滤清器安装时,首先应将空气滤清器滤芯小心安装到空气过滤器总成上,再重新安装壳体盖并重新安装壳体盖紧固螺钉。（　　）

10. 在进行空调空气滤清器滤芯的更换时,首先应将挡风玻璃刮水器移动至向上位置时用车钥匙将点火装置关闭,再抬起发动机罩。（　　）

二、简答题

1. 发动机空气滤清器和空调滤清器的作用分别有哪些?

2. 更换新空气滤清器时需要注意哪些问题?

3.空调滤清器的分类有哪些?

序 号	内 容	优 点	存在问题	解决方案
1	出勤、纪律、仪容仪表			
2	安全文明生产的意识			
3	学习态度的主动性与积极性			
4	基础知识的掌握			
5	操作技能的练习			
6	其他方面			
教师签字				

任务2.3　冷却系的检查及冷却液的更换

【任务目标】

目标类型	目标要求
认知目标	1. 知道发动机冷却系的组成及作用 2. 知道发动机冷却液的性能及相关知识 3. 知道发动机冷却系常见故障及检查 4. 知道发动机冷却液的检查与更换方法

续表

目标类型	目标要求
技能目标	1.能够进行安全操作,具有安全生产意识 2.能够正确使用常用的工具、设备 3.能规范进行冷却液的检查与更换作业
情感目标	1.养成主动学习的习惯和提高操作的能力 2.培养"5S"/"EHS"意识 3.培养团队协作交流与语言表达能力

【任务描述】

汽车发动机工作时,汽缸内的气体温度高达1 700~1 800 ℃,为了保证发动机能够正常工作,就必须对高温条件下工作的零部件进行冷却。冷却液就是冷却系中带走高温零部件热量的工作介质。发动机冷却液与润滑油一样是发动机正常工作必不可少的工作物质。

当发动机冷却系在使用中发生故障时,将会造成发动机的温度过高或者过低,使发动机的性能下降,经济性变坏,甚至造成机件损坏。因此,评价冷却系技术状况好坏的主要指标是发动机的工作温度。

通过本任务学习,知道汽车发动机冷却系的功能、冷却液的作用以及更换方法。

【知识准备】

一、冷却系和冷却液

冷却系的功用是将受热零件吸收的部分热量及时散发出去,保证发动机在最适宜的温度(90~105 ℃)状态下工作。发动机的冷却系有风冷和水冷之分。以空气为冷却介质的冷却系称为风冷系;以冷却液为冷却介质的称为水冷系。在整个冷却系统中,冷却介质是冷却液,主要零部件有节温器、水泵、水泵皮带、散热器、散热风扇、水温感应器、蓄液罐、采暖装置(类似散热器)。

发动机冷却液由水、防冻剂、添加剂3部分组成,按防冻剂成分不同可分为酒精型、甘油型、乙二醇型等类型的冷却液。酒精型冷却液是用乙醇(俗称酒精)作为防冻剂,价格便宜,流动性好,配制工艺简单,但具有沸点较低、易蒸发损失、冰点易升高、易燃等特点,现已逐渐被淘汰;甘油型冷却液沸点高、挥发性小、不易着火、无毒、腐蚀性小,但降低冰点效果不佳、成本高、价格昂贵,用户难以接受,只有少数北欧国家仍在使用;乙二醇型冷却液是用乙二醇作为防冻剂,并添加少量抗泡沫、防腐蚀等综合添加剂配制而成。

发动机冷却液的作用有:冷却作用、防腐作用、防冻作用、防垢作用。

1.储液罐盖的开启

现代发动机全都采用全密封、带储液罐的强制液冷式冷却系,大多数车冷却系储液罐盖采用压力式进、出气盖,而散热器上则不再有加液口盖,图 2.13 所示为发动机冷却系,本节均以此型号冷却系为例。这种储液罐最好是在发动机处于冷态时开启。如果散热器上有压力盖,那么开启储液罐盖就没有风险。

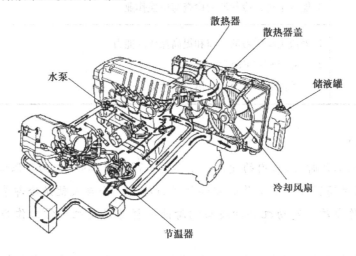

图 2.13　发动机冷却系

2.防冻液

现代发动机冷却系都加注长效防冻液。有人认为本地区冬季不结冰,也不会去寒冷地带,因此为节约不想加防冻液或加廉价防冻液,这是不对的。防冻液除了防止冷却系内冷却液结冰外,还具有防止冷却系机件被腐蚀的作用,因为正规防冻液中含有多种阻蚀剂、防泡剂等。各大汽车制造厂都规定用本厂认可的防冻液。防冻液与水比例(体积比)和防冻温度见表 2.1。

表 2.1　防冻液与水比例(体积比)、防冻温度表

防冻液与水比例(体积比)	防冻温度/℃
防冻液 40%、水 60%	−25
防冻液 50%、水 50%	−30
防冻液 60%、水 40%	−35

二、热车检查冷却系

1.检查冷却液是否泄漏

冷却液损失首先是由泄漏造成的,在这种情况下仅补充冷却液是不能解决问题的,应当模拟在发动机热车工作状态下检查冷却液泄漏情况。拆下带压力阀的加液口盖,将冷却系

测试仪装到加液口处,加压至108 kPa,10 s内压力应不下降;如有下降,应仔细观察为何处泄漏,如图2.14所示。

2.检查储液罐液面

储液罐液面应在"LOW"和"FULL"两线之间,若低于"LOW"线,则应先检查有无泄漏,再补充长效防冻液至"FULL"线,如图2.15所示。

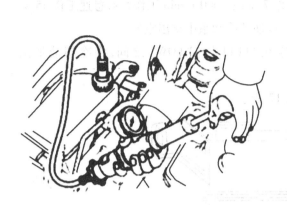

图2.14 检查冷却液泄漏 图2.15 储液罐液面

3.检查发动机冷却液品质

拆下散热器盖,检查盖上及加注口上有无过多的沉积。如果冷却液中有机油或过脏,则应更换冷却液。例如,大众车使用红色的G12型长效防冻液,如果储液罐中液体变为褐色,则说明G12同其他类型冷却液混合了,在这种情况下必须立即更换冷却液。

三、更换冷却液

1.放出冷却液

在发动机下部放好接水盆,松开散热器排放塞3,拆下散热器盖1,松开汽缸体上的排放塞2,如图2.16所示。

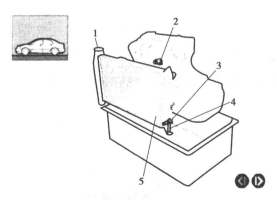

图2.16 放出冷却液

1—散热器盖;2—汽缸体排放塞;3—散热器排放塞;4—排放管;5—储液罐

2.加注冷却液

①紧固散热器排放塞和汽缸体排放塞(扭矩13 N·m)。

②从储液罐加注口处加入丰田超级长效防冻液。

• 预热发动机直至节温器打开。注意:发动机启动前:A/C开关应OFF,将空调温度调至MAX(热),空调鼓风机设置于LOW(低速)。

• 发动机热启动后,再用下列循环至少工作7 min:3 000 r/min工作5 s,怠速工作45 s。

• 用手挤压散热器进、出水软管一段时间,以便从冷却系中排出空气。

• 发动机冷机后,检查储液罐的液面,应在"FULL"与"LOW"之间,将冷却液加至"FULL"线。

③从加液口处将防冻液加至B线,如图2.17所示。

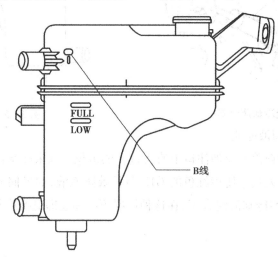

图2.17　防冻液加至B线

【任务实施】

一、准备工作

1.工具设备和材料

福克斯轿车、冷却液、工具及其他设备。

2.安全防护用品

标准作业装。

二、信息收集

发动机型号:＿＿＿＿＿＿＿＿＿＿　　冷却液牌号:＿＿＿＿＿＿＿＿＿＿

三、作业工单

步　骤	作业记录	作业内容
1		安装车用三件套
2		打开发动机舱盖
3		安装翼子板布和前格栅布
4		发动机冷却液液面的检查及有无泄漏情况
5		更换发动机冷却液
6		重新加注冷却液
7		暖机到节温器打开
8		填写工单
9		进行设备和场地的"5S"现场整理

四、考核单

序　号	考核项目	考核要求	分　值	错漏项记录	得　分
1	仪容仪表	工作服、鞋帽的穿戴、首饰的佩戴等	6		
2	准备工作	工具的准备	2		
		汽车是否停放水平地面,并安装车轮挡块,打开车门	3		
		拉起发动机舱盖释放杆	1		
		换挡杆置于空挡并拉起驻车制动杆	2		
		安装地板垫、方向盘套和座椅套	3		
		打开发动机舱盖并正确支撑	3		
		安放翼子板布和前格栅布	2		

续表

序　号	考核项目	考核要求	分　值	错漏项记录	得　分
3	工作过程	清洁储液罐并检查是否损坏	3		
		检查发动机冷却液液位	1		
		检查散热器盖是否松动,有无损坏破裂	2		
		检查散热器盖的密封垫圈安装的正确性	2		
		散热器中的百叶窗检查	2		
		散热器周围有无冷却液泄漏	2		
		散热器橡胶软管连接是否牢靠	2		
		夹箍周围有无泄漏是否松动	4		
		橡胶软管有无老化、裂纹	2		
		冷却液系统管接头有无松动	2		
		冷却液管路有无泄漏	2		
		将散热器盖测试仪连接到散热器上	3		
		是否在发动机很热时拆卸散热器盖	4		
		检查并连接散热器盖测试仪	7		
		松开冷却管路与散热器连接的夹箍	3		
		有无容器回收冷却液	4		
		夹紧冷却管路与散热器连接的夹箍	3		
		加注冷却液到规定液位	2		
		将发动机转速提升至 3 000 r/min	3		
		拆卸座椅套、方向盘套、地板铁	3		
		清洁车身内部	1		
		取下钥匙	1		
		拆卸翼子板布、前格栅布并叠好	1		
		盖上发动机舱盖	1		
		收起车轮挡块	1		
		清洁车身外部、工具以及废弃物	4		

续表

序 号	考核项目	考核要求	分 值	错漏项记录	得 分
4	职业素养	动作规范,安全环保	2		
		学生之间的配合默契	2		
		在规定时间内完成	2		
		填写工单	2		
		其他	3		
		"5S"工作	2		

五、各小组成员通过教室上网设备,查阅有关货车、轿车、越野车冷却系资料,比较特点,各派一个代表上台叙述。

【任务检测】

一、判断题

1. 为了充分发挥发动机的使用性能,延长发动机的使用寿命,故在发动机运转时,必须保持正常的工作温度。 （   ）

2. 当发动机冷却系在使用中发生故障时,将会造成发动机的温度过高或者过低,使发动机的性能下降,经济性变坏,甚至造成机件损坏。 （   ）

3. 在汽车发动机冷却系统中,冷却介质是冷却液,主要零部件有节温器、水泵、水泵皮带、散热器、散热风扇、水温感应器、蓄液罐、采暖装置等。 （   ）

4. 发动机冷却液由水、防冻剂、添加剂 3 部分组成,按防冻剂成分不同可分为酒精型、甘油型、乙二醇型等类型的冷却液。 （   ）

5. 乙二醇型冷却液是用乙二醇作为防冻剂,并添加少量抗泡沫、防腐蚀等综合添加剂配制而成。是目前广泛使用的发动机冷却液。 （   ）

6. 防冻液除了防止冷却系内冷却液结冰外,还具有防止冷却系机件被腐蚀的作用。 （   ）

7. 发动机冷却液的作用有:冷却作用、防腐作用、防冻作用、防垢作用。 （   ）

8. 储液罐液面应在"LOW"和"FULL"两线之间,若低于"LOW"线,则应先检查有无泄漏,再补充长效防冻液至"FULL"线。 （   ）

9. 大众车使用红色的 G12 型长效防冻液,如果储液罐中液体变为褐色,则说明 G12 同其他类型冷却液混合了,在这种情况下必须立即更换冷却液。 （   ）

10. 在更换冷却液时,应在发动机下部放好接水盆,松开散热器排放塞,拆下散热器盖,松开汽缸体上的排放塞。 （   ）

二、简答题

1. 冷却液的组成及它的作用有哪些？

2. 冷却系主要由哪几部分组成,各部分的作用是什么？

3. 更换冷却液时要注意哪些事项？

【教师评估】

序 号	内 容	优 点	存在问题	解决方案
1	出勤、纪律、仪容仪表			
2	安全文明生产的意识			
3	学习态度的主动性与积极性			
4	基础知识的掌握			
5	操作技能的练习			
6	其他方面			
	教师签字			

项目 3
汽车免拆维护

任务3.1 发动机润滑系统免拆清洗

【任务目标】

目标类型	目标要求
认知目标	1.知道发动机免拆维护的工作原理 2.知道发动机燃油、润滑油及防冻液的性能及相关知识 3.知道发动机免拆维护使用的仪器与使用方法
技能目标	1.能够进行安全操作,具有安全生产意识 2.能够正确使用常用的维修工具、设备、仪器和仪表 3.能够正确识别发动机型号 4.能规范进行发动机润滑系免拆清洗作业
情感目标	1.养成主动学习习惯 2.培养"5S"/"EHS"意识 3.培养团队协作交流与语言表达能力

【任务描述】

发动机运转时,各个运动零件的接触表面做高速运动时会因摩擦而产生磨损、擦伤甚至抱死,从而增加发动机内部的功率消耗。发动机免拆维护是一种新型的维护方式,既节约了维护时间,又提高了维护效率。

通过本任务学习,知道汽车发动机免拆维护的作用与免拆清洗机的操作过程。

【知识准备】

一、认识汽车免拆维护

所谓的免拆维护(又称不解体清洗)就是无须对汽车各主要总成、部件解体(拆卸)而对其进行维护的方法。具体来说就是用免拆维护设备对发动机(包括燃油、润滑系统)、自动变速系统、动力转向系统等内部的积炭、油泥和其他沉淀物进行清洗。

1. 传统汽车修理维护

传统汽车修理维护:传统汽车修理维护是以修理为核心,维护是修理的补充作业方式。只有等车辆坏了才去修理,维护只是修理的附加作业项目。传统汽车修理维护强调修理工艺并以零部件修复为手段,是总成拆装调整工艺与零件修复工艺的组合。传统汽车修理维护的故障诊断以定性分析为基础,主要采用直观检查和少量仪表测量的方法来完成。传统汽车修理维护过程中技术数据的应用主要表现为技术标准的查阅,而技术数据的展示形式为技术标准手册。

2. 现代汽车维护

现代汽车维护已经从传统汽车修理维护中分离出来。维护是最好的修理,适当的维护可减少汽车的修理,降低汽车的故障发生率,节约成本。所以说现代汽车是"七分在养,三分在修"。现代汽车维护使用一些现代维护设备对汽车进行不解体的内部清洗、养护、换油等维护作业,其突出诊断技术,并以准确诊断故障点为目标,减小拆卸的范围。现代汽车维护诊断是以机、电、液一体化系统诊断为核心的综合诊断技术。

二、发动机润滑系统免拆清洗机的功能及特点

1. 清洗机的主要功能

现以 CLC-201 发动机润滑系统免拆清洗机为例,其采用最安全的空气动力和专用的发动机润滑系统清洗液,能够有效地将发动机润滑系统的油泥和积炭溶解,将发动机润滑系统清洗干净。

发动机润滑系统免拆清洗机配合汽车的定期保养,无须拆卸发动机,只需用接头与发动机机油滤清器和油底壳螺孔连接,利用空气动力,在发动机静态时进行清洗。只需 15 min,发动机润滑系统油泥、积炭和杂质就会一并清除。

2. 清洗机的主要特点

①可提供各式油管接头,拆接快速,适用车型广。

②可以强力清洁发动机润滑油道、机油泵和机油集滤器。

③利用空气动力,不需任何电源,可防止火花引起的危险。

④采用机械控制,故障率低,运行可靠操作简单,自由控制清洗流程和时间。

⑤清洁剂内部循环,自我过滤清洁,保证清洁剂的纯净度,更换滤芯成本低廉。

⑥可以有效解决汽车因发动机润滑系统不良造成的动力性能降低、噪声过大、尾气排放

超标、机油压力不足、发动机温度易升高等现象。

⑦使用原装进口专用清洗液,具有强力清洗效果,通过全面测试证实对现有发动机的轴承、橡胶垫片等无害,清洗后会在发动机的运动表面形成一层保护膜,延长发动机运动件的寿命。

⑧工作环境:环境温度:0～+40 ℃;相对湿度:<85%;周围 2 m 以内严禁明火。

⑨技术参数:额定工作压力:0.69 MPa;油箱容量:10 L;滤清器:可过滤。

三、发动机润滑系统免拆清洗机的结构及工作原理

1.整机结构

CLC-201 发动机润滑系统免拆清洗机为柜式结构,上面装有把手,下面装有两个滚轮,移动十分方便;油管使用快速接头,拆装迅速;操作面板简洁明了,操作得心应手。

2.操作面板说明

CLC-201 发动机润滑系统免拆清洗机的操作面板如图 3.1 所示,操作面板的功能见表 3.1 所示。

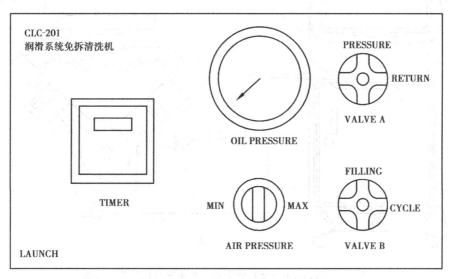

图 3.1　CLC-201 发动机润滑系统免拆清洗机的操作面板

表 3.1　CLC-201 发动机润滑系统免拆清洗机操作面板的功能表

英文名称	中文名称	功能说明
TIMER	定时器	控制清洗时间
OIL PRESSURE	油压表	压力显示
AIR PRESSURE(MIN/MAX)	气压调节阀(小/大)	调节气压大小
VALVE A(RETURN/PRESSURE)	转换阀 A(回收/加压)	回收或者加压
VALVE B(FILLNG/CYCLE)	转换阀 B(加注/循环)	加注或者循环

四、发动机润滑系统免拆清洗机的操作使用

1. 操作前准备

①将清洗液桶放入清洗机中,并将油管插入桶中。

②给清洗机接上压缩空气 0.6 ~ 0.8 MPa。

③将白色滤芯放入透明滤壳,装上 O 形圈并将透明滤壳旋紧。

④将蓝色油管接到清洗机的回油管接头上,另一端选择合适的接头,接到油底壳上;将红色油管接到清洗机的出油管接头上,另一端选择合适的接头,并接到汽车机油滤芯固定座上。

2. 管路连接

CLC-201 发动机润滑系统免拆清洗机管路连接如图 3.2 所示,分别将与清洗机连接的红色的出油管和蓝色的回油管与发动机的油底壳螺孔和机油滤芯固定座相连接。

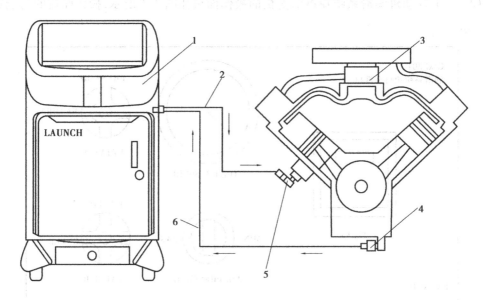

图 3.2　CLC-201 发动机润滑系统免拆清洗机管路连接图

1—CLC 清洗机;2—出油管;3—发动机;

4—油底壳孔;5—机油滤芯座;6—回油管

3. 发动机润滑系统清洗步骤

①确认待清洗的车辆处于制动状态。

②将汽车发动机内部机油放掉,拆下机油滤清器。

③根据车型找出适合油底壳螺孔的接头拧到油底壳上,将蓝色软管接到油底壳接头上。

④选择与汽车机油滤清器相配的接头和 O 形圈,拧至汽车机油滤芯固定座上,并拧紧,将红色油管接到机油滤芯的接头。

⑤加注清洗液:将转换阀 A（VALVE A）旋至加压（PRESSURE）位置,将转换阀 B（VALVE B）旋至加注（FILLING）位置,将定时器（TIMER）旋至 1 min 位置,将定时开关按至"ON"位置,开始注液,至蜂鸣器发出"嘀"叫声后,将气压调节阀（AIR PRESSURE）旋至"MIN"位置,将定时开关按至"OFF"处。

⑥循环清洗:转换阀 A（VAINE A）仍在加压（PRESSURE）位置,将转换阀 B（VALVE B）旋至循环（CYCLE）位置,将定时器（TIMER）旋至 4 min 位置,将定时开关按至"ON"位置,开始循环,直到蜂鸣器发出"嘀"的叫声后,将气压调节阀（AIR PRESSURE）旋至"MIN"位置,将定时开关按至"OFF"处,结束循环清洗。

⑦浸泡:转换阀 A（VALVE A）仍在加压（PRESSURE）位置,转换阀 B 仍在循环（CYCLE）位置,气压调节阀（AIR PRESSURE）旋至"MIN"位置,将定时器（TIMER）旋至 2 min位置,将定时开关按至"ON"位置,开始浸泡,直到蜂鸣器发出"嘀"的叫声,将定时开关按至"OFF"处,结束浸泡。

⑧再次循环清洗,与操作步骤⑥相同。

⑨回抽清洗液（RETURN）:将转换阀 A（VAINE A）旋至回油（RETURN）位置,转换阀 B 仍在循环（CYCLE）位置,将定时器（TIMER）旋至 2 min 位置,将气压调节阀（AIR PRESSURE）旋至"MAX"位置,将定时开关按至"ON"位置。

⑩将蓝色、红色油管和接头螺栓拆下,将原油底壳螺栓拧紧,更换新的机油滤清器;确认油底螺栓及新机油滤清器并拧紧,再加入新的机油,启动发动机运转 1~2 min 后使发动机熄火,再检查是否有渗漏的部位,机油量是否足够,必要时进行维修和添加机油。

【任务实施】

一、准备工作

1. 工具设备和材料

课件、发动机及翻转架、CLC-201 发动机润滑系统免拆清洗机、组合工具、工具车、零件摆放台、机油滤清器拆装钳、计算机等上网设备。

2. 安全防护用品

标准作业装。

二、信息收集

发动机型号:＿＿＿＿＿＿＿＿＿＿＿＿　　发动机编号:＿＿＿＿＿＿＿＿＿＿＿＿

清洗机发动机型号:＿＿＿＿＿＿＿＿＿　　润滑油型号:＿＿＿＿＿＿＿＿＿＿＿

三、各小组成员通过教室上网设备,查阅有关润滑系传统维护与免拆维护的区别,各派一名代表上台叙述

四、学生以小组为单位,在教师提供的发动机及发动机润滑系统免拆清洗机上进行发动机润滑系统免拆清洗作业,填表 3.2 并回答问题

表 3.2　CLC-201 发动机润滑系统免拆清洗机操作使用过程

操作步骤	基本要点
1.操作前准备	
2.管路连接	
3.清洗过程	
4.循环清洗	

【任务检测】

一、填空题

1.所谓的免拆维护(又称不解体清洗)就是＿＿＿＿＿＿＿对汽车各主要总成、部件解体(拆卸)而对其进行＿＿＿＿＿＿＿的方法。

2.使用免拆维护设备能够对发动机(包括燃油、润滑系统)、自动变速系统、动力转向系统等内部的＿＿＿＿＿＿＿、＿＿＿＿＿＿＿和其他＿＿＿＿＿＿＿进行清洗。

3.传统汽车修理维护是以修理为＿＿＿＿＿＿＿,维护是修理的＿＿＿＿＿＿＿作业方式。只有等车辆坏了才去修理,维护只是修理的＿＿＿＿＿＿＿作业项目。

4.传统汽车修理维护的故障诊断以＿＿＿分析为基础,主要采用＿＿＿＿＿＿＿检查和＿＿＿＿＿＿＿仪表测量的方法来完成。

5.现代汽车维护已经从传统汽车修理维护中＿＿＿＿＿＿＿出来。维护是最好的＿＿＿＿＿,适当的维护可＿＿＿＿＿＿＿汽车的修理,降低汽车的故障发生率,节约成本。

6.现代汽车维护诊断是以机、电、液一体化系统诊断为＿＿＿＿＿＿＿的综合诊断技术。现代汽车维护突出＿＿＿＿＿＿＿＿＿＿,并以＿＿＿＿＿＿＿诊断故障点为目标,减小拆卸的范围。

二、判断题

1. 现代汽车维护使用一些现代维护设备对汽车进行不解体的内部清洗、养护、换油等维护作业。　　　　　　　　　　　　　　　　　　　　　　（　　）

2. 现代汽车维护提倡"七分修,三分养"。　　　　　　　　　　　　　（　　）

3. CLC-201 发动机润滑系统免拆清洗机采用最安全的空气动力和专用的发动机润滑系统清洗液 L-610。　　　　　　　　　　　　　　　　　　　（　　）

4. 在发动机静态时进行清洗,只需 15 min,发动机润滑系统油泥、积炭和杂质就会一并清除。　　　　　　　　　　　　　　　　　　　　　　　　（　　）

5. CLC-201 发动机润滑系统免拆清洗机的工作环境为:

环境温度:0 ～ +20 ℃;相对湿度: <45%;周围 12 m 以内严禁明火。　（　　）

6. CLC-201 发动机润滑系统免拆清洗机的技术参数为:

额定工作压力:0.69 MPa;油箱容量:10 L;滤清器:可过滤。　　　　（　　）

7. CLC-201 发动机润滑系统免拆清洗机操作面板的功能表中:TIMER 为定时器,表示控制清洗时间。　　　　　　　　　　　　　　　　　　　　　　（　　）

【评价与反馈】

班级:　　　　　　　　　姓名:　　　　　　　　　指导教师:

序　号	考核项目	配　分	考核内容	配　分	考核标准	得　分
1	出勤/纪律	5	出勤	2	违规一次不得分	
			行为规范	3	违规一次不得分	
2	安全/防护/环保	20	着装	4	违规一次不得分	
			个人防护	4	违规一次不得分	
			"5S"/"EHS"	4	违规一次不得分	
			设备使用安全	4	违规一次不得分	
			操作安全	4	违规一次不得分	
3	知识水平	20	知识测验成绩	20	测验成绩的20%计	
4	技能考核	40	技能测验成绩	40	测验成绩的40%计	
5	学习能力	10	工单填写,工艺计划制订	4	未做不得分	
			组内活动情况	4	酌情扣1～4分	
			资料查阅和收集	2	未做不得分	
6	任务拓展	5	知识拓展	2	未做不得分	
			技能拓展	3	未做不得分	
7	总　分		100			

【教师评估】

序 号	优 点	存在问题	解决方案
教师签字：			

任务3.2 发动机燃油供给系统免拆清洗

【任务目标】

目标类型	目标要求
认知目标	1. 知道发动机工作原理 2. 知道发动机燃油、润滑油及防冻液的性能及相关知识 3. 知道发动机常用维修工具、设备、仪器和仪表的用途与使用方法
技能目标	1. 能进行安全操作，具有安全生产意识 2. 能正确使用常用的维修工具、设备、仪器和仪表 3. 能正确识别发动机型号 4. 能规范进行发动机燃油供给系免拆清洗作业
情感目标	1. 养成主动学习习惯 2. 培养"5S"/"EHS"意识 3. 培养团队协作交流与语言表达能力

【任务描述】

发动机燃油供给系的常见故障是"堵、漏、坏"3类，其中又以堵、漏最为常见。利用发动机燃油系统免拆清洗机对其进行免拆清洗，能够有效减少这些故障的发生，保证发动机正常运转。

通过本任务学习,知道汽车发动机的燃油供给系的常见故障,掌握燃油系统免拆清洗方法。

【知识准备】

一、发动机燃油系统免拆清洗机的功能及特点

1. 免拆清洗机的主要功能
①发动机燃油系统免拆清洗功能。
②燃油泵最大压力检测功能。
③燃油系统保持压力检测功能。

2. 免拆清洗机的主要特点
①内置油压保护装置。
②配备多种专用接头,适用欧洲、美洲、亚洲各国车型。
③采用专用电动燃油泵,输出压力高,波动小,使用寿命长。
④使用专用清洗剂,具有强力清洗效果,清洗后保证不伤害发动机内部任何零件。

3. 工作环境
环境温度: -10 ~ +40 ℃;相对湿度: <85%;周围 2 m 以内严禁明火。

4. 技术参数
额定电压:DC12 V;最大工作压力:0.5 MPa;出油管:3 m;回油管:3 m;
储油桶:7 L;滤清器:可滤除大于 10 μm 微粒。

二、发动机燃油系统免拆清洗机的结构及工作原理

1. 发动机燃油系统免拆清洗机的整机结构
现以 CFC-303 发动机燃油系统免拆清洗机为例,其为柜式结构,如图 3.3 所示,造型小巧,上面装有把手,下面装有滚轮,移动方便;油管使用快速接头,拆装迅速。

2. 操作面板说明
CFC-303 发动机燃油系统免拆清洗机操作面板如图 3.4 所示,操作面板上印有设备操作示意图,使操作更容易。CFC-303 发动机燃油系统免拆清洗机操作面板的功能见表 3.3。

表 3.3　CFC-303 发动机燃油系统免拆清洗机操作面板的功能表

英文名称	中文名称	功能说明
POWER	电源开关	供设备工作
PRESSURE	压力表	显示设备工作油压
OUT	出油调节阀	调整出油压力
RETURN	回油调节阀	调整回油压力

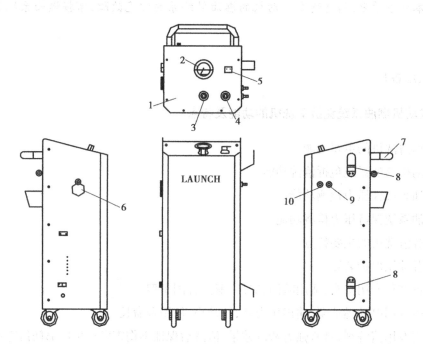

图 3.3　CFC-303 发动机燃油系统免拆清洗机结构图

1—操作面板;2—压力表;3—出油阀;4—回油阀;

5—开关;6—加油口;7—把手;8—挂钩;9—出油口;10—回油口

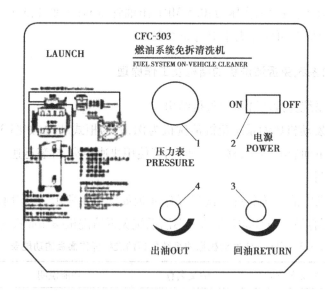

图 3.4　CFC-303 发动机燃油系统免拆清洗机操作面板

三、发动机燃油系统免拆清洗机的操作使用

1.准备工作

①检查待清洗车辆的发动机有无回油管。

②确认电源开关处在全闭的状态,出油阀和回油阀处在全开状态。

③将设备电源线接在汽车蓄电池上,红色接正极,黑色接负极。

④从设备加油口加入清洗混合液,加入量可根据车辆实际情况(积垢程度)来定。根据积垢程度和清洗剂与燃油量配比选择用量,见表 3.4。

表 3.4　根据积垢程度和清洗剂与燃油量配比

积垢程度 清洗剂量/燃油量	低	中	高
清洗剂(每瓶 355 mL)/燃油	0.5 瓶;750 mL	1 瓶,1 500 mL	1.5 瓶;2 250 mL

2.管路连接

由于各车型采用的燃油供给系统的类型不同,发动机燃油系统清洗管路连接方式也不同,可分为有回油管连接方法和无回油管连接方法两种。有回油管的燃油系统清洗管路连接方法如图 3.5 所示。

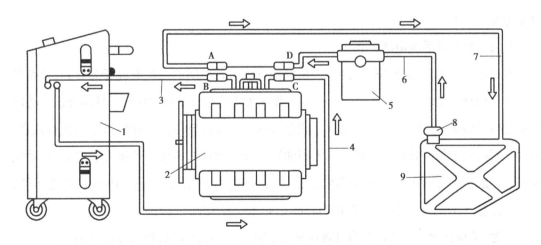

图 3.5　有回油管的燃油系统清洗管路连接图

1—清洗机主机;2—发动机;3—清洗机回油管;4—清洗机出油管;

5—滤清器;6—发动机供油管;7—发动机回油管;8—燃油泵;9—油箱

将发动机燃油系统的供油管(C,D)和回油管(A,B)断开(断开燃油管路接头时要用毛

巾捂住接头)。选择合适的接头分别接到 B 端和 C 端上,再相应接上设备回油、出油管。

将断开的另外两端(A,D)用合适的管连接起来,或者将燃油泵熔断器拔下,或将发动机燃油泵电源线断开。无回油管的燃油系统清洗管路连接方法如图3.6所示。

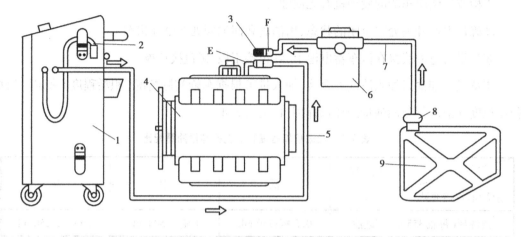

图3.6　无回油管的燃油系统清洗管路连接图

1—清洗机主机;2—清洗机回油管;3—堵头;4—发动机;

5—清洗机出油管;6—滤清器;7—发动机供油管;8—燃油泵;9—油箱

发动机燃油系统的供油管(E,F)断开(断开燃油管路接头时要用毛巾捂住接头)。选择合适的接头接上 E 端,再接上设备出油管,回油管悬空。

将断开的另外一端(F)选用合适的堵头堵住,或者将燃油泵熔断器拔下,或将发动机燃油泵电源线断开。

3.发动机燃油系统清洗步骤

有回油管和无回油管两种连接方式在操作方法上是相同的。将电源开关打开,设备开始工作。根据车型调整燃油压力(化油器:工作压力不能超过0.07 MPa)。具体方法为将出油阀逆时针转动,油压增大,反之减少。注意:调整压力时,应慢慢地旋转出油阀进行调整。有回油管的回油阀要处在全开状态。无回油管的设备回油管不接。待压力稳定后,启动发动机,设备进行发动机燃油系统清洗。在清洗过程中,使发动机保持10 min 怠速运转,10 min浸泡,5 min 高速运转(约2 000 r/min),并连续多次加大油门。

注意:无回油管的发动机在高速运转时,设备供油压力会降低,则须再次调整压力。

待清洗剂与燃油的混合液用完,发动机熄火(清洗作业完毕)。将汽车点火开关关闭。恢复汽车燃油供给管路连接。启动发动机并适当加速,检查各接口处及管路是否渗漏。清理现场,整理好清洗机。各车型发动机燃油压力一览表见表3.5。

表 3.5　各车型发动机燃油压力一览表

车　系	车　名	发动机控制系统	清洗压力 psi(100 kPa)
美洲车系	别克		
	凯迪拉克		
	雪佛兰	电控单点喷射系统（EFI-TBI）	20(1.38)
	奥尔兹莫比尔		
	庞蒂克		
	别克		
	凯迪拉克		
	雪佛兰	电控多点喷射系统（MPDI-DFI）	45(3.10)
	奥尔兹莫比尔		
	庞蒂克		
	别克 2.2		
	凯迪拉克 2.2		
	雪佛兰 2.2	多点喷射系统（PFI）	35(2.41)
	奥尔兹莫比尔 2.2		
	庞蒂克 2.2		
	土星		
	凯迪拉克 4.0		
	雪佛兰 4.0	多点喷射系统（PFI）	40(2.76)
	奥尔兹莫比尔 4.0		
	庞蒂克 4.0		
	福特 1.9/2.3/2.5	单点喷射系统(CFI-TBI)	20(1.38)
	福特 3.8/5.0	单点喷射系统(CFI-TBI)	40(2.76)
	福特 1.6/1.9	多点喷射系统(EFI-MPFI)	40(2.76)
	福特 3.0/4.9	多点喷射系统(MPFI)	40(2.76)
	福特水星	L 型喷射系统（AFC/L）	40(2.76)

续表

车系	车名	发动机控制系统	清洗压力 psi(100 kPa)
亚洲车系	丰田 1.3/1.6/2.4	L 型喷射系统 （AFC/L Jetronic）	35(2.41)
	三菱 3.0 L		
	五十菱 3.1		
	马自达 1.6/1.8/2.2	L 型喷射系统 （AFI/L Jetronic）	40(2.76)
	日产 1.6/2.0/2.4		
	凌志 3.0 LV—6		
	凌志 3.0 LI—6		
	本田 2.0/2.2	多点喷射(PGMFI-SFI)	40(2.76)
	现代 1.6/2.4/3.0	多点喷射（PGMFI）	35(2.41)
	马自达 2.0/2.5/3.0		
	日产 1.6/2.0/2.4	单点喷射系统 TBI	20(1.38)
	铃木 1.3/1.6		
	五十菱 2.8 L		
其他车系	高尔夫	多点喷射系统（MPFI）	43.5(3.00)
	帕萨特 1.8		
	桑塔纳 1.8		
	红旗 1.6/1.8		
	奥拓 0.8	多点喷射系统（MPFI）	40(2.76)
	富康 1.4/1.6		
	夏利 1.0	多点喷射系统（MPFI）	43.5(3.00)
	昌河		
	长安		
	五菱		
	松花江		
	上海别克 3.1	多点顺序喷射系统（SFI）	43.5(3.00)
	切诺基 2.5/4.0	多点顺序喷射系统（SFI）	53(3.65)

【任务实施】

一、准备工作

1. 工具设备和材料

课件、发动机及翻转架、CFC-303 发动机燃油系统免拆清洗机、组合工具、工具车、零件摆放台、机油滤清器拆装钳、计算机等上网设备。

2. 安全防护用品

标准作业装。

二、信息收集

发动机型号：_____　　发动机编号：_____

清洗机发动机型号：_____　　润滑油型号：_____

三、各小组成员通过教室上网设备,查阅有关燃油系传统维护与免拆的区别,各派一名代表上台叙述

四、学生以小组为单位,在教师提供的发动机及发动机燃油系统免拆清洗机上进行发动机润滑系统免拆清洗作业,填表 3.6 并回答问题

表 3.6　CFC-303 发动机燃油系统免拆清洗机操作使用过程

操作步骤	基本要点
1. 准备工作	
2. 管路连接	
3. 清洗过程	
4. 结束工作	

【任务检测】

一、填空题

1. 发动机燃油供给系的常见故障是"_____"3类,其中又以_____最为常见。

2. 发动机燃油系统免拆清洗机对其进行_____清洗,能够有效减少这些故障的_____,保证发动机正常运转。

3. 发动机燃油系统免拆清洗机的功能是_____、_____、_____。

4. 发动机燃油系统免拆清洗机的工作环境要求是:环境温度:_____℃,相对湿度:<_____,周围_____以内严禁明火。

5. 发动机燃油系统免拆清洗机的技术参数为:

额定电压:_____V;最大工作压力_____MPa;出油管:_____m;回油管:_____m;储油桶:_____L;滤清器:可滤除大于_____μm 微粒。

6. 做准备工作时应确认电源开关处在_____的状态,出油阀和回油阀处在_____状态,并将设备电源线接在汽车蓄电池上,_____接正极,_____接负极。

7. 做准备工作时应从设备_____口加入清洗混合液,加入量可根据车辆_____情况(积垢程度)来定。根据积垢程度和清洗剂与燃油量_____选择用量。

二、判断题

1. 由于各车型采用的燃油供给系统的类型不同,发动机燃油系统清洗管路连接方式也不同,可分为有回油管连接方法和无回油管连接方法两种。 （　　）

2. 在 CFC-303 发动机燃油系统免拆清洗机操作面板的功能表中,OUT 为电源开关;POWER 为出油调节阀。 （　　）

3. 根据积垢程度和清洗剂与燃油量配比时,若积垢程度低时为 0.5 瓶:750 mL;若积垢程度中时为 1 瓶:1 500 mL;若积垢程度高时为 1.5 瓶:2 250 mL。 （　　）

4. 在进行发动机燃油系统免拆清洗时,应使用专用清洗剂,具有强力清洗效果,清洗后保证不伤害发动机内部任何零件。 （　　）

5. 在进行发动机燃油系统免拆清洗时,应将汽车点火开关打开;恢复汽车燃油供给管路连接;启动发动机并适当加速,检查各接口处及管路是否渗漏。 （　　）

6. 福特 1.6/1.9 多点喷射型发动机燃油系统清洗压力为 276 kPa;长安微车发动机多点喷射型发动机燃油系统清洗压力为 300 kPa。 （　　）

7. 桑塔纳 1.8 多点喷射型发动机及上海别克 3.1 多点喷射型发动机燃油系统清洗压力为 300 kPa。 （　　）

【评价与反馈】

班级：　　　　　　　　　　姓名：　　　　　　　　指导教师：

序　号	考核项目	配　分	考核内容	配　分	考核标准	得　分
1	出勤/纪律	5	出勤	2	违规一次不得分	
			行为规范	3	违规一次不得分	
2	安全/防护/环保	20	着装	4	违规一次不得分	
			个人防护	4	违规一次不得分	
			"5S"/"EHS"	4	违规一次不得分	
			设备使用安全	4	违规一次不得分	
			操作安全	4	违规一次不得分	
3	知识水平	20	知识测验成绩	20	测验成绩的20%计	
4	技能考核	40	技能测验成绩	40	测验成绩的40%计	
5	学习能力	10	工单填写,工艺计划制订	4	未做不得分	
			组内活动情况	4	酌情扣1~4分	
			资料查阅和收集	2	未做不得分	
6	任务拓展	5	知识拓展	2	未做不得分	
			技能拓展	3	未做不得分	
7	总　分		100			

【教师评估】

序　号	优　点	存在问题	解决方案

教师签字：

任务3.3　自动变速器免拆清洗

【任务目标】

目标类型	目标要求
认知目标	1.知道自动变速器基本结构与工作原理 2.知道自动变速器液力传动油的性能及相关知识 3.知道自动变速器各主要总成的名称及作用 4.知道常用维修工具、设备、仪器和仪表的用途与使用方法
技能目标	1.能进行安全操作,具有安全生产意识 2.能正确使用常用的维修工具、设备、仪器和仪表 3.能正确识别自动变速器型号 4.能规范进行自动变速器免拆清洗作业
情感目标	1.养成主动学习习惯 2.培养"5S"/"EHS"意识 3.培养团队协作交流与语言表达能力

【任务描述】

汽车自动变速器能够提高整车的驾驶性能、行驶性能及安全性能;同时也降低了汽车的尾气排放;特别适用于高速公路的行驶。但其结构复杂,维护难度大,自动变速器免拆清洗有效地解决了这一难题。

通过本任务学习,认识汽车自动变速器的基本构造与作用,掌握自动变速器免拆清洗方法。

【知识准备】

一、认识电控液力自动变速器

1.电控液力自动变速器的特点

①大大提高发动机和传动系的使用寿命。

②提高汽车通过性。

③具有良好的自适应性。

④操纵轻便。

⑤较好的行车安全性。

⑥降低废气排放。

⑦机构复杂,生产成本较高,修理难度大。

⑧传动效率较低。

2.电控液力自动变速器的组成

电控液力自动变速器由液力变矩器、齿轮变速机构、换挡执行机构、液压控制系统、电子控制系统组成。

（1）液力变矩器

液力变矩器如图3.7所示,它位于自动变速器的最前端,安装在发动机的飞轮上,其作用与采用手动变速器的汽车中的离合器相似。它利用油液循环流动过程中动能的变化将发动机的动力传递自动变速器的输入轴,并能根据汽车行驶阻力的变化,在一定范围内自动地、无级地改变传动比和扭矩比,具有一定的减速增扭功能。其动力传递过程如下:

曲轴──→输出轴──→ 泵轮──→涡轮──→输入轴

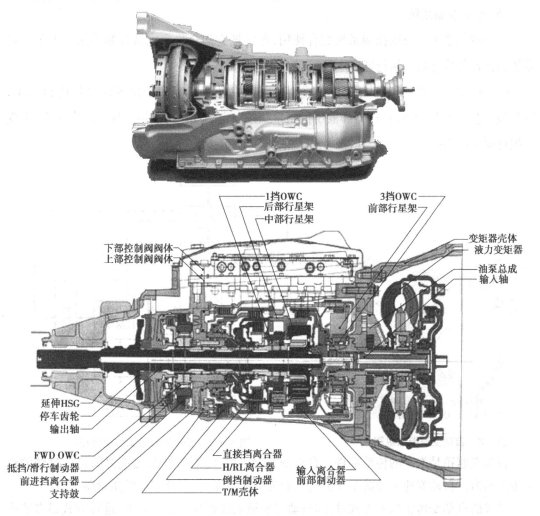

图3.7 自动变速器结构图

（2）变速齿轮机构

自动变速器中的变速齿轮机构所采用的形式有普通齿轮式和行星齿轮式两种。目前绝大多数轿车自动变速器中的齿轮变速器采用的是行星齿轮式,即行星齿轮机构。

（3）换挡执行机构

自动换挡控制系统能根据发动机的负荷(节气门开度)和汽车的行驶速度,按照设定的换挡规律,自动地接通或切断某些换挡离合器和制动器的供油油路,使离合器结合或分开、制动器制动或释放,以改变齿轮变速器的传动化,从而实现自动换挡。其功用与普通变速器的同步器相似,包括离合器、制动器和单向离合器,并由电子液压控制系统控制,如图3.8所示。

（4）液压控制系统

控制换挡执行机构的工作,由液压泵、各种液压控制阀和液压管路构成。

（5）电子控制系统

电子控制系统与液压控制系统配合使用,通常把它们合称为电液控制系统。电子控制系统包括各种传感器及执行器和电控单元 ECU。

电子控制系统中的传感器及各种控制开关将发动机工况和车速等信号传递给 ECU, ECU 发出指令给执行器,执行器和液压控制系统按一定的规律控制换挡执行机构工作,实现电控自动变速器的自动换挡,其控制原理如图3.9所示。

图3.8　自动变速器操纵图

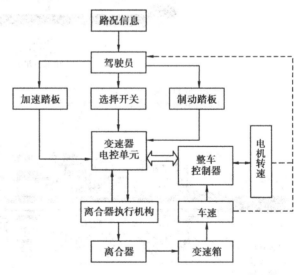

图3.9　电子控制系统工作原理图

自动变速箱是汽车的传动部件。自动变速箱油除了润滑降温,更主要的是通过油的流动传递动力。自动变速箱油的工作温度一般为 140 ℃ 左右,因此对油的质量要求高。

传统的自动变速箱保养方式:拆卸自动变速箱油底螺栓,放油、换油,这种方式最多能换出 30% 左右的旧油,70% 仍残留在变速箱中,新油加入后很快就被污染。许多自动变速箱就是因为换油不及时,在车行驶了200 000 km左右就要将自动变速箱进行解体大修,造成不必要的浪费。

二、自动变速箱清洗换油机的功能与特点

1. 自动变速箱清洗换油机的主要功能

自动变速箱循环清洗可配合自动变速箱清洗剂对自动变速箱进行循环清洗。自动变速箱油液位不正确时,可通过调整增加或减少自动变速箱中的油量来达到标准液位要求。变速箱新、旧油自动等量更换功能是采用电子称量技术和自动控制技术保证在交换过程中新、旧油的等量更换。

2. 自动变速箱清洗换油机的主要特点

①数码显示,人性化操作,方便实用。

②变速箱散热器油压直观显示。

③改善变速箱的工作性能。

④延长变速箱的使用寿命。

⑤换油彻底,换油率不小于95%。

⑥多种专用接头,适用欧洲、美洲、亚洲多种车型。

⑦有效解决更换变速箱油不彻底的问题。

3. 工作环境

环境温度: -10 ~ +40 ℃;相对湿度: <85%。

4. 技术参数

电压:DC 12 V;最大功率:150 W;压力表:0 ~0.15 MPa;出油管:2 m;回油管:2 m;油箱:15 L×2;等量更换误差: ±100 mL;最大更换速率:2 L/min;噪声: <70 dB。

三、自动变速箱清洗换油机的结构及工作原理

1. 自动变速箱清洗换油机的整机结构

现以CAT-402自动变速箱清洗换油机为例,其外形结构如图3.10所示,CAT-402自动变速箱清洗换油机为柜式结构,上面装有把手,下面装有脚轮,移动十分方便;油管使用快速接头,拆装迅速;操作面板简洁明了。

2. 管路原理

CAT-402自动变速箱清洗换油机是利用电动油泵工作,作为加注清洗剂和换油的动力来源,如图3.11所示。将两个快速接头串到自动变速箱与散热器连接的管路中,进行清洗和换油作业。具体管路原理如下:

循环清洗通过油泵将新油箱中的清洗剂抽出,经过单向阀和油视窗加入自动变速箱里。改变二位三通电磁阀方向,使两个快速接头,新、旧油视窗之间的油路连通,和自动变速箱形成闭合的循环清洗回路,进行清洗工作。

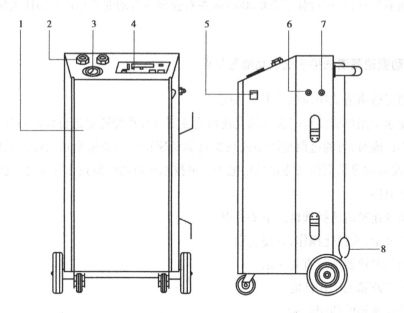

图 3.10　CAT-402 自动变速箱清洗换油机结构图

1—机壳;2—油视窗;3—油压表;4—操作面板;

5—开关;6—出油管;7—进油管;8—电源夹

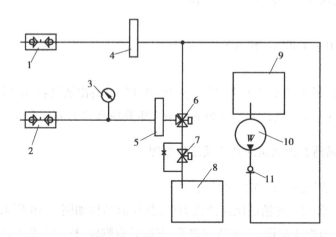

图 3.11　CAT-402 自动变速箱清洗换油机管路原理图

1,2—快速接头;3—回油压力表;4—新油视窗;5—旧油视窗;

6—二位三通电磁阀;7—电磁阀;8—旧油桶;9—新油桶;10—油泵;11—单向阀

换油改变二位三通电磁阀方向,使旧油视窗管路和旧油桶连通。油泵不断地从新油桶中抽出新油,通过新油视窗和快速接头 1 送到自动变速箱中,旧油通过快速接头 2、旧油视窗、二位三通电磁阀和电磁阀进入旧油桶,形成换油回路。

3.操作面板说明

CAT-402 自动变速箱清洗换油机的操作面板如图 3.12 所示,操作面板的功能见表 3.7。

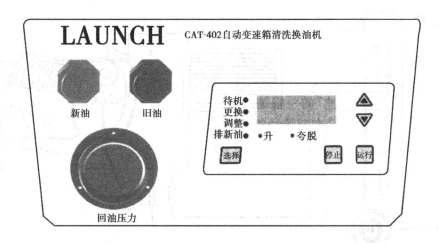

图 3.12　CAT-402 自动变速箱清洗换油机的操作面板

表 3.7　CAT-402 自动变速箱清洗换油机操作面板功能表

名称或图标	定　义	功能说明
新油	新油液视镜	察新、旧油流速
旧油	旧油液视镜	对比新、旧油颜色
回油压力	流回设备旧油压力	汽车自动变速箱散热器油压
▲	向上键	移动光标、数值增加;在待机状态按此键
▼	向下键	移动光标、数值减小;在待机状态下按此键
运行	运行键	对功能实行确定
停止	停止键	对功能实行取消
选择	功能选择键	对功能进行选择
待机	待机	待机状态显示,每一工作循环结束会返回待机状态
更换	更换	更换自动变速箱油
调整	调整	调整自动变速箱内的油量
排空设备新油箱	排空设备新油箱	排空设备新油箱内剩余新油

四、自动变速箱清洗换油机的操作使用

1. 自动变速箱清洗换油机的准备工作

将汽车可靠顶起,使驱动轮悬空离地至少 200 mm,并在非驱动轮前后均加止轮器可靠制动。找出汽车上便于拆装的一条自动变速箱与散热器连接的油管,并拆下油管接头,从接头盒内找到与拆下的接头相配的接头连接。

将清洗换油机上"出油"的一根油管与拆开的自动变速箱油管的回油管相连,将"回油"的一根油管与拆开的自动变速箱油管的出油管连接,如图 3.13 所示。

83

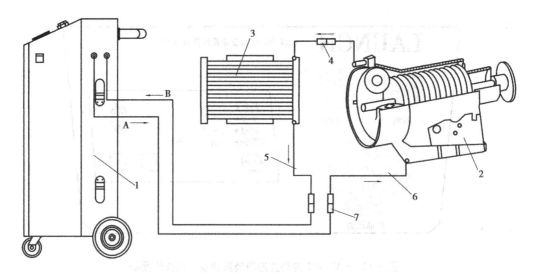

图 3.13　CAT-402 自动变速箱清洗换油机管路连接图
1—清洗换油机主机;2—自动变速箱;3—散热器;4—接头;
5—出油管;6—回油管;7—连接头;A—出油;B—回油

2.连接电源及检查步骤

将设备电源线夹夹至汽车蓄电池(DC12V)的两个极桩上,红色夹连接电池正极,黑色夹连接电池负极。注意:快速充电机等充电设备不能作为设备电源,可能导致设备工作不正常,应避免使用。启动发动机,确认管路连接无渗漏。打开清洗换油机电源开关,确认设备电源正常。

3.循环清洗

清洗换油机在待机状态时为循环清洗状态,在清洗换油机主菜单下未设置循环清洗选项,当管路连接完成,启动发动机后便自动进入循环过程。

将清洗剂加入自动变速箱,选择功能菜单中的"调整"功能,设定调整量(数值前为"-"时,表示排出自动变速箱内的油,本操作选择加入量,显示 0.1 时调整量为 0.1 L)。

按"▲"键进行调整加注量,设备原始值为 0.1 L,调整量最大值为新油箱内清洗剂的量,确定加注量后按"运行"键,即可将新油箱中的清洗剂加入变速箱。

循环清洗加入清洗剂后,在发动机运行状态下,自动变速箱油便开始通过清洗换油机进行循环。为加快循环速度,可视情况进行挂挡操作(可选择每次换挡约停留 1 min,在高速挡工作时,加油门使车速达 60 km/h 以上,以保证清洗质量)。循环清洗约 20 min 后,即可关闭发动机结束循环清洗。

4.自动变速箱油更换步骤

启动汽车,变速箱达到正常油温,向清洗换油机的新油桶中加入新的自动变速箱油。注意:向新油桶中加入新的自动变速箱油前,先确定桶中已无清洗剂,如有应排出清洗剂,并确定连接管路不漏油。

设定换油量:设备显示的是新油桶内的全部油量,按照更换的要求按"▲""▼"键来设定更换量。按"运行"键进行更换。调整自动变速箱油液位,增加油量当变速箱油位过低时,需要提高自动变速箱油位,可选择此操作。进入变速箱油量调整功能,按"▲"键调整加注量,设置最小量为 0.1 L,使变速箱液位升高,调整量最大值为新油箱内油量,确定加注量后按"运行"键。当加注完毕后,设备显示结束。减少油量如果自动变速箱油量多于标准油量,欲减少变速箱中的油量(降低变速箱油位)。

5.启动发动机

进入变速箱油量调整菜单,按"v"键调整(数值前为"－"时,表示排出自动变速箱内的油),确定要减少的油量后,再按"运行"键,设备自动按设定的量将变速箱油排入旧油桶。调整完毕后,设备显示结束。

五、自动变速箱清洗换油机的使用要点

换油时,注意各连接处是否漏油,如有泄漏请立即停机检查,重新连接后再换油。每次操作完设备,存放设备前,请将旧油箱内废油及时排出,新油箱内新油以容器保存,以保护电子秤在非工作下处于空载状态。保持新油桶的清洁。

清洗换油机发出报警声音说明:设备新油箱无油或工作完毕,设备进入了待机状态。

【任务实施】

一、准备工作

1.工具、设备和材料

课件、发动机及翻转架、CAT-402 自动变速箱清洗换油机、组合工具、工具车、零件摆放台、机油滤清器拆装钳、计算机等上网设备等。

2.安全防护用品

标准作业装。

二、信息收集

自动变速器型号:＿＿＿＿＿＿＿＿＿＿＿　　发动机编号:＿＿＿＿＿＿＿＿＿＿＿

清洗机型号:＿＿＿＿＿＿＿＿＿＿＿　　　液力传动油型号:＿＿＿＿＿＿＿＿＿

三、各小组成员通过教室上网设备,查阅有关自动变速器使用与维护的资料,各派一个代表上台叙述

四、学生以小组为单位,在教师提供的发动机及免拆清洗机上进行自动变速器免拆清洗作业,并填写表 3.8

表 3.8 CAT-402 自动变速箱清洗换油机操作过程

操作步骤	基本要点
1.准备工作	
2.连接电源	
3.循环清洗	
4.更换变速箱油	
5.启动发动机	

【任务检测】

一、填空题

1.汽车自动变速器能够提高整车的_____、_____及_____;同时也降低了汽车的尾气排放_____,其普及率不断提高。

2.电控液力自动变速器由液力变矩器、_____、_____、_____和电子控制系统组成。

3.液力变矩器位于自动变速器的最前端,安装在发动机的_____上,其作用与采用手动变速器的汽车中的_____相似。

4.自动换挡控制系统能根据发动机的_____和汽车的行驶_____,按照设定的换挡规律,自动地接通或切断某些换挡离合器和制动器的供油油路,最终实现自动换挡。

5.自动变速箱清洗换油机工作环境为:环境温度:_____ ℃;相对湿度:<_____%。

6.自动变速箱清洗换油机主要技术参数有:电压:_____ V;最大功率:_____W;压力表:_____ MPa;出油管:_____ m;回油管:_____ m。

7.自动变速箱清洗换油机操作准备时,应将汽车可靠_____,使驱动轮悬空离地至少_____ mm,并在非驱动轮前后均加止轮器可靠_____。

8.每次操作完设备,存放设备前,请将旧油箱内废油及时_____,新油箱内新油以容器保存,以保护电子秤在非工作下处于_____状态。保持新油桶的_____。

二、判断题

1. 电控液力自动变速器具有能够大大提高发动机和传动系的使用寿命、提高汽车通过性、良好的自适应性、操纵轻便等的特点。 （ ）

2. 目前,少数轿车自动变速器中的齿轮变速器采用的是行星齿轮式,即行星齿轮机构。它由太阳轮、行星轮、齿圈及机架等组成。 （ ）

3. 自动变速箱清洗换油机能够实现数码显示,人性化操作,方便实用。 （ ）

4. 自动变速箱清洗换油机具有延长变速箱的使用寿命、换油彻底,换油率不小于95以及适用欧洲、美洲、亚洲多种车型等特点。 （ ）

5. 清洗换油机在待机状态时为循环清洗状态,在清洗换油机主菜单下未设置循环清洗选项,当管路连接完成,启动发动机后便被动进入循环过程。 （ ）

6. 换油时,注意各连接处是否漏油,如有泄漏请立即停机检查,重新连接后再换油。 （ ）

7. 清洗换油机发出报警声音说明:设备新油箱无油或工作完毕,设备进入了待机状态。 （ ）

【评价与反馈】

班级: 姓名: 指导教师:

序 号	考核项目	配 分	考核内容	配 分	考核标准	得 分
1	出勤/纪律	5	出勤	2	违规一次不得分	
			行为规范	3	违规一次不得分	
2	安全/防护/环保	20	着装	4	违规一次不得分	
			个人防护	4	违规一次不得分	
			"5S"/"EHS"	4	违规一次不得分	
			设备使用安全	4	违规一次不得分	
			操作安全	4	违规一次不得分	
3	知识水平	20	知识测验成绩	20	测验成绩的20%计	
4	技能考核	40	技能测试成绩	40	测验成绩的40%计	
5	学习能力	10	工单填写,工艺计划制订	4	未做不得分	
			组内活动情况	4	酌情扣1~4分	
			资料查阅和收集	2	未做不得分	
6	任务拓展	5	知识拓展	2	未做不得分	
			技能拓展	3	未做不得分	
7	总 分		100			

【教师评估】

序　号	优　点	存在问题	解决方案
教师签字:			

项目 4

照明、仪表与附属装置的维护及故障诊断与排除

任务4.1 照明、仪表与附属装置的维护

【任务目标】

目标类型	目标要求
认知目标	1. 知道照明、仪表与附属装置基本结构和型号 2. 知道照明、仪表与附属装置的基本工作原理 3. 知道照明、仪表与附属装置的安全规范操作常识 4. 知道照明、仪表与附属装置对汽车的作用
技能目标	1. 能正确识别照明、仪表与附属装置的零部件 2. 能规范的使用相关工具、仪器及设备 3. 能按规定的技术要求调整照明、仪表与附属装置
情感目标	1. 养成主动学习习惯和动手操作的能力 2. 培养"5S"/"EHS"意识 3. 培养团队协作交流与语言表达能力

【任务描述】

为了保证汽车的安全行驶,提高汽车行驶速度,正确反映汽车的行驶状态,汽车上安装了照明、信号、警报、仪表系统以及其他辅助装置。学会正确使用和维护汽车的照明、信号、警报、仪表系统以及其他附属装置,能够保证行车安全,降低使用成本,提高运行效率。

通过本任务学习,知道汽车的照明、信号、警报与仪表系统分类、型号、性能指标,并能够完成相关的维护作业。

【知识准备】

一、照明、仪表与汽车附属装置的作用

1. 照明装置

为了保证汽车行驶安全和工作可靠,在现代汽车上装有各种照明装置和信号装置,用以照明道路,标示车辆宽度,照明车厢内部及仪表指示和夜间检修等。此外,在转弯、制动和倒车等工况下汽车还应发出光信号和声信号。

(1)装在车身外部的照明装置

前大灯是汽车在夜间行驶时照明前方道路的灯具,它能发出远光和近光两种光束。远光在无对方来车的道路上,汽车以较高速度行驶时使用。远光应保证在车前 100 m 或更远的路上得到明亮而均匀的照明。

近光则在会车时和市区明亮的道路上行驶时使用。会车时,为了避免使迎面来车的驾驶员目眩而发生危险,前大灯应该可以将强的远光转变成光度较弱而且光束下倾的近光。

前大灯可分为二灯式和四灯式两种。前者是在汽车前端左右各装一个前大灯,而后者是在汽车前端左右各装两个前大灯,例如解放 CA1091 型汽车前大灯为四灯式前大灯。

前大灯主要由灯泡组件、反光罩和透光玻璃组成。灯泡组件是将电能转变为光能的装置。现代汽车的前大灯都采用双丝灯泡。远光灯丝位于反光罩的焦点上,近光灯丝位于焦点上方。在近光灯丝下方加有金属遮罩,下部分的光线被遮罩挡住,以防止光线向上反射及直接照射对方驾驶员而引起其眩目。反光罩的形状是一旋转抛物面,其作用是将灯泡远光灯丝发出的光线聚合成平行光束,并使光度增大几百倍。透光玻璃是许多透镜和棱镜的组合体,其上有皱纹和棱格。光线通过时,透镜和棱镜的折射作用使一部分光束折射并分散到汽车的两侧和车前路面上,以照亮驾驶员的视线范围。

前小灯主要用以在夜间会车行驶时,使对方能判断车辆的外廓宽度,故又称示宽灯。前小灯也可供近距离照明用。很多公共汽车在车身顶部装有一个或两个标高灯,若有两个,则同时兼起示宽作用。

后灯的玻璃是红色的,便于后车驾驶员判断前车的位置而与之保持一定距离,以免当前车突然制动时发生碰撞。后灯一般兼作照明汽车牌照的牌照灯,有的汽车牌照灯是单装的,它应保证车辆夜间行车在车后 20 m 处能看清牌照号码。

经常在多雾地区行驶的汽车还应在前部装置光色为黄色的雾灯。

越野汽车往往还在车身前部装有防空灯。其特点是灯上部有伸出的灯罩,以免被在空中发现。

（2）装在车身内部的照明装置

车身内部的照明灯特别要求造型美观、光线柔和悦目。它包括驾驶室顶灯、车厢照明灯和轿车中的车门灯和行李箱灯等。

为了便于夜间检修发动机，还设有发动机罩下灯。为满足夜间在路上检修汽车的需要，车上还应备有带足够长灯线的工作灯（行为），使用时临时将其插头接入专用的插座中。

驾驶室的仪表板上有仪表板照明灯。在有些汽车上，仪表板照明灯不能和驾驶室顶灯同时开亮。

2. 信号装置

信号装置主要包括灯光信号和电喇叭，其中灯光信号又分为持续信号（如制动灯）和闪烁信号（如转向灯）等。当汽车在转弯、制动和倒车等工况下，该信号装置发出灯光信号和声响信号。

（1）制动灯

制动灯也称刹车灯，装于汽车后部，由制动开关控制，灯光一律为红色，制动时点亮，提示后面车辆注意减速，灯泡功率较大。

（2）转向灯

转向灯装于汽车前后左右，共4~6个。由转向开关控制，用以表示汽车行进方向。向左或向右转向时，左侧或右侧前后或中部转向灯同时闪亮，灯泡功率较大。

（3）紧急警报灯

由转向灯兼顾，由紧急警报开关控制。报警时，前后左右4个或6个转向灯（警报灯）同时闪亮，以显示报警。

（4）倒车灯及蜂鸣器

倒车灯及蜂鸣器装于汽车后部，由倒车开关控制。倒车时，倒车灯点亮，同时蜂鸣器或语言报警器发出声响信号，提醒车后面的人员注意避让。

（5）喇叭

喇叭装于汽车前面，必要时按喇叭以提示车前方行人或车辆注意避让。

3. 仪表装置

不同汽车仪表板的仪表不尽相同，但是一般汽车的常规仪表有车速里程表、转速表、机油压力表、水温表、燃油表、充电表等。在现代汽车上，汽车仪表还需要装置稳压器，专门用来稳定仪表电源的电压，抑制波动幅度，以保证汽车仪表的精确性。另外，大部分仪表显示的依据来自传感器，传感装置根据被监测对象的状态变化而改变其电阻值，并通过仪表表述出来。仪表板中最显眼的是车速里程表，它表示汽车的时速，单位为 km/h（千米/小时）。车速里程表实际上由两个表组成，一个是车速表，另一个是里程表。

（1）燃油表及其传感器

燃油表是显示油箱内的油量的仪表，单位是 L（升），指针指向"F"，表示满油，指向"E"，表示无油；也有用1/1、1/2、0分别表示满油、半箱油和无油。燃油表内有两个线圈，分别在

"F"与"E"一侧,传感器是一个由浮子高度控制的可变电阻,阻值变化决定两个线圈的磁力线强弱,也就决定了指针的偏转方向。

（2）水温表及其传感器

水温表是显示冷却水温度的仪表,单位是℃（摄氏度）。它的传感器是一种热敏电阻式传感器,用螺纹固定在发动机冷却水道上。热敏电阻决定了流经水温表线圈绕组的电流大小,从而驱动表头指针摆动。以前汽车发动机的冷却水都是用自来水来充当,现在很多汽车发动机冷却系统都用专门的冷却液,因此也称为冷却液温度表。

（3）电源稳压器

专门用来稳定仪表电源的电压,抑制波动幅度,以保证汽车仪表的精确性。

（4）机油压力表及传感器

机油压力表是显示机油压力的仪表,单位是 kPa（千帕）。机油压力表传感器是一种压阻式传感器,用螺纹固连在发动机机油管路上。由机油压力推动接触片在电阻上移动,使阻值变化从而影响到通过仪表到地的电流量,驱动指针摆动。由于机油压力有一定的压力范围,为了清晰明了,目前有许多汽车的机油压力表用指示灯表示,如果发动机运转时它仍然亮着,就表示发动机润滑系统可能不正常了。

4.安全气囊

安全气囊设置在车内前方（正副驾驶位）,侧方（车内前排和后排）和车顶3个方向。安全气囊的功能是当车辆发生碰撞事故时减轻乘员的伤害程度,避免乘员发生二次碰撞,或车辆发生翻滚等危险情况下被抛离座位。如果发生碰撞,充气系统可在不到1/10 s 的时间内迅速充气,气囊在膨胀时将冲出方向盘或仪表盘。从而使车内人员免受正向碰撞所产生作用力的冲击,大约在 1 s 后,气囊就会收缩（气囊上有许多小孔）,因此不会妨碍车内人员的行动。其由3部分组成:气囊、传感器和充气系统,如图4.1所示。

图4.1　安全气囊示意图

5.刮水器

刮水器又称为雨刷、水拨、雨刮器或挡风玻璃雨刷,是用来刮除附着于车辆挡风玻璃上的雨点及灰尘的设备,以改善驾驶人的能见度,增加行车安全。分为真空式、气动式和电动式3种。因为法律要求,几乎所有地方的汽车都带有雨刷。掀背车及休旅车等车辆的后车窗也装有雨刷。除了汽车外,其他运输工具也设置了雨刷,像火车、电车等。部分工程用机具,如起重机等也装有雨刷。

二、照明、仪表与汽车附属装置的维护

1.照明装置的检查与调整

前照灯光束调整正确与否,将极大地影响行车安全、运输效率和驾驶员的疲劳程度。汽车每行驶 6 000 km 或更换前照灯灯泡时,应对前照灯光束进行调整,调整数据见表 4.1 所示。国内外对前照灯检查和调整均十分重视前照灯光束检查,可采用屏幕检验和仪器检验法。下面将介绍屏幕检验法。

表 4.1　常用车型汽车前照灯光束调整数据

车型	S/m	A/mm	H/mm	D/mm	按何光束调整
东风 EQ1090	10	1 030	1 086	262	远光
解放 CA1091	10	1 320	1 035	250	远光
北京 BJ2022	7.5	680	837	75	远光
三菱 L-047	3			22	远光
五十铃 ST90	3			26	远光
桑塔纳	10			100	远光

将汽车停在水平地面上,并且按规定充足轮胎气压,从汽车上卸下所有负载(只允许一名驾驶员乘坐)。

距汽车前照灯 5 m 处(不同车型的具体数值见表 4.1),竖直屏幕,在屏幕上画两条垂线(各线通过各前照灯的中心)和一条水平线,如图 4.2 所示。

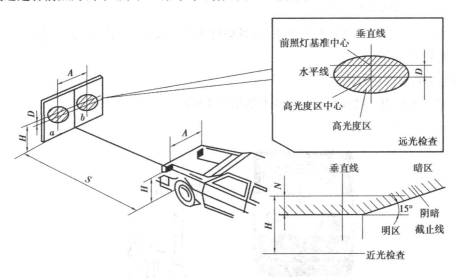

图 4.2　前照灯光束的检查

启动发动机,使之以 2 000 r/min 的速度(约为发动机最高转速的 60%)旋转,即在蓄电池不放电的情况下点亮前照灯远光。

调整时,应将一只灯遮住,然后检查另一只前照灯的光束是否对准 a 或 b 点。若不符合要求,则拆下前照灯罩圈。用旋具旋出侧面的调整螺钉,可使光束作水平方向上的调整,用旋具旋入或旋出上面的调整螺钉,可作高低方向的调整,如图 4.3 所示。

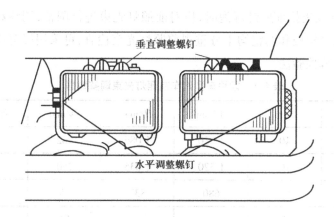

图 4.3 汽车前照灯光束的调整

当调好远光后,应打开近光灯,检查屏幕上是否有明显的明、暗截止线,其高度是否符合规定。一般规定是:前照灯上边缘距地面不大于 1 350 mm 的车,在距灯 10 m 远处的屏幕上的明、暗截止线水平部分应比前照灯基准中心低 $H/3$ 左右,如图 4.2 右下角所示。

对于按近光调整的四灯式前照灯(CA1091 汽车),当调好外侧两只前照灯的近光后,还应打开远光束,分别调整内侧两只前照灯,使其光形的最亮点落在近光切断面的上方。

当前照灯光束调好后,还应对其照度进行测量。可采用屏幕式测试器(将其置于距前照灯 3 m 处)或聚焦式测试器(从灯到受射距离 1 m)进行测试。

2.信号装置的检查与调整

信号装置主要包括灯光信号和电喇叭,其中灯光信号又分为闪烁信号(如转向灯)和持续信号(如制动灯)等。

(1)电喇叭的检查与调整

①解体前的检查。接线柱电阻的检查如图 4.4 所示。

图 4.4 喇叭接线柱电阻的检查

接线柱与外壳绝缘性能的检查如图4.5所示。

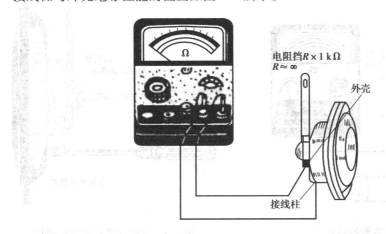

电阻挡$R \times 1\,k\Omega$
$R \approx \infty$

外壳

接线柱

图4.5 喇叭接线柱与外壳

②解体后的检查。喇叭线圈的检查方法如图4.6所示。在检查喇叭电容器前,先放净其存电,然后按如图4.7所示方法进行。

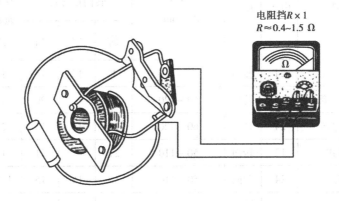

电阻挡$R \times 1$
$R \approx 0.4 \sim 1.5\,\Omega$

图4.6 喇叭线圈的检查

检查喇叭触点时,要求上下触点接触面积不小于80%,中心线的偏移不超过0.25 mm,触点厚度不小于0.30 mm。若不符合要求,应予以更换。

检查喇叭触点时,要求上下触点接触面积不小于80%,中心线的偏移不超过0.25 mm,触点厚度不小于0.30 mm。若不符合要求,应予以更换。

③音调与音量的调整。音量的调整如图4.8所示,先松开音量调整螺栓锁紧螺母,然后再用旋具转动调整螺栓即可。

音调的调整如图4.8所示,先松开铁芯下部的锁紧螺母,然后再用旋具转动铁芯即可。

(2)闪光器的使用维护与调整

①闪光器的使用与维护选用闪光器时,应按全部闪光灯以及仪表盘上指示灯的功率总和选择适当功率等级或规定的闪光器,常用闪光器的技术数据见表4.2。

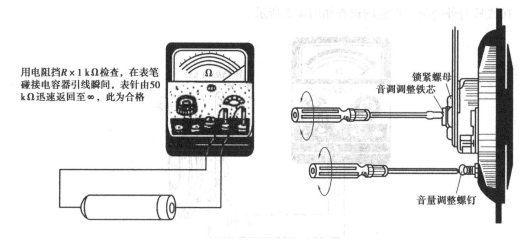

用电阻挡 $R \times 1$ kΩ 检查, 在表笔碰接电容器引线瞬间, 表针由50 kΩ 迅速返回至 ∞, 此为合格

锁紧螺母
音调调整铁芯
音量调整螺钉

图4.7 喇叭电容器的检查 　　图4.8 喇叭音调和音量的调整

表4.2 国产闪光器主要技术数据

型号	类型	额定电压/V	用途	闪光频率/（次·min⁻¹）	额定负载/W				适用车型
					转向信号灯			仪表盘指示灯	
					前	中	后		
SD56B	电热丝式	24	转向	50~110	1	15	15	1	
SG124	叶片弹簧	12	转向	60~120	20		20	2	
SG224	叶片弹簧	24	转向	60~120	15	15	15	2	
SG112L	电容式	12	转向	50~110	21		21	1	CA1091
SG212	电容式	24	转向	50~110	15	15	15	1.5	
SG212G	电容式	24	转向	50~110	21		21	1	
JSG142	晶体管加继电器	12	报警转向	60~120	21			2 2	桑塔纳
JSG154	集成块加继电器	12	转向	60~120	21			2 2	奥迪
JSG152B	集成块加继电器	12	转向	60~120	21			2	EQ1090

安装闪光器时,必须按照制造厂的规定进行安装,如安装SD56型闪光器时,其接线柱必须朝下。

闪光器接线时,如标有"L"或"信号灯"的接线柱应与转向开关相连;标有"B"或"指示灯"的接线柱应与仪表板指示灯相连;标有"D"或"电源"的接线柱应与电源相连。

②闪光器的调整造成闪光灯闪光过快过慢的原因有:电路接触不良、闪光灯功率过小、闪光器调整不当。

（3）仪表装置的检查与调整

①燃油表及其传感器的检查与调整。图4.9所示为电热式燃油表及其传感器。可用万用表检查其标准电流和内部电阻值,如为东风系列汽车,应符合表4.3的规定,若不符合要求,可调整。若双金属片指示表不能指到"0"或"1"位,可以转动调整齿扇进行调整;若指针能指到"0"或"1"位,而浮子达不到规定的位置,可通过改变滑片与电阻的相互位置进行调整。

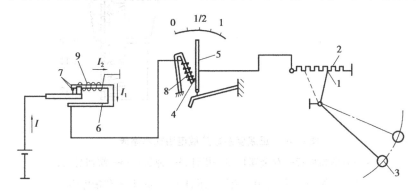

图4.9　电热式燃油表工作原理图

1—滑片;2—可变电阻;3—浮子;4—双金属片;

5—指针;6—电热式稳压器;7—触点;8—加热线圈

表4.3　燃油表标准电流值和传感器内电阻值

车型	指示表（或指示灯）				传感器			
	形式	不同位置指示的标准电流/mA			形式	不同位置指示的内电阻/Ω		
		0/E(空)	1/2	1/F(满)		0	1/2	1
东风系列汽车	双金属片式	60±4	120±5	180±6	滑动电阻式	110±2	38±2	14±1

②水温表及其传感器的检查与调整。图4.10和图4.11所示为正、负温度系数热敏电阻式水温表。可用万用表检查水温表加热线圈的电阻,应符合表4.4的规定,若不符合要求,则应更换新表。

表4.4　水温表内部电阻值

名称	加热线圈		
	材料	直径/mm	电阻/Ω
水温表	双丝包镍铜丝	0.12±0.01	36.5±1

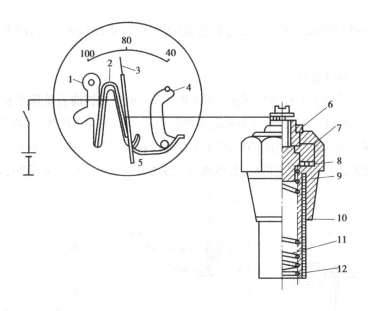

图 4.10 正温度系数热敏电阻式水温表

1,4—调整扇齿;2—双金属片;3—指针;5—弹簧片;6—端钮总成;

7,8—垫圈;9—外壳;10—绝缘衬纸;11—弹簧;12—热敏电阻

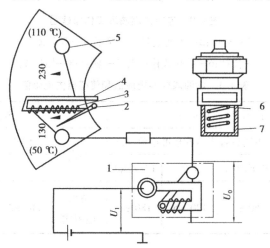

图 4.11 负温度系数热敏电阻式水温表

1—电源稳压器;2—指针;3—发热线圈;

4—双金属片;5—传感器接线柱;6—弹簧;7—热敏电阻

如图 4.12 所示,检查水温传感器时,将其放置到正在加热的水槽中,并与标准水温表串联,再与电源构成回路。先将水槽中的水加热到 40 ℃并保持 3 min,再加热到 100 ℃(桑塔纳轿车为 115 ℃)保持 3 min。

③电源稳压器的检查与调整。图 4.13 所示为电源稳压器的构造。检查时,拆下接线,将电压表接在稳压器的输出端与接地端之间,将点火开关转到启动挡,若电压表指示 8.6 V,说明其性能良好。否则说明有故障。用万用表测量其输出端与接地端之间的电阻值,应为

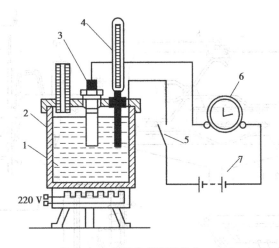

图 4.12   水温传感器的检查

1—热水;2—热水槽;3—被检查的传感器;

4—双金属片;5—铆钉;6—焊片(引线端、接表);7—蓄电池

100 Ω;若电阻过大,有可能烧蚀触点;若电阻为"∞",说明线圈断路或触点张开;若电阻过小,说明线圈短路,应予以更换。

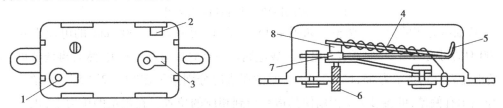

图 4.13   电源稳压器

1—输出端;2—搭铁;3—输入端;4—电热线圈;5—双金属;

6—调整螺钉;7—固定触点;8—活动触点

④机油压力表及其传感器的检查与调整

a. 机油压力表和传感器加热线圈电阻的检查。图 4.14 所示为电热式机油压力表,可用万用表检查机油压力表加热线圈的电阻,应符合表 4.5 的规定,若不符合要求,应更换新表。

表 4.5   机油压力表和传感器加热线圈电阻

名称	加热线圈			附加电阻/Ω	总电阻/Ω
	材料	直径/mm	电阻/Ω		
机油压力表	双丝包镍铜丝	0.21 ± 0.01	$1.72 + 1$	$18.5 + 0.5$	36
传感器	双丝包镍铜丝	0.112	8 ~ 12		8 ~ 12

b. 旧车检查机油压力表和传感器。当不接通点火开关时,表针在"0"位外侧;接通点火开关而不启动发动机时,表针在"0"位;当启动发动机运转约 3 min 后,机油压力表的指示值应为 0.1 ~ 0.5 MPa 的范围变化。否则,说明机油压力表和传感器有故障。

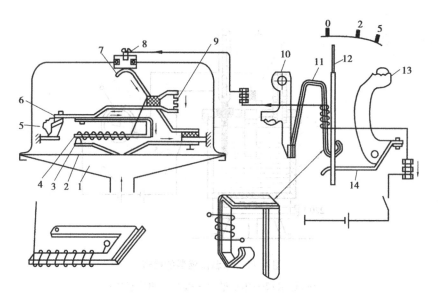

图 4.14　电热式机油压力表

1—油腔;2—膜片;3—弹簧片;4—双金属片;5—调节齿轮;

6—悬臂铜片支架;7—接触片;8—接线柱;9—电阻;10,13—调节扇齿;

11—双金属片;12—指针;14—弹簧片

c.机油压力表的检查与调整。如图 4.15 所示,选用一只 0 ~ 300 mA 的电流表和一只
0 ~ 100 Ω 的可变电阻,与油压表和电源组成电路。检查时接通点火开关,然后再调节可变电
阻,使电流表分别指示为 65,175,240 mA 时油压表应分别指示在"0""2""5"。若在"0"和
"5"位指示有偏差,可通过调整齿扇使其指针指到相应的位置。在规定的压力下,机油压力
表通过的电流值见表 4.6。

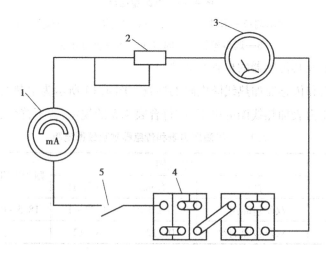

图 4.15　机油压力表的检查

1—毫安表;2—可变电阻;3—电热式油压表;4—蓄电池;5—开关

表4.6 机油压力表的标准电流指示

机油压力传感器/kPa	机油压力表/kPa	标准电流表指示值/mA	允许偏差/mA
0	0	不大于65	±5
200	200	不大于175	±3
500	500	不大于240	±10

d.传感器的检查与调整如图4.16所示,将机油压力表传感器拧到小型手摇式油压机上,并与标准油压表串联。接通开关,摇转手柄,当机械油压表指示"0"时,若标准油压表不指示"0",说明传感器不正常。

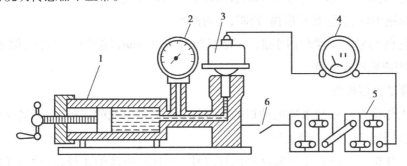

图4.16 传感器的检查与调整

1—油压机;2—机械式油压表;3—被检查的传感器;4—电热式油压表;5—蓄电池;6—开关

(4)安全气囊的维护

①拆卸装复流程。

a.拆卸步骤:

• 拆下蓄电池接地线,拔下备用电源插头。

• 拆下安全气囊组件与方向盘的紧固螺母。

• 拆下转向盘上的安全气囊组件插接器,此时螺旋弹簧线端插接器自动短接,系统保留自诊断功能。

• 打开工具箱盖并完全翻下来。

• 拔下乘客一侧安全气囊插接器。

• 重新接好蓄电池接地线。

b.装复过程:

• 重新确认蓄电池接地线未连接。

• 接上转向盘上的安全气囊组件插接器,将安全气囊安装到转向盘上,并调准位置后以固定。

• 接上乘客一侧安全气囊插接器。

• 接上蓄电池接地线。

• 查验安全气囊故障报警灯工作是否正常。

②更换安全气囊部件。

安全气囊系统元件不允许拆开修理,拆下的旧件不允许再使用。若因撞车事故造成安全气囊被引爆的,不能只更换安全气囊,而应更换系统所有元件。

（5）刮水器的维护

①检查。

a.刮水器的解体检查

- 检查换向器接触面是否脏污或有沟槽,若有沟槽则用"00"号砂纸打磨或用车床车平。
- 用万用表检查换向器和转子轴之间是否有短路故障。
- 用万用表检查电枢绕组是否有断路故障。
- 检查电刷长度,一般不小于8 mm,若超出磨损极限应更换新件。
- 检查减速齿轮、涡轮是否磨损、松旷,是否断齿。
- 检查电枢与轴承的配合间隙,一般不超过0.1 mm,摇臂的轴向间隙不应超过0.12 mm,否则应修理或更换。

b.刮水器的性能检查。

- 低速工作检查。将刮水器电动机的接线柱+1接蓄电池的正极,电动机壳体接蓄电池的负极,此时电动机应作低速运转。
- 高速工作检查。将刮水器电动机的接线柱+2接蓄电池的正极,电动机壳体接蓄电池的负极,此时电动机应作高速运转。
- 停止位置的检查。将刮水器电动机的接线柱B,+1接蓄电池的正极,电动机壳体接蓄电池的负极,此时使电动机低速运转。

刮水片停止位置的检查如图4.17所示,刮水片的停止位置应符合 $a=36$ mm, $b=63$ mm 的要求。

图4.17 刮水片停止位置的检查

②调整。

a.刮水片停止位置的调整。松开刮水片紧固螺母,将刮水片调整至准确位置后,再拧紧紧固螺母即可。

b.电枢转子轴承的调整。松开锁紧螺母,用螺钉旋具将螺钉拧到底后,再退回1/4圈即可。

③润滑。

a. 球轴承加注润滑脂。

b. 减速齿轮、涡轮、心轴及固定螺套内加注润滑脂。

c. 刮水器连杆铰接处的球头、球碗内加注润滑脂。

【任务实施】

一、准备工作

1. 工具设备和材料

教学车辆、数字万用表。

2. 安全防护用品

标准作业装、车内防护三件套、车外防护三件套。

汽车信息收集

车牌号码：_____ 车辆型号：_____

VIN 码：_____ 行驶里程：_____

二、在汽车上查找汽车附件装置零部件，收集相应信息填入表4.7—表4.10中

1. 汽车照明装置零部件认识

汽车照明装置零部件认识见表4.7。

表4.7　汽车照明装置零部件认识

零件名称	有　无	位置（在对应方框内画"√"）			
前大灯	有□　无□	车身内部□	车身外部□	车身前部□	车身后部□
前小灯	有□　无□	车身内部□	车身外部□	车身前部□	车身后部□
后　灯	有□　无□	车身内部□	车身外部□	车身前部□	车身后部□
雾　灯	有□　无□	车身内部□	车身外部□	车身前部□	车身后部□
防空灯	有□　无□	车身内部□	车身外部□	车身前部□	车身后部□
驾驶室顶灯	有□　无□	车身内部□	车身外部□	车身前部□	车身后部□
车厢照明灯	有□　无□	车身内部□	车身外部□	车身前部□	车身后部□
车门灯	有□　无□	车身内部□	车身外部□	车身前部□	车身后部□
行李箱灯	有□　无□	车身内部□	车身外部□	车身前部□	车身后部□
工作灯	有□　无□	车身内部□	车身外部□	车身前部□	车身后部□
仪表板照明灯	有□　无□	车身内部□	车身外部□	车身前部□	车身后部□

2. 汽车信号装置零部件认识

汽车信号装置零部件认识见表4.8。

表4.8　汽车信号装置零部件认识

零件名称	有　无	位置(在对应方框内画"√")			
制动灯	有□　无□	车身内部□	车身外部□	车身前部□	车身后部□
转向灯	有□　无□	车身内部□	车身外部□	车身前部□	车身后部□
紧急警报灯	有□　无□	车身内部□	车身外部□	车身前部□	车身后部□
倒车灯及蜂鸣器	有□　无□	车身内部□	车身外部□	车身前部□	车身后部□
喇　叭	有□　无□	车身内部□	车身外部□	车身前部□	车身后部□

3. 汽车仪表装置零部件认识

汽车仪表装置零部件认识见表4.9。

表4.9　汽车仪表装置零部件认识

零件名称	有　无	类型和位置(在对应方框内画"√")				
燃油表及其传感器	有□无□	发动机机舱□	驾驶室内□	底盘前部□	中部□	后部□
水温表及其传感器	有□无□	发动机机舱□	驾驶室内□	底盘前部□	中部□	后部□
电源稳压器	有□无□	发动机机舱□	驾驶室内□	底盘前部□	中部□	后部□
机油压力表及传感器	有□无□	发动机机舱□	驾驶室内□	底盘前部□	中部□	后部□

4. 汽车安全气囊识别

汽车安全气囊识别见表4.10。

表4.10　汽车安全气囊识别

JZ零件名称	有　无	位置(在对应方框内画"√")		
安全气囊	有□　无□	车内前方(正副驾驶位)□　　侧方(车内前排和后排)□	驾驶室内□　　车顶3个方向□	中部□　　后部□

5. 汽车刮水器识别

汽车刮水器识别见表4.11。

表4.11　汽车刮水器识别

零件名称	有　无	位置(在对应方框内画"√")		
刮水器	有□　无□	前车窗□	后车窗□	侧门窗□

【任务检测】

一、填空题

1. 汽车附属装置主要包括_____、_____、_____、_____和_____等。

2. 汽车在运行中的照明、信号、警报、安全保护以及车辆运行状况和状态等情况,都是通过其_____反映出来。

3. 为了保证汽车行驶安全和工作可靠,在现代汽车上装有各种照明装置和信号装置,用以_____,标示_____,照明_____及_____和_____等。此外,在转弯、制动和倒车等工况下汽车还应发出_____信号和声响信号。

4. 行驶系的功用是支承、安装汽车的各零部件总成,传递和承受车上、车下各种载荷的作用,以保证汽车的正常行驶。主要由_____、_____等组成。

5. 前大灯是汽车在_____行驶时照明前方道路的灯具,它能发出_____和_____两种光束。

6. 安全气囊由_____、_____和_____3部分组成。

二、判断题

1. 后灯的玻璃是红色的,便于后车驾驶员判断前车的位置而与之保持一定距离,以免当前车突然制动时发生碰撞。 （　　）

2. 仪表板照明灯不能和驾驶室顶灯同时开亮。 （　　）

3. 刹车灯在制动时点亮,提示后面车辆注意减速,灯泡功率较小。 （　　）

4. 车速里程表实际上就是由一个是里程表组成。 （　　）

5. 燃油表是显示油箱内的油量的仪表,单位是L(升),指针指向“F”,表示无油,指向“E”,表示满油。 （　　）

6. 转向灯装于汽车前方,用以表示汽车行进方向。 （　　）

7. 倒车灯及蜂鸣器装于汽车后面,由倒车开关控制。倒车时,倒车灯点亮,同时蜂鸣器或语言报警器发出声响信号,提醒车后面的人员注意避让。 （　　）

8. 喇叭装于汽车后面,必要时按喇叭提示车前方行人或车辆注意避让。 （　　）

9. 雨刷是用来刷刮除附着于车辆挡风玻璃上的雨点及灰尘的设备,以改善驾驶人的能见度,增加行车安全。 （　　）

10. 信号装置主要包括灯光信号和电喇叭。 （　　）

三、如图 4.18 所示为水温传感器的检查装置,请指出图中数字 1—7 所表示的含义

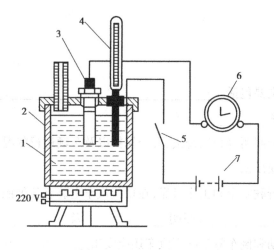

图 4.18

四、如图 4.19 所示为机油压力表的检查装置,请指出图中数字 1—5 所表示的含义

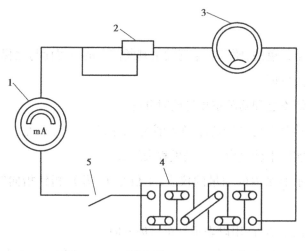

图 4.19

【评价与反馈】

班级： 姓名： 指导教师：

序 号	考核项目	配 分	考核内容	配 分	考核标准	得 分
1	出勤/纪律	5	出勤	2	违规一次不得分	
			行为规范	3	违规一次不得分	
2	安全/防护/环保	20	着装	4	违规一次不得分	
			个人防护	4	违规一次不得分	
			"5S"/"EHS"	4	违规一次不得分	
			设备使用安全	4	违规一次不得分	
			操作安全	4	违规一次不得分	
3	知识水平	20	知识测验成绩	20	测验成绩的20%计	
4	技能考核	40	技能测验成绩	40	测验成绩的40%计	
5	学习能力	10	工单填写,工艺计划制订	4	未做不得分	
			组内活动情况	4	酌情扣1~4分	
			资料查阅和收集	2	未做不得分	
6	任务拓展	5	知识拓展	2	未做不得分	
			技能拓展	3	未做不得分	
7	总 分		100			

【教师评估】

序 号	优 点	存在问题	解决方案

教师签字：

任务 4.2　照明、仪表与附属装置的故障诊断与排除

【任务目标】

目标类型	目标要求
认知目标	1. 知道照明、仪表与附属装置基本结构和型号 2. 知道照明、仪表与附属装置的基本工作原理 3. 知道照明、仪表与附属装置的安全规范操作常识 4. 知道照明、仪表与附属装置对汽车运行的意义
技能目标	1. 能正确判断照明、仪表与附属装置的基本故障 2. 能规范使用相关工具、仪器及设备 3. 能按规定的技术要求调整照明、仪表与附属装置 4. 能排除照明、仪表与附属装置的一般故障
情感目标	1. 养成主动学习习惯和动手操作的能力 2. 培养"5S"/"EHS"意识 3. 培养团队协作交流与语言表达能力

【任务描述】

为了保证汽车的安全行驶,提高汽车行驶速度,正确反映汽车的行驶状态,汽车上安装了照明、信号、警报、仪表系统以及其他辅助装置。学会正确使用和维护汽车的照明、信号、警报、仪表系统以及其他附属装置,能够保证行车安全,降低使用成本,提高运行效率。

通过本任务学习,了解汽车的照明、信号、警报与仪表系统分类、型号、性能指标,并能够完成常见的故障诊断并排除。

【知识准备】

前照灯如图 4.20 所示;双灯丝的前照灯灯泡如图 4.21 所示;双灯丝前照灯灯泡的工作情况如图 4.22 所示;前照灯灯光检验如图 4.23 所示。

1. 前照灯近光不亮的故障诊断与排除

(1)故障现象

打开前照灯开关,按下变光开关,前照灯近光不亮。

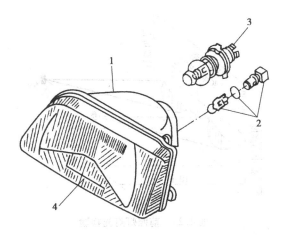

图 4.20　前照灯

1—前照灯灯壳;2—前照灯灯泡(55 W);
3—5 W 灯泡;4—前照灯灯罩(配光镜)

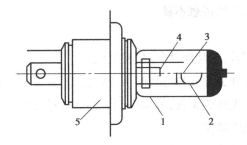

图 4.21　双灯丝的前照灯灯泡

1—泡壳;2—遮光罩;
3—近光灯丝;4—远光灯丝;5—灯座

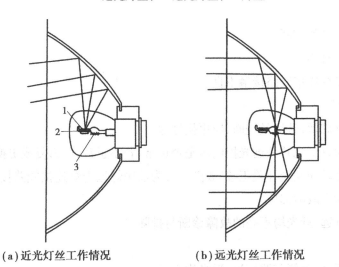

(a)近光灯丝工作情况　　　　　(b)远光灯丝工作情况

图 4.22　双灯丝前照灯灯泡的工作情况

1—近光灯丝;2—遮光罩;3—远光灯丝

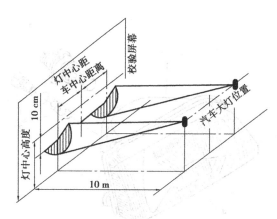

图 4.23　前照灯灯光检验

（2）故障原因

①前照灯近光灯丝烧断。

②变光开关接触不良。

③前照灯近光灯连接线路接触不良。

（3）故障诊断与排除

①检查前照灯灯丝,若灯丝烧断,则应更换灯泡。

②用万用表检查变光开关近光挡电压是否正常,若不正常,应修复或更换变光开关。

③若前照灯灯丝和变光开关正常,故障一般为前照灯近光灯连接线路接触不良所造成,应用万用表进一步检查故障部位。

2.前照灯远光不亮的故障诊断与排除

（1）故障现象

打开前照灯开关,按下变光开关,前照灯远光不亮。

（2）故障原因

①前照灯远光灯丝熔断。

②变光开关接触不良。

③前照灯远光灯连接线路接触不良。

（3）故障诊断与排除

①检查前照灯灯丝,若灯丝烧断,应更换灯泡。

②用万用表检查变光开关远光挡电压是否正常,若不正常,应修复或更换变光开关。

③若前照灯灯丝和变光开关正常,故障一般为前照灯远光灯连接线路接触不良所造成,用万用表进一步检查故障部位。

3.单侧前照灯远、近光均不亮的故障诊断与排除

（1）故障现象

接通前照灯开关,单侧前照灯远、近光均不亮。

（2）故障原因

①前照灯远、近光灯丝烧断。

②前照灯导线断路或插接件松脱。

（3）故障诊断与排除

①检查不亮侧前照灯灯丝,若灯丝烧断,应更换灯泡。

②检查不亮侧前照灯连接导线线路是否断路或插接件是否松脱。

③若前照灯灯丝和连接导线线路正常,故障一般为灯光继电器或灯光开关所造成,应用万用表进一步检查故障部位。

4. 转向信号灯闪光频率不符合要求的故障诊断与排除

（1）故障现象

打开信号灯开关,左右信号灯闪光频率不符合要求。

（2）故障原因

①蓄电池电压过低。

②灯泡功率不符合要求。

③闪光继电器性能不良。

（3）故障诊断与排除

①用万用表检查蓄电池电压是否过低,若过低应及时充电。

②检查信号灯灯泡功率是否正常,若不正常应及时更换。

③检查闪光继电器性能,若不正常应进行修复或更换。

5. 电喇叭不响的故障诊断与排除

电喇叭如图4.24所示。

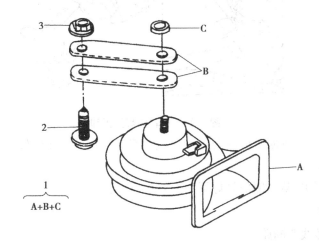

图4.24　电喇叭

1—电喇叭(高、低音);2—带垫圈螺栓;3—螺母

（1）故障现象

按下喇叭按钮,电喇叭不响。

（2）故障原因

①蓄电池容量不足。

②电喇叭继电器性能不良。

③电喇叭性能不良。

④电喇叭按钮烧蚀。

⑤连接线路断路、短路、接地。

（3）故障诊断与排除

①用万用表检查蓄电池电压是否过低,或接通车灯开关,观察前照灯灯光是否暗淡,若出现此情况应及时充电。

②若蓄电池性能正常,应检查电喇叭连接线路是否有断路、短路、接地;电喇叭按钮的工作状况是否正常。

③若电喇叭按钮的工作状况、电喇叭连接线路正常,应检查电喇叭继电器是否正常。

④若电喇叭继电器正常,应检查电喇叭性能。检查时,用一根导线一端接电源,另一端接电喇叭接线柱试火。

6.转向信号灯不亮的故障诊断与排除

前转向灯的拆卸如图4.25所示。

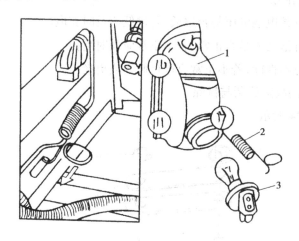

图4.25　前转向灯的拆卸

1—前转向灯;2—前转向灯固定弹簧;3—前转向灯灯泡及灯座

（1）故障现象

打开信号灯开关,某一侧信号灯不亮。

（2）故障原因

①信号灯连接线路断路。

②信号灯灯丝烧断或接地不良。

③信号灯开关接触不良。

（3）故障诊断与排除

①检测故障侧信号灯灯泡。若灯丝烧断应更换灯泡;若接地不良应修复。

②若灯泡良好,可用试灯检查信号灯开关;若信号灯开关接触不良,应修复或更换。

③若信号灯开关良好,可用试灯检查故障侧线路,找出断路位置并修复。

7.刮水器电动机不转故障的诊断与排除

前风窗玻璃刮水器如图4.26所示。

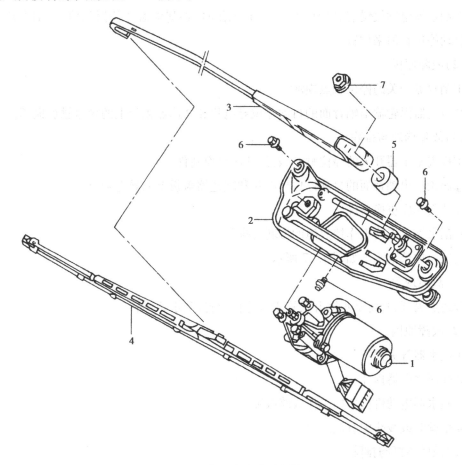

图4.26　前风窗玻璃刮水器

1—前刮水器电动机;2—刮水器传动机构;3—前刮臂总成;
4—前刮刷;5—电动机密封圈;6—螺栓;7—凸轮螺母

（1）故障现象

当点火开关置于点火位置时,将刮水器开关设在慢、快及间歇挡时,刮水器电动机均不转。

（2）故障原因

①刮水器电动机电源线路断路。

②卸荷继电器、点火开关及刮水器开关接触不好。

③刮水器电动机失效。

（3）故障诊断与排除

①检查刮水器电动机电源线路是否断路。

②检查电动机绕组是否内部断路。

③检查刮水器开关及卸荷继电器是否工作正常。

8．刮水器无自动停位功能故障的诊断与排除

（1）故障现象

在刮水器电动机慢速、快速、间歇、短时工作时，将刮水器开关扳到停位，刮水器雨刮片不能自动停位在原来位置。

（2）故障原因

①刮水器开关的停位触点损坏

②减速器涡轮输出轴背面的自动停位导电片和减速器盖板上的导电触点损坏。

（3）故障诊断与排除

①检查刮水器开关的停位触点，若损坏应更换新件。

②涡轮输出轴背面的自动停位导电片和减速器盖板上的导电触点。

③若损坏应更换新件。

9．刮水器无慢速工作挡故障的诊断与排除

后风扇玻璃刮水器如图4.27所示。

（1）故障现象

接通点火开关，将刮水器开关置于慢速挡位置，刮水器不转。

（2）故障原因

①刮水器开关损坏。

②卸荷继电器损坏。

③刮水器电动机慢速挡工作线路故障。

④熔丝断或线路中有短路处。

（3）故障诊断与排除

①检查刮水器继电器（<8号位置）及S5熔丝是否正常。

②检查刮水器电动机插头中绿线是否有电。

③检查刮水器开关工作是否正常。

④检查刮水器电动机。

10．刮水器无间歇挡故障的诊断与排除

（1）故障现象

接通点火开关及刮水器间歇挡，刮水器不工作。

（2）故障原因

①刮水器开关失效。

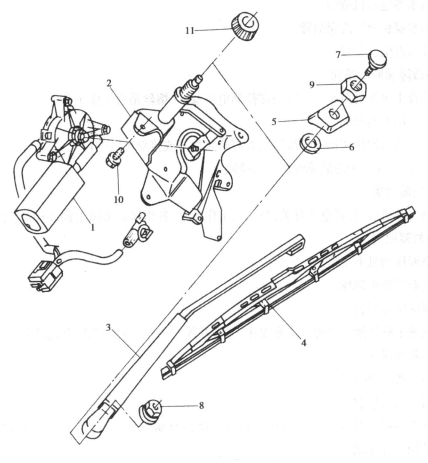

图 4.27　后风扇玻璃刮水器

1—后刮水器电动机;2—电动机传动机构;3—后刮臂总成;4—后刮刷;5—隔板;

6—密封圈;7—堵塞(无后刮水器时用);8—凸缘螺母;9—螺母;10—螺栓;11—螺母

②刮水器继电器或卸荷继电器失效。

③刮水器电动机失效。

④刮水器间歇挡线路故障。

(3)故障诊断与排除

①检查 S5 熔丝、刮水器继电器及卸荷继电器是否工作正常。

②检查刮水器间歇挡线是否有断路故障,或接触不良处。

③检查刮水器电动机。

④检查刮水器开关。

11.刮水器快速挡不工作故障的诊断与排除

(1)故障现象

接通点火开关及刮水器快速挡,刮水片不动。

(2)故障原因

①刮水器开关失效。

②刮水器电动机故障。

③刮水器快速挡线路故障。

④卸荷继电器失效。

（3）故障诊断与排除

①检查中央继电盘4号位置的卸荷继电器及S5熔丝是否工作正常。

②检查刮水器开关。

③检查刮水器快速挡工作线路是否有断路故障或接触不良的情况。

12. 空调系统不制冷故障的诊断与排除

（1）故障现象

启动发动机后，打开空调开关，鼓风机工作正常，各出风口出风正常，但不是冷风。

（2）故障原因

①空调压缩机不工作。

②空调压缩机损坏。

③压缩机带断裂。

④储液干燥过滤器上的易熔塞熔化，或者其他原因造成制冷系统出现泄漏。

⑤膨胀阀损坏。

⑥制冷系统内部堵塞。

（3）故障诊断与排除

出现空调系统不制冷故障，首先应检查压缩机驱动带是否断裂，如驱动带完好，可按如图4.28所示进行诊断。

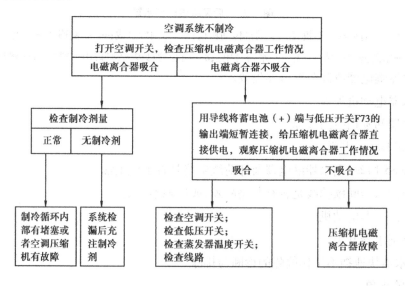

图4.28　空调系统不制冷的诊断步骤

【任务实施】

一、准备工作

1. 工具和材料
实训车辆、数字万用表、常用工具、干净的抹布。
2. 安全防护用品
标准作业装。

二、汽车信息收集

车牌号码：＿＿＿＿＿＿＿＿＿＿＿＿　车辆型号：＿＿＿＿＿＿＿＿＿＿＿＿

VIN 码：＿＿＿＿＿＿＿＿＿＿＿＿＿　行驶里程：＿＿＿＿＿＿＿＿＿＿＿＿

三、照明装置的故障诊断与排除

1. 前照灯近光不亮，故障诊断与排除
前照灯近光不亮的故障诊断与排除见表 4.12。

表 4.12

检测项目	检查顺序	检查结果	维修建议
前照灯近光不亮	1. 前照灯近光灯丝烧断	□是	更换灯泡
		□否	
	2. 变光开关接触不良（用万用表检查变光开关近光挡电压是否正常）	□是	修复或更换变光开关
		□否	
	3. 前照灯近光灯连接线路接触不良	□是	修复或更换线路
		□否	应用万用表进一步检查故障部位

2. 前照灯远光不亮的故障诊断与排除
前照灯远光不亮的故障诊断与排除见表 4.13。

表4.13

检测项目	检查顺序	检查结果	维修建议
前照灯远光不亮	1.前照灯远光灯丝烧断	□是	更换灯泡
		□否	
	2.用万用表检查变光开关近光挡电压是否正常	□是	修复或更换变光开关
		□否	
	3.前照灯近光灯连接线路是否接触不良	□是	修复或更换线路
		□否	应用万用表进一步检查故障部位

3. 单侧前照灯远、近光均不亮的故障诊断与排除

单侧前照灯远、近光均不亮的故障诊断与排除见表4.14。

表4.14

检测项目	检查顺序	检查结果	维修建议
单侧前照灯远、近光均不亮	1.前照灯远、近光灯丝烧断	□是	更换灯泡
		□否	
	2.前照灯导线断路或插接件松脱	□是	修复或更换变光开关
		□否	应用万用表进一步检查故障部位

四、信号装置的故障诊断与排除

1. 转向信号灯闪光频率不符合要求的故障诊断与排除

转向信号灯闪光频率不符合要求的故障诊断与排除见表4.15。

表4.15

检测项目	检查顺序	检查结果	维修建议
左右信号灯闪光频率不符合要求	1.用万用表检查蓄电池电压是否过低	□是	及时充电
		□否	
	2.灯泡功率不符合要求	□是	及时更换
		□否	
	3.闪光继电器性能不良	□是	修复或更换
		□否	

2. 电喇叭不响的故障诊断与排除

电喇叭不响的故障诊断与排除见表 4.16。

表 4.16

检测项目	检查顺序	检查结果	维修建议
电喇叭不响	1. 蓄电池容量不足 用万用表检查蓄电池电压是否过低,或接通车灯开关,观察前照灯灯光是否暗淡	□是	及时充电
		□否	
	2. 连接线路断路、短路、接地	□是	修复或更换
		□否	
	3. 电喇叭按钮烧蚀	□是	修复或更换
		□否	
	4. 应检查电喇叭继电器是否正常	□是	
		□否	及时更换
	5. 检查电喇叭性能是否正常 检查时,用一根导线一端接电源,另一端接电喇叭接线柱试火	□是	
		□否	及时更换

3. 转向信号灯不亮的故障诊断与排除

转向信号灯不亮的故障诊断与排除见表 4.17。

表 4.17

检测项目	检查顺序	检查结果	维修建议
转向信号灯不亮	1. 转向信号灯灯丝烧断	□是	更换灯泡
		□否	
	2. 接地不良	□是	修复
		□否	
	3. 可用试灯检查信号灯开关;若信号灯开关接触不良	□是	修复或更换
		□否	试灯检查故障侧线路,找出断路位置并修复

五、刮水器故障诊断与排除

1. 刮水器电动机不转故障的诊断与排除

刮水器电动机不转故障的诊断与排除见表 4.18。

表 4.18

检测项目	检查顺序	检查结果	维修建议
刮水器电动机不转	1. 刮水器电动机电源线路断路	□是	修复或更换
		□否	
	2. 卸荷继电器、点火开关及刮水器开关接触不好	□是	修　复
		□否	
	3. 刮水器电动机失效	□是	检查电动机绕组是否内部断路,立即修复
		□否	

2. 刮水器无自动停位功能故障的诊断与排除

刮水器无自动停位功能故障的诊断与排除见表 4.19。

表 4.19

检测项目	检查顺序	检查结果	维修建议
刮水器无自动停位	1. 刮水器开关的停位触点损坏	□是	更换新件
		□否	
	2. 减速器涡轮输出轴背面的自动停位导电片和减速器盖板上的导电触点损坏	□是	更换新件
		□否	

3. 刮水器无慢速工作挡故障的诊断与排除

刮水器无慢速工作挡故障的诊断与排除见表 4.20。

表 4.20

检测项目	检查顺序	检查结果	维修建议
刮水器无慢速工作挡	1. 检查刮水器继电器(<8 号位置)及 S5 熔丝是否正常	□是	
		□否	修复或更换
	2. 刮水器电动机慢速挡工作线路故障	□是	修复或更换
		□否	
	3. 电喇叭按钮烧蚀	□是	修复或更换
		□否	
	4. 熔丝断或线路中有短路处	□是	修复或更换
		□否	及时更换

4. 刮水器无间歇挡故障的诊断与排除

刮水器无间歇挡故障的诊断与排除见表4.21。

表4.21

检测项目	检查顺序	检查结果	维修建议
刮水器无间歇挡	1. 刮水器开关失效检查 S5 熔丝、刮水器继电器及卸荷继电器是否工作正常	□是	
		□否	修复或更换
	2. 检查刮水器间歇挡线是否有断路故障，或接触不良处	□是	修复或更换
		□否	
	3. 检查刮水器电动机是否工作正常	□是	
		□否	修复或更换
	4. 检查刮水器开关是否工作正常	□是	
		□否	修复或更换

5. 刮水器快速挡不工作故障的诊断与排除

刮水器快速挡不工作故障的诊断与排除见表4.22。

表4.22

检测项目	检查顺序	检查结果	维修建议
刮水器快速挡不工作	1. 刮水器开关失效	□是	修复或更换
		□否	
	2. 检查中央继电盘 4 号位置的卸荷继电器及 S5 熔丝是否工作正常	□是	
		□否	修复或更换
		□否	

【任务检测】

一、判断题

1. 打开前照灯开关，按下变光开关，前照灯近光不亮，其故障原因是前照灯近光灯丝烧断。   （   ）

2. 当点火开关置于点火位置时，将刮水器开关设在慢、快及间歇挡时，刮水器电动机不转，这种故障现象属于刮水器电动机不转。   （   ）

3. 打开前照灯开关，按下变光开关，前照灯远光不亮，其故障原因可能是前照灯近光灯

丝烧断。 （ ）

4.打开信号灯开关,左右信号灯闪光频率不符合要求,这种故障属于转向信号灯闪光频率不符合要求。 （ ）

5.接通前照灯开关,单侧前照灯远、近光均不亮,这种故障属于信号灯闪光频率不符合要求。 （ ）

6.打开前照灯开关,按下变光开关,前照灯远光不亮,这种故障一定是前照灯远光灯连接线路接触不良。 （ ）

7.电喇叭不响的原因是蓄电池容量不足。 （ ）

8.转向信号灯不亮的原因可能是信号灯开关接触不良。 （ ）

9.当点火开关置于点火位置时,将刮水器开关设在慢、快及间歇挡时,刮水器电动机均不转,这种故障属于刮水器开关损坏。 （ ）

10.空调系统不制冷的原因一定是空调压缩机损坏。 （ ）

二、简答题

1.前照灯近光不亮的原因有哪些？怎样诊断与排除？

2.转向信号灯不亮的原因有哪些？怎样诊断与排除？

3.电喇叭不响的原因有哪些？怎样诊断与排除？

4.刮水器电动机不转的原因有哪些？怎样诊断与排除？

5.单侧前照灯远、近光均不亮的原因有哪些？怎样诊断与排除？

【评价与反馈】

班级： 姓名： 指导教师：

序 号	考核项目	配 分	考核内容	配 分	考核标准	得 分
1	出勤/纪律	5	出勤	2	违规一次不得分	
			行为规范	3	违规一次不得分	
2	安全/防护/环保	20	着装	4	违规一次不得分	
			个人防护	4	违规一次不得分	
			"5S"/"EHS"	4	违规一次不得分	
			设备使用安全	4	违规一次不得分	
			操作安全	4	违规一次不得分	
3	知识水平	20	知识测验成绩	20	测验成绩的20%计	
4	技能考核	40	技能测验成绩	40	测验成绩的40%计	

续表

序 号	考核项目	配 分	考核内容	配 分	考核标准	得 分
5	学习能力	10	工单填写,工艺计划制订	4	未做不得分	
			组内活动情况	4	酌情扣1~4分	
			资料查阅和收集	2	未做不得分	
6	任务拓展	5	知识拓展	2	未做不得分	
			技能拓展	3	未做不得分	
7	总 分		100			

【教师评估】

序 号	优 点	存在问题	解决方案
教师签字:			

项目 **5**

汽车底盘维护与检测

任务5.1 汽车底盘总体认知

【任务目标】

目标类型	目标要求
认知目标	1. 知道汽车底盘的作用与基本组成 2. 知道汽车底盘各个系统的名称及作用 3. 知道常用维修工具、设备的用途与使用方法 4. 知道常用维修工具、设备的安全操作规范
技能目标	1. 能够进行安全操作,具有安全生产意识 2. 能够正确使用常用的维修工具、设备、仪器和仪表 3. 能够查询维修资料,识别汽车零件名称
情感目标	1. 养成主动学习习惯 2. 培养"5S"/"EHS"意识 3. 培养团队协作交流与语言表达能力

【任务描述】

汽车底盘是整个汽车的基体,它支撑着发动机、车身等各种零部件,同时,底盘将发动机产生的动力进行传递和分配,并按照驾驶员的意志使汽车行驶,在行驶过程中以完成加速、减速、转向及制动等功能。汽车底盘一般由汽车传动系、制动系、转向系、行驶系四大系统组成。

通过本任务学习,知道汽车底盘的作用、构造、基本联系与工作原理。

124

【知识准备】

汽车底盘由汽车传动系、制动系、转向系、行驶系组成,如图 5.1 所示。其技术状况直接关系汽车行驶系的安全性、操纵性、稳定性、舒适性和通过性。

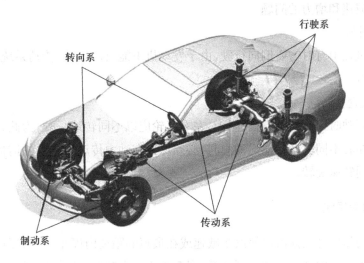

图 5.1　汽车底盘结构图

一、汽车传动系统

传动系统的作用是将发动机发出的动力传给驱动车轮,使路面对驱动车轮产生一个牵引力,以驱动汽车行驶,图 5.2 所示为传动系统结构图。

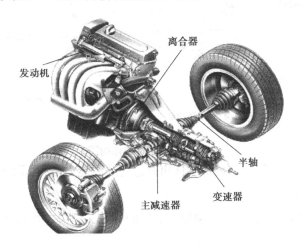

图 5.2　传动系统结构图

传动系统应满足以下使用要求:

(1)中断动力传递

汽车起步之前,必须将发动机动力断开;此外,当车辆换挡和紧急制动时,为了减少冲击载荷,都有必要暂时将发动机动力脱开。

（2）减速或变速

车辆行驶的必要条件是驱动轮上产生的驱动力足以克服外界的行驶阻力；若将发动机直接与驱动轮相连接，获得的驱动力无法推动汽车行驶；为了解决上述问题，在动力传递过程中需要解决减速和增力的问题。

（3）车辆倒车

汽车使用过程中有时需要倒向行驶，由于发动机不能反向旋转，传动系统必须设置相应改变旋向的装置。

（4）车轮差速

汽车弯道行驶时，为了减小行驶阻力，左右车轮应以不同转速行驶；为此，当发动机以同一转速向前后左右不同驱动轮输送动力时，必须保证在动力传动不中断的前提下，让车轮之间能够实现不同转速旋转。

二、汽车制动系统

制动系统的作用是根据需要使汽车减速或在最短的距离内停车，以保证行车的安全；汽车制动系一般由行车制动系与驻车制动系，图 5.3 所示为制动系统结构图。

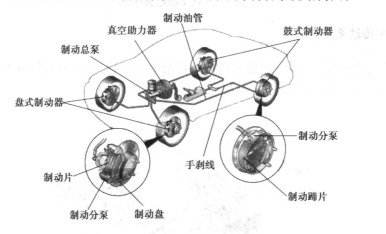

图 5.3　制动系统结构图

为了保证汽车能在安全的条件下发挥出高速行驶的能力，制动系统必须满足一下要求：

（1）具有良好的制动性能

良好的制动性能评价指标有：制动距离、制动减速度、制动力和制动时间。

（2）操纵轻便

操纵轻便即操纵制动系统所需的力不应过大。

（3）制动稳定性好

制动稳定性好是指在制动时，前后车轮制动力分配合理，左右车轮上的制动力矩基本相等，汽车不跑偏、不甩尾；磨损后间隙应能调整。

（4）制动平顺性好

制动平顺性好是指制动力矩能迅速而平稳地增加，也能迅速而彻底地解除。

（5）散热性好

散热性好是指连续制动时，制动鼓的温度高达几百摄氏度，摩擦片的"抗热衰退"能力高，水湿后恢复能力快。

三、汽车转向系统

转向系统的作用是按照驾驶人的意愿控制汽车的行驶方向。汽车转向系一般有机械转向系与动力转向系两种，图 5.4 所示为动力转向系。

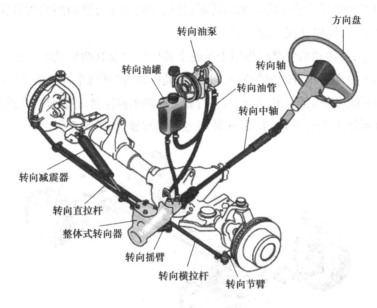

图 5.4　转向系统结构图

汽车转向系统是控制汽车行驶方向的装置，对汽车的行驶安全至关重要，它必须满足以下要求：

（1）工作安全可靠

转向系统直接影响到汽车行驶的安全，因此，要求所有的零件有足够的刚度、强度和耐磨性，连接部件必须牢固可靠；随着高速公路的普及，汽车行驶速度提高，就对转向系工作时的可靠性提出了更高要求。

（2）操纵轻便灵活

当汽车行驶在窄小弯曲的道路上要转弯时，转向系统必须保证灵活、平顺、精确地转动前轮；汽车直线行驶时转向盘要稳、无抖动和摆振现象。

（3）适当的转向力

如果没有其他的阻碍，转向力在汽车停止时较大，随汽车行驶速度提高而减少；因此，为了驾驶容易且能够从道路上得到较好的反馈，在低速行驶时应有较轻的操纵性而在高速时则应较重。

（4）平顺的回转性能

汽车在转弯时,作用在转向盘上的力要适当、转向灵活平顺,具有自动回正作用。

（5）道路冲击小

转向装置绝不可发生因道路表面不平坦而使转向盘失去控制及造成反转的情形,同时冲击力要小。

四、汽车行驶系统

汽车行驶系统是指支撑全车并保证车辆正常行驶的装置,其作用有:

①接受由发动机经传动系统传来的转矩,并通过驱动轮与路面间的附着作用,产生路面对驱动轮的牵引力,以保证汽车的正常行驶。

②支撑全车,传递并承受路面作用于车轮上各向反力及其所形成的力矩。

③缓和不平路面对车身造成的冲击,并衰减其振动,保证汽车行驶的平顺性。

④与转向系统协调配合工作,实现汽车行驶方向的正确控制,以保证汽车的操作稳定性。

汽车行驶系统主要由车架、车桥、车轮与悬架等构成,如图 5.5 所示。

图 5.5　制动系统结构图

注:请在图 5.5 中标记出车架、车桥、车轮与悬架。

【任务实施】

一、准备工作

1. 工具设备和材料

课件、汽车、组合工具、工具车、零件摆放台、计算机等上网设备。

2. 安全防护用品

标准作业装。

二、信息收集

车型:＿＿＿＿＿＿＿＿＿＿＿　出厂时间:＿＿＿＿＿＿＿＿＿＿＿

VIN 码:＿＿＿＿＿＿＿＿＿＿＿

三、学生以小组为单位,在教师提供的汽车上,拆卸底盘的各个系统,并完成表5.1、表
5.2的填写。

表5.1　制动系主要零件识别

序　号	零件名称	用　途
1		
2		
3		
4		
5		
6		
7		
8		
9		
10		
11		
12		

表5.2　转向系主要零件识别

序　号	零件名称	用　途
1		
2		
3		
4		
5		
6		
7		
8		
9		
10		
11		
12		

四、学生以小组为单位,相互学习、讨论完成表 5.3 的填写

表 5.3 汽车底盘各系统工作原理分析

序　号	项　目	工作原理
1	转向系统	
2	制动系统	
3	传动系统	
4	行驶系统	

五、各小组成员通过教室上网设备,查阅有关轿车、越野车、货车的底盘知识,各派一名代表上台叙述其特点及区别

【任务检测】

一、填空题

1.汽车底盘是整个汽车的基体,它支撑着发动机、车身等各种零部件,汽车底盘一般由汽车_____、_____、_____、_____四大系统组成。

2.底盘将发动机产生的动力进行传递和分配,并按照驾驶员的意志使汽车行驶,在行驶过程中以完成_____、_____、_____及_____等功能。

3.传动系统的作用是将发动机发出的动力传给驱动车轮,使路面对驱动车轮产生一个_____力,以_____汽车行驶。

4.汽车起步之前,必须将发动机动力_____;此外,当车辆换挡和紧急制动时,为了减少冲击载荷,都有必要暂时将发动机动力_____。

5. 制动系统的作用是根据需要使汽车_____或在_____的距离内停车,以保证行车的安全。制动系统一般有_____、_____两种。

6. 汽车转向系统是控制汽车行驶方向的装置,对汽车的行驶安全至关重要,它必须满足_____、_____、_____、_____等要求。

7. 平顺的回转性能是指汽车在转弯时,作用在转向盘上的力_____、转向_____平顺,具有自动_____作用。

8. 操纵轻便灵活是指汽车行驶在窄小弯曲的道路上要转弯时,转向系统必须保证_____、_____、精确地转动前轮;汽车直线行驶时转向盘要稳、无_____和_____现象。

9. 良好制动性能的评价指标有:_____、_____、_____和_____。

10. 制动稳定性好是指汽车制动时,前后车轮制动力分配合理,左右车轮上的制动力矩基本相等,汽车不_____、不_____;磨损后间隙应能自动_____。

二、判断题

1. 底盘的技术状况直接关系汽车行驶的安全性、操纵性的稳定性、舒适性和通过性。（   ）

2. 车辆行驶的必要条件是驱动轮上产生的驱动力足以克服外界的行驶阻力;若将发动机直接与驱动轮相连接,获得的驱动力无法推动汽车行驶。（   ）

3. 汽车使用过程中有时需要倒向行驶,由于发动机不能反向旋转,传动系统必须设置相应改变旋向的装置。（   ）

4. 随着高速公路的普及,汽车行驶速度提高,转向系工作时的可靠性要求就更高了。（   ）

5. 转向系统的作用是按照驾驶人的意愿控制汽车的行驶方向。汽车转向系一般有机械转向系与动力转向系两种。（   ）

6. 道路冲击小是指转向装置绝不可发生因道路表面不平坦而使转向盘失去控制及造成反转的情形,同时冲击力要小。（   ）

7. 汽车行驶系统主要由车架、车桥、车轮与悬架等组成。（   ）

8. 汽车行驶系能够缓和不平路面对车身造成的冲击,并衰减其振动,保证汽车行驶的平顺性。（   ）

9. 如果没有其他的阻碍,转向力在汽车停止时较大,随汽车行驶速度提而减少。（   ）

10. 动力转向系能够在汽车转向时产生附加的转向力,也称为助力转向系。（   ）

【评价与反馈】

班级：　　　　　　　　　　姓名：　　　　　　　　　　指导教师：

序号	考核项目	配分	考核内容	配分	考核标准	得分
1	出勤/纪律	5	出勤	2	违规一次不得分	
			行为规范	3	违规一次不得分	
2	安全/防护/环保	20	着装	4	违规一次不得分	
			个人防护	4	违规一次不得分	
			"5S"/"EHS"	4	违规一次不得分	
			设备使用安全	4	违规一次不得分	
			操作安全	4	违规一次不得分	
3	知识水平	20	知识测验成绩	20	测验成绩的20%计	
4	技能考核	40	技能测验成绩	40	测验成绩的40%计	
5	学习能力	10	工单填写,工艺计划制订	4	未做不得分	
			组内活动情况	4	酌情扣1~4分	
			资料查阅和收集	2	未做不得分	
6	任务拓展	5	知识拓展	2	未做不得分	
			技能拓展	3	未做不得分	
7	总分			100		

【教师评估】

序号	优点	存在问题	解决方案

教师签字：

任务 5.2 汽车转向系构造与检测

【任务目标】

目标类型	目标要求
认知目标	1. 知道汽车转向系的作用与基本构造 2. 知道汽车底盘转向系的检测原理 3. 知道常用维修工具、设备的用途与使用方法 4. 知道常用维修工具、设备的安全操作规范
技能目标	1. 能够进行转向系的自由转动量、转向力与最大转向角度检测 2. 能够正确使用常用的维修工具、设备、仪器和仪表 3. 能够查询维修资料、识别汽车零件名称 4. 能够进行安全操作，具有安全生产意识
情感目标	1. 养成主动学习习惯 2. 培养"5S"/"EHS"意识 3. 培养团队协作交流与语言表达能力

【任务描述】

汽车在行驶过程中要经常改变行驶方向，行驶方向的改变是通过转向轮在路面上偏转一定角度来实现的。而控制转向轮偏转的一整套机构就是汽车转向系。它的作用是实现汽车行驶方向的改变及保持汽车稳定的行驶路线。汽车转向系统按转向能源的不同分为机械式转向系统(图 5.6)、动力式转向系统(图 5.7)和电子控制转向系统(图 5.8)。

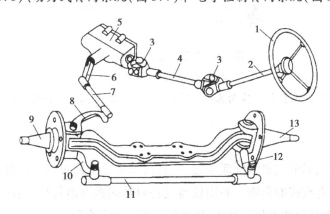

图 5.6 机械式转向系统

1—转向盘；2—转向轴；3—转向万向节；4—转向传动轴 5—转向器；6—转向摇臂；7—转向直拉杆；

8—转向节臂；9—左转向节；10—左梯形臂；11—转向横拉杆；12—右梯形臂；13—右转向节

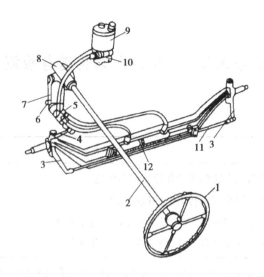

图 5.7　动力式转向系统

1—转向盘;2—转向轴;3—梯形臂;4—转向节臂;5—转向控制阀;

6—转向直拉杆;7—转向摇臂;8—机械转向器;9—转向油罐;

10—转向油泵;11—转向横拉杆;12—转向动力缸

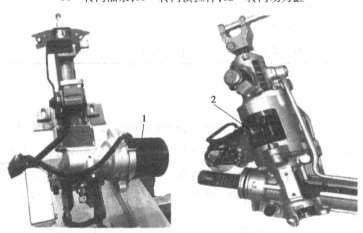

图 5.8　电子控制助力转向系

1—电磁阀;2—转向角传感器

通过本任务学习,知道汽车转向系的作用、构造、检测项目、方法及原理。

【知识准备】

　　汽车转向系是底盘的主要组成部分之一,其技术状况变化对汽车的操纵稳定性与汽车高速行驶的安全性有直接的影响。利用仪器设备对转向盘自由行程、转向力等参数进行检测,可以诊断出转向系的技术状况好坏,从而保证汽车的安全行驶。

　　转向盘具有适度的转向力及自有转角(自由行程),它是消除驾驶员工作紧张和疲劳,保证车辆运行安全的重要条件之一。《机动车运行安全技术条件》(GB 7258—1997)中规定:

①机动车在平坦、硬实、清洁的水泥道路上行驶,以 10 km/h 的速度在 5 s 之内沿螺旋线从直线行驶过渡到直径为 24 m 的圆周行驶,施加于转向盘外缘上的最大转向力不得大于 245 N。

②机动车转向盘最大的转向自由角度从中间向左或者向右转动;对最大设计车速大于或者等于 100 km/h 的机动车不得大于 10°;小于 100 km/h 的机动车不得大于 15°。

重型载货汽车和高级轿车,为减少驾驶员施加于转向盘外缘的最大转向力,设计时采用了助力装置或者动力转向系统,安装动力转向系统轿车的最大自由角不得大于 5°。

一、转向盘自由转动量检测仪

转向盘自由转动量,是指汽车转向轮保持直线行驶位置,静止不动时,轻轻左右晃动转向盘所测得的游动角度,也称转向盘自由行程。转向盘自由转动量检测仪结构与工作原理和使用与注意事项分别介绍如下。

1. 结构与工作原理

简易转向盘自由转动量检测仪,只能检测转向盘的自由转动量。该仪器主要由刻度盘和指针两部分组成。刻度盘和指针分别固定在转向盘轴管和转向盘边缘上。固定方式有机械式和磁力式两种,机械式如图 5.9 所示。磁力式使用磁力座固定指针或刻度盘,结构更为简单,使用更为方便。

2. 使用与注意事项

测量时,应使汽车的两转向轮处于直线行驶位置不动,轻轻向左(或向右)转动转向盘至空行程一侧的极端位置(感到有阻力),调整指针指向刻度盘零度。然后再轻轻转动转向盘至另一侧空行程极端位置,指针所示刻度即为转向盘的自由转动量。

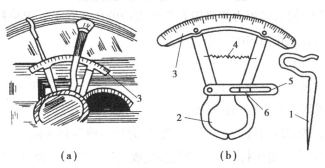

(a)　　　　　　　　(b)

图 5.9　简易转向盘自由转动量检测仪

1—指针;2—磁力座;3—刻度盘;

4—连接弹簧;5—水平仪;6—水平仪座

二、转向力检测

转向盘转向力的参数用"转向力角仪"进行检测。该仪器与转向参数测量仪结构类似,可用来检测转向盘的自由转动量,图 5.10 所示为 ZC-2 型转向参数测量仪。

1.结构与工作原理

国产 ZC-2 型转向参数测量仪,是以计算机为核心的智能仪器,可测得转向盘自由转动量和转向力。该仪器由操纵盘、主机箱、连接叉和定位杆 4 部分组成(图 5.10)。操纵盘由螺钉固定在三爪底板上,底板经力矩传感器与 3 个连接叉相连,每个连接叉上都有一只可伸缩长度的活动卡爪,以便与被测转向盘相连接。主机箱为一圆形结构,固定在底板中央,其内装有接口板、计算机板、转角编码器、打印机、力矩传感器和电池等。

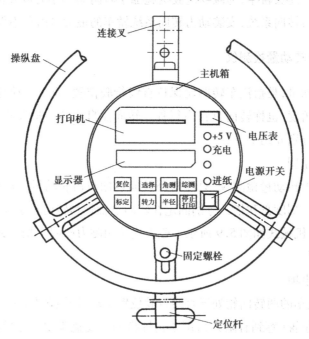

图 5.10　ZC-2 型转向参数测量仪

定位杆从底板下伸出,经磁力座吸附在驾驶室内的仪表盘上。定位杆的内端连接有光电装置,光电装置装在主机箱内的下部。

2.使用与注意事项

测量时,将转向参数测量仪对准被测转向盘中心,调整好 3 个连接叉上伸缩卡爪的长度,与转向盘连接并固定好。转动操纵盘,转向力通过底板、力矩传感器、连接叉传递到被测转向盘上,使转向盘转动以实现汽车转向。此时,力矩传感器将转向力矩转变成电信号,而定位杆内端连接的光电装置则将转角的变化转变成电信号。这两种电信号由计算机自动完成数据采集、转角编码、运算、分析、存储、显示和打印。因此,使用该测量仪既可测得转向盘的转向力,又可测得转向盘的自由转动量。

三、最大转向角度检测

最大转向角度是指将转向盘向左或向右转到最大极限时,转向轮所转动的角度。其检测设备如转向盘转向力—角检测仪。

1. 结构与工作原理

最大转向角度的检测能够确定汽车的灵活性和最小转弯半径。检测最大转向角度,只需用带有刻度的转盘即可进行作业。转盘结构简图如图 5.11 所示。当检测值与厂方提供的标准值有较大误差时,说明转向机构或悬架系统出现了问题,应进行调整。使用时应注意:

①《机动车运行安全技术条件》(GB 7258—2004)中 610 条规定:汽车和汽车列车(不计具有作业功能的专用装置的突出部分)、轮式拖拉机运输机组必须能在同一个车辆通道圆内通过,车辆通道圆的外圆直径 D_1 为 25.00 m,车辆通道圆的内圆直径 D_2 为 10.60 m。

②汽车和汽车列车、轮式拖拉机运输机组由直线行驶过渡到上述圆周运动时,任何部分超出直线行驶时的车辆外侧面垂直面的值(外摆值)不应大于 0.80 m(对铰接客车和铰接式无轨电车外摆值不允许大于 1.20 m),其试验方法见 GB 1589—2004 附录,如图 5.12 所示。还应注意:车轮在转向过程中不得与其他部件有干涉现象,左、右转向限位装置应齐全有效。

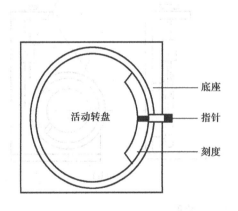

图 5.11　转盘结构简图

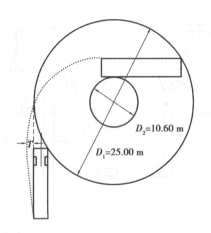

图 5.12　直线行驶过渡到圆周运动

2. 转向盘转向力—角检测仪检测

依据《汽车转向盘转向力转向角检测仪检测规程(试行)》(JJG(交通)007—1996),对转向盘转向力—转向角仪检定的主要内容如下:

(1)环境条件

环境温度为 0 ~ 30 ℃;相对湿度不大于 85%;检定应在污染、振动、噪声和电磁波干扰不影响工作的环境中进行。

(2)检测器具:转向力检测器具

①砝码检测法:标准砝码 61 级一组,200 g 砝码一个;砝码检定法专用检定装置一套。

②测力计检测法:测力计 1 个(B1 级);测力计或测力传感器检定法专用检定装置一套,秒表一块,分度值 0.1 s。

上述检测法专用检测装置系统误差不大于转向盘力—角仪示值允许误差的 1/3。

（3）角度检定器具

量角器:1 个,分度值 30′,量程 0°~360°。

3.检测项目和检测方法

（1）一般要求

通过目测、手感应符合如下规定要求:

①转向盘力—角仪应有清晰的铭牌和标志。

②数显仪表显示时,显示正确、清晰,示值保留时间不少于 8 s。配有打印装置时,打印值与显示值应一致,量值应有单位符号。

③电气部分应工作可靠,机械部分不应有松动现象。

④调校部分应有效可调。

（2）准备

①将转向盘力—角仪安装在检测装置上（图 5.13）。在使用砝码检定法检测时,转向盘力—角仪的转向盘所在平面应与地面垂直。

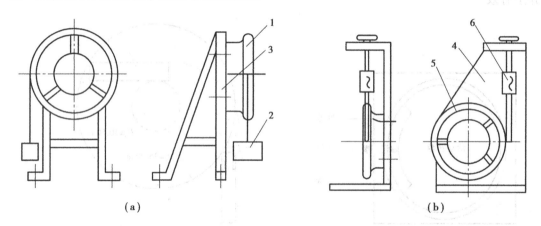

图 5.13　转向盘力—角仪安装装置

1,5—转向盘力—角仪;2—砝码;3,4—检定支架;6—测力计或传感器

②按使用说明书规定的方法开机。

③测力检测点的确定。

取近似满量程的 10%,20%,40%,50%,80% 和 100% 6 个点作为转向力参考检定点。按公式 5.1 确定参考点质量 m_i 取整后,确定实际检测点砝码质量。

$$m_i = \frac{F_{ti}}{g} \tag{5.1}$$

式中　m_i——参考检定点的质量,kg,$i = 1,2,3,\cdots$;

　　　g——重力加速度,m/s²;

　　　F_{ti}——参考检定点力值,N。

④转向角检定点的确定。

a.指针式:取 10°,15°,30°,45° 作为检定点。

b. 数显式:取 360°,720°,1 080°作为检定点。

(3)转向力检测

①零点漂移的检测:在确认转向盘力—角仪的转向盘无外力作用后调零,使其处于测量状态,用秒表计时,每 10 min 观察力—角仪示值,并记录,重复 3 次(对用键控制左、右旋向的,左右各重复 3 次)。其最大值应不大于 2 d。

②鉴别力阈的检定:仪器静止时,沿转向盘力—角仪的转向盘外缘切线方向,向左或向右分别施加 2 d 的力或挂 200 g 砝码,仪器示值应有变化。

(4)示值误差的检定

①砝码检测法:分别沿转向盘力—角仪转向盘左、右角的切线方向,依次无冲击加减检定点砝码质量,重复 3 次。

②测力计检测法:在转向盘力—角仪的转向盘外缘左、右的切线方向,依次缓慢加检定点力值,重复 3 次。

③示值误差按公式 5.2 计算

$$\sigma_i = \frac{F_i - F'_{ti}}{F_{\max}} \times 100\%$$ (5.2)

式中　σ_i——各检测点左、右旋转力示值误差,%;

　　F'_{ti}——点检测实际力值,N;

　　F_i——各检测点 3 次测量的算术平均值,N;

　　$F_{\max}$——仪器满量程示值,N。

按式 5.2 计算结果应不超过 ±2%(F.S)。

④示值变动性的检测与示值误差检测同时进行。示值变动性误差按公式 5.3 计算

$$\sigma_{ci} = \frac{F_{\max i} - F_{\min}}{F_{\max}} \times 100\%$$ (5.3)

式中　σ_{ci}——转向盘力—角仪重复性误差,%;

　　$F_{\max i}$——3 次检定中,各检测点转向力的最大值,N;

　　$F_{\min}$——3 次检定中,各检测点转向力的最小值,N;

　　$F_{\max}$——仪器满量程示值,N。

其结果应不超过 ±2%(F.S)。

(5)转角示值误差的检测

①指针式转角误差检测:使量角器的圆心与转盘力—角仪的角度圆心重合,量角器的 0°刻度线与测角度 0° 刻度线对齐。转动量角器,按确定好的检测点依次检测左、右旋测角度盘。各重复 3 次,示值误差由公式 5.4 计算,其值允许误差为 ±5°。

$$\Delta i = \beta_2 - \theta_i$$ (5.4)

式中　Δi——左、右旋各检测点示值误差,(°);

　　β_2——左、右旋各检测点度盘示值,(°);

　　θ_i——左、右旋各检测点量角器示值,(°)。

②数显式转角示值误差的检测:其余各检定点采用直接测量法。按已确定好的检定点,

139

分别向左、右转动测角基准杆,每当测角基准杆到达转向盘力—角仪的转向盘上零标记点处时记录示值。左、右各检定3次。示值误差由公式5.5计算,结果允许误差为±3。

$$\Delta i = \beta_2 - 360° \times n \tag{5.5}$$

式中　Δi——左、右旋各检测点示值误差,(°);

　　　β_2——左、右旋各检测点力—角仪角度示值,(°);

　　　n——测角基准杆转动圈数,(圈)。

【任务实施】

一、准备工作

1. 工具设备和材料

课件、汽车、ZC-2型转向参数测量仪、转向盘转向力—角检测仪、组合工具、工具车、零件摆放台、计算机等上网设备。

2. 安全防护用品

标准作业装。

二、信息收集

车型:＿＿＿＿＿＿＿＿＿＿＿＿＿＿＿　出厂时间:＿＿＿＿＿＿＿＿＿＿＿＿＿

VIN码:＿＿＿＿＿＿＿＿＿＿＿＿＿＿＿

三、学生以小组为单位,在教师提供的汽车上,拆卸机械式转向系统,并完成表5.4、表5.5的填写

表5.4　机械式转向系统零件识别

序　号	零件名称	用　途
1		
2		
3		
4		
5		
6		
7		
8		
9		
10		
11		
12		

表 5.5　动力转向系零件识别

序　号	零件名称	用　途
1		
2		
3		
4		
5		
6		
7		
8		
9		
10		
11		
12		

四、学生以小组为单位,在教师提供的汽车及场地上完成起草转向系参数检测、并完成表 5.6 的填写

表 5.6　汽车转向系技术参数检测

车　型	检　测　参　数	检　测　值	标　准　值
	转向盘自由转动量		
	转向力		
	最大转向角度		
	转向盘自由转动量		
	转向力		
	最大转向角度		

五、各小组成员通过教室上网设备,查阅有关轿车、越野车、货车转向系的有关资料,各派一名代表上台叙述其特点及区别

【任务检测】

一、填空题

1.汽车在行驶过程中要经常改变行驶_____,行驶_____的改变是通过

转向轮在路面上偏转一定角度来实现的。

2.汽车转向系统按转向能源的不同分为＿＿＿＿＿＿＿、＿＿＿＿＿＿＿、＿＿＿＿＿＿＿和＿＿＿＿＿＿＿＿＿＿。

3.汽车转向系的基本技术参数有＿＿＿＿＿＿＿＿＿＿＿、＿＿＿＿和＿＿＿＿＿＿＿＿＿＿。

4.国家标准规定,汽车转向系的转向盘自由转动量为＿＿＿＿＿＿;对最大设计车速大于或者等于 100 km/h 的机动车不得大于＿＿＿＿＿＿＿;小于 100 km/h 的机动车不得大于＿＿＿＿＿＿＿。

5.利用仪器设备对转向盘＿＿＿＿＿＿＿、＿＿＿＿＿＿＿等参数进行检测,可以诊断出转向系的技术状况好坏,从而保证汽车的安全行驶。

6.转向盘自由转动量是指汽车转向轮保持直线行驶位置,＿＿＿＿＿＿＿不动时,轻轻＿＿＿＿＿＿＿晃动转向盘所测得的游动角度,也称转向盘自由行程。

7.国产 ZC-2 型转向参数测量仪,是以计算机为核心的智能仪器,可测得转向盘自由转动量和转向力。该仪器由＿＿＿＿＿＿＿、＿＿＿＿＿＿＿、＿＿＿＿＿＿＿和＿＿＿＿＿＿＿4 部分组成。

8.在使用国产 ZC-2 型转向参数测量仪检测时,力矩传感器将转向力矩转变成＿＿＿＿＿＿＿信号,而定位杆内端连接的光电装置则将转角的变化转变成＿＿＿＿＿＿＿信号。这两种＿＿＿＿＿＿＿信号由计算机自动完成数据采集、转角编码、运算、分析、存储、显示和打印。

9.在使用国产 ZC-2 型转向参数测量仪检测时,还应注意车轮在转向过程中不得与其他部件有＿＿＿＿＿＿＿现象,＿＿＿＿＿＿＿、＿＿＿＿＿＿＿转向限位装置应齐全有效。

10.国产 ZC-2 型转向参数测量仪的环境条件是:环境温度为＿＿＿＿＿＿＿℃;相对湿度不大于＿＿＿＿＿＿＿%;检定应在污染、振动、噪声和＿＿＿＿＿＿＿干扰不影响工作的环境中进行。

二、判断题

1.汽车转向系的作用是实现汽车行驶方向的改变及保持汽车稳定的行驶路线。(　　)

2.汽车转向系是底盘的主要组成部分之一,其技术状况变化对汽车的操纵稳定性与汽车高速行驶的安全性有直接的影响。(　　)

3.转向盘具有适度的转向力及自有转角(自由行程),它是消除驾驶员工作紧张和疲劳,保证车辆运行安全的重要条件之一。(　　)

4.检测机动车转向系技术参数时,机动车在平坦、硬实、清洁的水泥道路上以一定的速度,按照一定的轨迹行驶。(　　)

5.为减少驾驶员施加于转向盘外缘的最大转向力,设计时采用了助力装置或者动力转向系统的轿车最大自由角不得大于 5°。(　　)

6.简易转向盘自由转动量检测仪,只能检测转向盘的自由转动量。　　　　( )

7.国产 ZC-2 型转向参数测量仪,是以计算机为核心的智能仪器,可测得转向盘自由转动量和转向力。　　　　( )

8.采用转向参数测量仪测量时,将转向参数测量仪对准被测转向盘中心,调整好 3 个连接叉上伸缩卡爪的长度,与转向盘连接并固定好。转动操纵盘,转向力通过底板、力矩传感器、连接叉传递到被测转向盘上,使转向盘转动以实现汽车转向。　　　　( )

9.当检测值与厂方提供的标准值有较大误差时,说明转向机构或悬架系统出现了问题,应进行调整。　　　　( )

10.测力计检定法:在转向盘力—角仪的转向盘外缘左、右的切线方向,依次缓慢加检测点力值,重复 3 次。　　　　( )

【评价与反馈】

班级:　　　　　　　　姓名:　　　　　　　　指导教师:

序　号	考核项目	配　分	考核内容	配　分	考核标准	得　分
1	出勤/纪律	5	出勤	2	违规一次不得分	
			行为规范	3	违规一次不得分	
2	安全/防护/环保	20	着装	4	违规一次不得分	
			个人防护	4	违规一次不得分	
			"5S"/"EHS"	4	违规一次不得分	
			设备使用安全	4	违规一次不得分	
			操作安全	4	违规一次不得分	
3	知识水平	20	知识测验成绩	20	测验成绩的 20% 计	
4	技能考核	40	技能测验成绩	40	测验成绩的 40% 计	
5	学习能力	10	工单填写,工艺计划制订	4	未做不得分	
			组内活动情况	4	酌情扣 1~4 分	
			资料查阅和收集	2	未做不得分	
6	任务拓展	5	知识拓展	2	未做不得分	
			技能拓展	3	未做不得分	
7	总　分		100			

【教师评估】

序　号	优　点	存在问题	解决方案
教师签字：			

任务5.3　汽车悬架构造与检测

【任务目标】

目标类型	目标要求
认知目标	1. 知道汽车悬架的作用与基本构造
	2. 知道汽车悬架的检测设备及其方法
	3. 知道常用维修工具、设备的用途与使用方法
	4. 知道常用维修工具、设备的安全操作规范
技能目标	1. 能进行汽车悬架的技术参数检测
	2. 能正确使用常用的维修工具、设备、仪器和仪表
	3. 能查询维修资料，识别汽车悬架零件名称
	4. 能进行安全操作，具有安全生产意识
情感目标	1. 养成主动学习习惯
	2. 培养"5S"/"EHS"意识
	3. 培养团队协作交流与语言表达能力

【任务描述】

悬架就是车架(或车身)与车桥(或车轮)之间的一切传力连接装置的总称。其作用是缓冲和吸收来自车轮的振动,在汽车行驶过程中,悬架传递车轮与路面间产生的驱动力和制动力;在汽车转向时,悬架承受来自车身的侧向力,并在汽车起步、加速、制动时能够抑制车身的俯仰振动,提高汽车的行驶稳定性和乘坐的舒适性。以保证汽车的正常行驶。

通过本任务学习,知道汽车悬架的构造作用、工作原理与技术参数检测。

【知识准备】

汽车在行驶过程中时时都处于路面各种载荷的作用下,这些载荷通过行驶系统传向车身,造成车身振动,因此,汽车上专门设置了具有弹性的悬架系统以消除各种过大的振动,保证汽车的平稳行驶。

汽车悬架系统的故障将直接影响汽车的行驶平顺性、操纵稳定性和行驶安全性。因此,悬架装置的技术状况和工作能力,对汽车整体性能有着重要的意义,而悬架装置的检测也就十分重要。

一、汽车悬架构造与作用

1.悬架的作用

悬架是车架与车桥之间的弹性联结装置的统称。它的作用是把路面作用于车轮上的垂直反力、纵向反力和侧向反力以及这些力所造成的力矩传递到车架上,以保证汽车行驶平顺。悬架结构形式大多由弹性元件、阻尼元件、导向元件和横向稳定装置等构成,如图5.14所示。

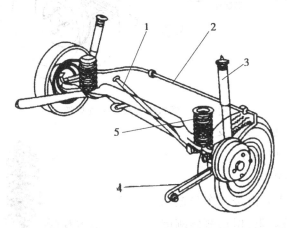

图 5.14 汽车悬架

1—横向推力杆;2—横向稳定器;3—减震器;4—纵向推力杆;5—弹性元件

2.悬架的组成与类型

悬架一般由弹性元件、减震器、导向装置和横向稳定杆组成。

根据汽车悬架结构的不同,通常分为独立悬架和非独立悬架两大类。

（1）独立悬架

独立悬架是两侧车轮分别独立地通过弹性元件与车架（或车身）弹性地连接,如图5.15(a)所示。当一侧车轮受冲击,其运动不直接影响到另一侧车轮,独立悬架所采用的车桥是断开式的。一般应用于轿车及越野车。图5.16所示为麦弗逊式独立悬架。

（2）非独立悬架

非独立悬架如图5.15(b)所示。其特点是两侧车轮安装于一整体式车桥,车轮连同车桥一起通过弹性元件是挂在车架或车身上,当一侧车轮受冲击力时会直接影响到另一侧车

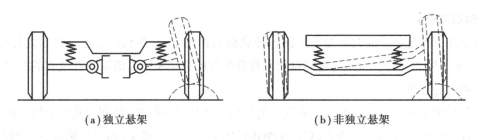

(a)独立悬架   (b)非独立悬架

图 5.15   独立悬架与非独立悬架

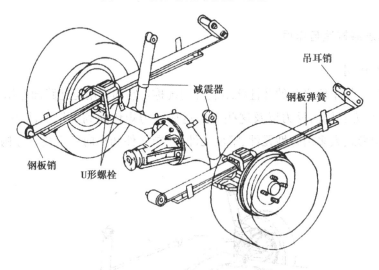

图 5.16   钢板弹簧式非独立悬架

轮,当车轮上下跳动时定位参数变化小。一般应用于货车,如图 5.17 所示。

3.电子控制悬架系统

传统的悬架系统主要由缓和车身振动的弹簧,衰减振动的减震器,增加侧倾刚度的横向稳定杆等组成,它们共同形成的综合特性将对汽车的驾驶操纵性和行驶的平顺性产生十分重要的影响。汽车行驶的平顺性和操纵稳定性是衡量悬架性能好坏的主要指标,但两者又相互排斥、相互影响。

(1)电子控制悬架的控制功能

①车高控制:无论车辆的负载为多少,都可以保持汽车高度一定,车身保持水平,从而使前大灯光束方向保持不变;当汽车在坏路面上行驶时,可提高操纵稳定性。

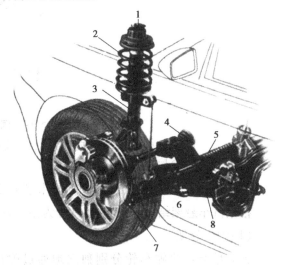

图 5.17   麦弗逊式独立悬架

1—支点;2—减震器和弹簧;3—支柱;
4—传动轴;5—转向器;6—悬架托臂;
7—下支点;8—横向稳定杆

②阻尼力控制:通过对减震器阻尼系数的调整,防止汽车急速起步或急加速时车尾部下

蹲;防止汽车换挡时车身纵向摇动等,提高行驶平顺性和操纵稳定性。

③弹簧刚度控制:在各种工况下,通过对弹簧弹性系数的调整来改善汽车的乘坐舒适性与操纵稳定性。

(2)电子控制悬架系统的分类

电子控制悬架系统的分类相对于普通悬架(被动悬架)而言,电子控制悬架为主动悬架。它可分为全主动悬架和半主动悬架两大类。

①全主动悬架:全主动悬架是一种有源控制悬架,可根据汽车载重量、路面状况、行驶速度、启动、制动、转向等工况的变化,自动调整悬架的刚度和阻尼以及车身高度,从而能同时满足汽车行驶平顺性和稳定性等各方面的要求。

②半主动悬架:半主动悬架是一种无源控制,可根据汽车运行时的振动及工况的变化,对悬架阻尼进行自动调节。半主动悬架根据调节阻尼的特点不同又分为有级式半主动悬架和无级式半主动悬架。

(3)电子控制悬架系统的组成

电子控制悬架系统由传感器、电子控制单元(ECU),执行机构3部分组成。

①传感器。传感器的作用是将汽车行驶的车速、启动、加速、转向、制动和路面情况(汽车的振动)等信号转变为电信号,输送给电子控制单元(ECU)。

②电子控制单元(ECU)。它的作用是将传感器输入的电信号进行综合处理,输出对悬架的刚度、阻尼及车身高度进行调节的控制信号。

③执行机构。执行机构的作用是按照 ECU 的控制信号进行动作,调节悬架刚度、阻尼及车身高度。

(4)电控悬架系统的一般工作原理

利用传感器(包括开关)对汽车行驶时路面的状况和车身的运动状态进行检测,并将检测信号输入计算机进行分析处理,由计算机通过驱动电路控制悬架系统的执行器动作,完成对汽车悬架各特性参数的调整。

二、汽车悬架的检测

汽车悬架装置工作性能检测方法有检验法、按压车体法和试验台法3种类型。

检验法是通过人工外观验视的方法,主要从外部检查悬架装置的弹簧是否有裂纹;弹簧及导向装置的连接螺栓是否松动;减震器是否漏油、缺油及损坏等项目。

按压车体法即可以人工按压车体,也可以应试验台的动力按压车体。按压使车体上下运动,从而,观察悬架装置减震器及其他部件的工作情况,凭经验判断是否需要更换或者修理减震器和其他零部件。

试验台能够快速检测、诊断悬架的工作性能,并能进行定量分析。根据激振方式不同,悬架装置检测台分为跌落式和共振式两种。其中,共振式悬架装置检测台根据检查参数不同又分为测力式与测位移式两种。

1. 按压车体法试验台

（1）结构与工作原理

按压车体法试验台如图 5.18 所示。支架在固定于地面的导轨上移动：测量时，固定在支架上的测量装置随支架在导轨上移动，使汽车保险杠处于推杆下。接通电机，凸轮旋转，压下推杆，车身被压低，压缩量同汽车实际行驶时静态与动态的载荷引起的压缩量之和相一致。压到最低点时推杆松开，同时车身回弹并作衰减振动。此时，光脉冲测量装置接通，得到相邻两个振动峰值，按指数衰减规律求得阻尼值，与厂家或有关标准对照，以此评价前（后）减震器的性能。

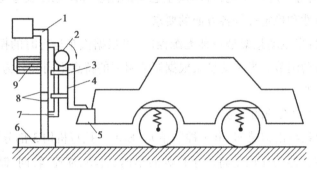

图 5.18　按压车体法试验台
1—支架；2—凸轮；3—推杆；5—汽车保险杠；6—水平导轨；
7—垂直导轨；4,8—光脉冲测量装置；9—电机

（2）使用与注意事项

按压车体法的检测过程还不够方便。另外，对同一轴左右悬挂装置不能独立评价，因而有可能一个良好的悬挂装置掩盖了同轴另一个性能欠佳的悬挂装置。人工按压法也是使车体上下运动来观察悬挂装置减震器和各部件的工作情况，凭经验判断是否需要更换或修理减震器和其他部件。

显然，上述方法主要是靠检查人员的经验，因此存在主观因素大、可靠性差、只能定性分析、不能定量分析等问题。

2. 跌落式悬架装置试验台

跌落式悬架装置试验台如图 5.19 所示。

跌落式悬挂装置检测台在测试前，先通过举升装置将汽车升起一定高度，然后突然松开支承机构，车辆落下产生自由振动。用测量装置测量车体振幅或者用压力传感器测量车轮对台面的冲击压力，对振幅或压力波形分析处理后，评价汽车悬挂装置的工作性能。

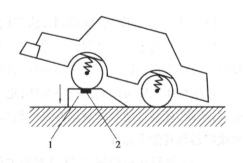

图 5.19　跌落式悬架装置试验台
1—支承机构；2—压力传感器测量装置

3. 共振式悬架装置试验台

共振式悬架装置检测台如图 5.20 所示。共振

式悬挂装置检测台通过电动机、偏心轮、蓄能飞轮和弹簧组成的激振器,迫使检测台台面及被检汽车悬挂装置产生振动。在开机数秒后断开电动机电源,从而由蓄能飞轮产生扫频激振。由于电动机的频率比车轮固有频率高,因此,蓄能飞轮逐渐降速的扫频激振过程总可以扫到车轮固有振动频率处,从而使台面—汽车系统产生谐振。通过检测激振后振动衰减过程中力或位移的振动波形曲线,得到频率和衰减特性,便可判断悬挂装置减震器的工作性能。测力式悬挂装置检测台和测位移式悬挂装置检测台,一个是测振动衰减过程中的力,另一个是测振动衰减过程中的位移量,它们的结构简图如图 5.21 所示。由于谐振式悬挂装置检测台性能稳定、数据可靠,因此应用广泛。

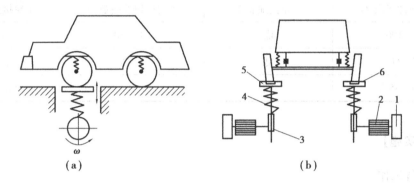

图 5.20　共振式悬挂装置检测台

1—蓄能飞轮;2—电动机;3—偏心轮;4—激振弹簧;5—台面;6—测量装置

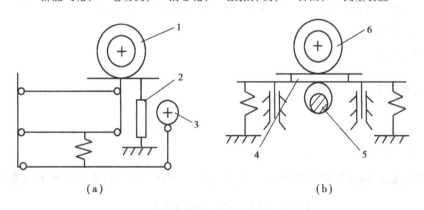

图 5.21　振动衰减位移量检测

1,6—车轮;2—位移传感器;3—偏心轮;4—力传感器;5—偏心轴

4.悬架装置工作性能诊断标准

车轮接地性指数可以表征悬架装置的工作性能,因而可以作为诊断参数。车轮接地性指数的定义是:汽车行驶中车轮与路面间最小法向作用力与其法向静载荷的比值。即代表了车轮与路面间的最小相对动载,用 $A\%$ 表示,在 0～100% 范围内变化。车轮接地性指数表明了悬架装置在汽车行驶中确保车轮与路面相接触的最小能力。

悬架装置检测台测得的车轮接地性指数,是与刚性台面(相对轮胎)的振幅有关的。车轮接地性指数是刚性台面振幅的函数。因此,为获得一个好的测量结果可比性,检测台台面的振幅最好保持不变。

欧洲减震器制造协会(KUSANA)推荐的评价车轮接地性的参考标准,见表5.7,可供我国检测悬架装置工作性能时参考。

需要指出的是,表中的车轮接地性指数是在悬架装置检测台台面振幅为 6 mm 测得的,这也是大部分悬架装置检测台使用的激振振幅。适用于大多数汽车,但非常轻的小轿车和微型车例外。这是因为这一类汽车的其中一个轴(一般为后轴)的两个车轮接地性指数非常低,而它们的悬架装置是正常的。

表 5.7　KUSANA 车轮接地性的参考标准

车轮接地性指数/%	车轮接地状态	车轮接地性指数/%	车轮接地状态
60～100	优	20～30	差
45～60	良	1～20	很差
30～45	一般	0	车轮与路面脱离

【任务实施】

一、准备工作

1.工具设备和材料

课件、汽车、组合工具、工具车、零件摆放台、计算机等上网设备。

2.安全防护用品

标准作业装。

二、信息收集

车型:_____　　出厂时间:_____

VIN 码:_____

三、学生以小组为单位,在教师提供的汽车上,拆卸悬架系统,并完成表5.8、表5.9的填写

表 5.8　转向系非独立悬架主要零件识别

序　号	零件名称	用　途
1		
2		
3		
4		
5		

表5.9　转向系麦弗逊式独立悬架主要零件识别

序　号	零件名称	用　途
1		
2		
3		
4		
5		

四、学生以小组为单位,相互学习、讨论完成表5.10的填写

表5.10　汽车悬架各主要零件工作原理分析

序号	项　目	工作原理
1	横向推力杆	
2	横向稳定器	
3	减震器	
4	纵向推力杆	
5	弹性元件	

五、各小组成员通过教室上网设备,查阅有关轿车、越野车、货车的悬架知识,各派一名代表上台叙述其特点及区别

【任务检测】

一、填空题

1.悬架就是车架(或车身)_____、_____之间的一切传力连接装置的总称。其作用是缓冲和吸收来自车轮的_____,提高汽车的行驶_____和乘坐的_____。以保证汽车的正常行驶。

2.在汽车行驶过程中,悬架传递车轮与路面间产生的_____和_____;在汽车转向时,悬架承受来自车身的_____,并在汽车起步、加速、制动时能够抑制车身的_____振动。

3.悬架结构形式它们大多由_____、_____、_____和横向稳定装置等构成。

4.非独立悬架的特点是两侧车轮安装于一整体式车桥,车轮连同车桥一起通过

_____悬挂在车架或_____上,当一侧车轮受冲击力时会直接影响到_____车轮。

5.电子控制悬架的控制功能是_____、_____、_____。

6.全主动悬架是一种有源控制悬架,可根据_____、_____、启动、制动、转向等工况的变化,自动调整悬架的_____、_____以及_____高度。

7.电子控制悬架系统的组成电子控制悬架系统由_____、(ECU)、_____3部分组成。

8.汽车悬架装置工作性能检测方法有:_____、_____和_____3种类型。

9.检验法是通过人工外观验视的方法,主要从外部检查悬架装置的弹簧是否有_____;弹簧及导向装置的连接螺栓是否_____;减震器是否_____、_____及损坏等项目。

10.按压车体法即可以人工按压车体,也可以试验台的动力按压车体。按压使车体上下运动,从而观察悬架装置_____及_____的工作情况。

二、判断题

1.汽车悬架系统的故障将直接影响汽车的行驶平顺性、操纵稳定性和行驶安全性。因此,悬架装置的技术状况和工作能力,对汽车整体性能有着重要的意义,而悬架装置的检测也就十分重要。　　　　　　　　　　　　　　　　　　　　　　　　　( )

2.独立悬架是两侧车轮分别独立地通过弹性元件与车架(或车身)弹性地连接,当一侧车轮受冲击,其运动不直接影响到另一侧车轮。　　　　　　　　　　　　　( )

3.独立悬架所采用的车桥是断开式的。一般应用于轿车及越野车,如麦弗逊式独立悬架。　　　　　　　　　　　　　　　　　　　　　　　　　　　　　( )

4.汽车行驶的平顺性和操纵稳定性是衡量悬架性能好坏的主要指标,但二者又相互排斥、影响。　　　　　　　　　　　　　　　　　　　　　　　　　　　　( )

5.半主动悬架是一种无源控制,可根据汽车运行时的振动及工况的变化,对悬架阻尼进行自动调节。　　　　　　　　　　　　　　　　　　　　　　　　　　( )

6.这种方法的检测过程还不够方便。另外,对同一轴左右悬挂装置不能独立评价,因而有可能一个良好的悬挂装置掩盖了同轴另一个性能欠佳的悬挂装置。　　　　( )

7.跌落式悬挂装置检测台在测试前,先通过举升装置将汽车升起一定高度,然后突然松开支承机构,车辆落下产生自由振动。用测量装置测量车体振幅或者用压力传感器测量车轮对台面的冲击压力,对振幅或压力波形分析处理。　　　　　　　　　　( )

8.共振式悬挂装置检测台通过电动机、偏心轮、蓄能飞轮和弹簧组成的激振器,迫使检

测台台面及被检汽车悬挂装置产生振动。　　　　　　　　　　　　　　（　　）

9.由于谐振式悬挂装置检测台性能稳定、数据可靠,因此应用广泛。　　（　　）

10.车轮接地性指数可以表征悬架装置的工作性能,因而可以作为诊断参数。（　　）

【评价与反馈】

班级:　　　　　　　　　姓名:　　　　　　　　指导教师:

序　号	考核项目	配　分	考核内容	配　分	考核标准	得　分
1	出勤/纪律	5	出勤	2	违规一次不得分	
			行为规范	3	违规一次不得分	
2	安全/防护/环保	20	着装	4	违规一次不得分	
			个人防护	4	违规一次不得分	
			"5S"/"EHS"	4	违规一次不得分	
			设备使用安全	4	违规一次不得分	
			操作安全	4	违规一次不得分	
3	知识水平	20	知识测验成绩	20	测验成绩的20%计	
4	技能考核	40	技能测验成绩	40	测验成绩的40%计	
5	学习能力	10	工单填写,工艺计划制订	4	未做不得分	
			组内活动情况	4	酌情扣1~4分	
			资料查阅和收集	2	未做不得分	
6	任务拓展	5	知识拓展	2	未做不得分	
			技能拓展	3	未做不得分	
7	总　分		100			

【教师评估】

序　号	优　点	存在问题	解决方案

教师签字:

任务5.4 车轮定位检测与调整

【任务目标】

目标类型	目标要求
认知目标	1. 知道车轮定位的作用与基本参数 2. 知道车轮定位各个参数的检测与调整方法 3. 知道常用维修工具、设备的用途与使用方法 4. 知道常用维修工具、设备的安全操作规范
技能目标	1. 能进行安全操作,具有安全生产意识 2. 能正确使用常用的维修工具、设备、仪器和仪表 3. 能查询维修资料,识别汽车零件名称 4. 能规范进行车轮定位检测与调整作业
情感目标	1. 养成主动学习习惯 2. 培养"5S"/"EHS"意识 3. 培养团队协作交流与语言表达能力

【任务描述】

为了保证汽车直线行驶的稳定性、使汽车转向轻便以及减少轮胎与机件的磨损,转向轮、转向桥、前轴与车架的安装应保持一定的相对位置。这种具有一定相对位置的安装称为转向轮定位。它包括主销后倾角、主销内倾角、车轮外倾角与前轮前束4个参数。现在,高速公路的普及,汽车速度的不断提高,轿车的后轮也有了定位的要求,即后轮外倾角后轮前束。汽车前轮与后轮的定位统称为车轮定位或四轮定位。

随着汽车行驶里程增加会使零件出现磨损、而汽车发生碰撞事故后会使零件产生变形,此时,车轮定位参数将发生变化,从而严重影响汽车的行驶安全性。

通过本任务学习,知道车轮定位的作用、参数、基本联系与工作原理。

【知识准备】

汽车的每个车轮(或者通过转向节主销)与车桥、车架之间的相互位置关系就是车轮定位。车轮定位是通过安装与调整来实现的。

保证汽车的操纵稳定性、方向稳定性及最小的轮胎磨损,并在各种路况下保证这些要求的实现。磨损、变形、损坏会使定位参数发生变化,从而导致严重事故。更换球销、摆臂、横拉杆等零件后对车轮定位参数进行调整也是必需的。车轮定位就是对悬架及转向系各部件进行调整,以达到原设计功能。现在,只有计算机四轮定位才是快捷、准确的定位方法。

一、车轮定位的相关知识

为了保持汽车直线行驶的稳定性、转向轻便性和减小轮胎与机件的磨损,转向车轮、转向节和前轴三者与车架的安装是保持有一定相对位置的,这个相对位置是通过悬挂的连接来保证的,这种具有一定相对位置的安装称为转向轮定位,也称前轮定位。它包括:主销后倾、主销内倾、前轮外倾及前轮前束4个参数,此外还有车轮退缩角等参数。

虽然车轮定位传统是指前转向轮,但是后轮同样也对车辆的轨迹起到重要影响。因此现代轿车的后轮同样也有车轮定位,主要参数有外倾角和前束,此外还有后轴偏置等。

1. 主销后倾角

如图 5.22 所示,在纵向垂直平面内,主销装在前轴上,其上端向后倾斜,这种现象称为主销后倾。垂线与主销轴线之间的夹角 γ 称为主销后倾角。主销向后倾,后倾角为正,否则为负。一般车子的后倾角为 $1° \sim 3°$。

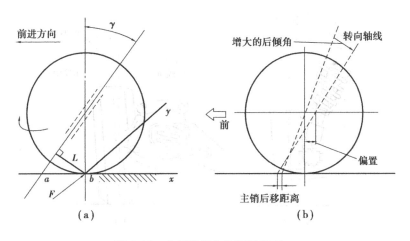

图 5.22　主销后倾角作用示意图

由图可见,主销后倾后,它的轴线的延长线与路面的交点 a 位于轮胎与地面的接触点 b 之前,这样 b 点到主销轴线之间就有一段垂直的距离 L,当车轮转向时,路面对车轮的力将形成绕主销轴线作用的回转力矩 $M = FL$,其方向与车轮偏转方向相反,产生两个效果:

①对汽车转向形成阻力。

②使车轮有自动回转趋势。

如果此力矩过大,引起转向沉重,由图分析可知,力矩的大小取决于后倾角。

主销后倾对车辆的有利作用是:保持汽车直线行驶的稳定性,使汽车转向后,前轮有自动回正的作用。

后倾角越大、车速越高,前轮的稳定效应也越强,但是过大的正后倾角增大了转向作用力,并且使得方向盘迅速地回转,影响操纵,而且在转向时为克服此力矩需要在方向盘上施加较大的力。在低速时,后倾角过大可能导致前轮左右摆振。

虽然大多数前轮驱动车辆使用了正后倾角,但是后倾角可以减小到接近于零,甚至减小到负值。有些轿车和客车的轮胎气压较低,弹性较大,行驶时由于轮胎与地面的接触面中心向后移动,产生了附加力臂,故后倾角为负值(即主销前倾)。负后倾角减小了转向作用力,减小了路面传递到车辆的震动,从而改善了行驶质量。

主销后倾角的获得一般是前轴、钢板弹簧和车架三者装配在一起时,由于钢板前高后低,使前轴向后倾而形成。由此可知,车架变形、钢板弹簧疲劳下沉、转向节松旷、车桥扭转变形等原因,都将使主销后倾角发生变化。

设计主销后倾是为了汽车行驶的稳定性,理论上两侧车轮的后倾角应该相等,但是有时为了抵消路拱的影响,左前轮的正后倾角小于右前轮的正后倾角。

2. 主销内倾

从汽车的正前方看,主销(或转向轴线)的上端略向内倾斜一个角度,称为主销内倾在汽车的横向垂直平面内,主销轴线与垂线之间的夹角称为主销内倾角,用 a 表示,如图 5.23 所示。主销内倾角等于转向轴内倾角(SAI)。

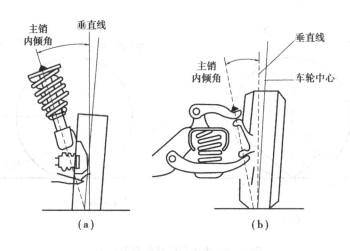

图 5.23 主销内倾角

主销内倾对车辆行驶产生的影响。

①使前轮自动回正:当主销内倾,并且车辆在直线行驶时,主轴的高度就会被抬升到接近于底盘。由于重力的作用,这就会使得车辆高度降低。当前轮转动时,每个主轴就会产生弧形运动,并且企图使轮胎进入地面。但这是不可能的,所以当车轮转动时,底盘就会抬升。当方向盘在转动后被松开时,车重就趋于集中在车辆的最低点。

因此,主销内倾有助于车轮在转自动后回正到直线位置,并且使车轮趋于保持在直线位置。然而,由于转弯时底盘不得不被稍微地抬升,所以主销内倾角增大了车转向力。

②使转向轻便：如图 5.24 所示，如果当主销倾角是 0°，在转弯时，就需要巨大的转向力来克服阻力矩，并且转向机构的受力也会增大。由于主销线与轮胎垂直中心线之间的距离使得车轮回转到直线位置，所以这种前悬挂的设计导致了在转弯时过大的路面震动和方向盘的逆转。

当主销内倾时，车轮转向中心线与轮胎垂直中心线在路面处相交，几乎消除了路面的转向阻力矩，就减小了轮胎的磨损和转向力，以及转向部件的受力（图 5.24）。

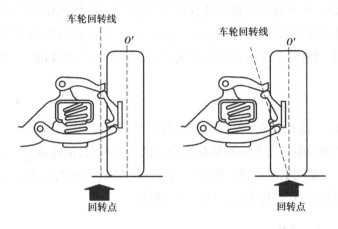

图 5.24　主销内倾的作用示意图

但是车轮转向中心线与轮胎垂直中心线各自在路面交点的距离不能过小，这段距离一般为 40~60 mm，否则将导致方向不稳。

麦弗逊减震柱前悬挂系统的主销内倾角 12°~18°，不等长双横臂前悬挂系统的主销内倾角 6°~8°。

主销内倾角是由前轴在制造时其主销孔轴线的上端向内倾斜而获得的。前轴弯曲变形及主销与销孔磨损变形都能引起主销内倾角改变。

主销后倾和主销内倾都使汽车转向时自动回正，以保持直线行驶的稳定。所不同的是，主销后倾的回正作用与车速有关，而主销内倾的回正作用与车速无关。这样，在不同的车速时，各自发挥其稳定作用。汽车高速行驶时，b 项的回正作用大，而低速时则主要靠内倾起回正作用。此外，直行时前轮偶尔遇到冲击而偏转时，也主要依靠主销内倾起回正作用。

3. 车轮外倾

前轮安装在车桥上时，其旋转平面上方略向外倾斜，这种现象称为前轮外倾。在横向平面内，车轮轴线与水平线之间所夹的锐角 α 称为前轮外倾角，如图 5.25 所示。

车轮外倾的作用是提高前轮工作的安全性和转向操纵的轻便性。由于主销与衬套之间，轮毂与轴承等处都存在有间隙，若空车时车轮垂直于地面，则满载后，有可能引起车轮上部向内倾斜，出现车轮内倾。车轮内倾后，地面垂直反力便产生一沿转向节轴向外的分力。此力使外轴承及其锁紧螺母等件的载荷增大，寿命缩短。当车轮预留有外倾角时，就能防止上述不良影响。

公路设计的路拱防止了路面积水,当车辆在路拱行驶,也就是在微小的斜坡上行驶时,车轮外倾使车轮与拱形路面相适应。

在高速的急转弯过程中,更多的车重被转移到弯道外侧的车轮上。因此,弯道外侧的前悬挂就被向下压,而弯道内侧的前悬挂被向上抬升。这时,内侧车轮的正外倾角就会变小,并且轮胎的内沿会抓紧路面,从而有助于防止横向滑动。此外,车轮外倾与主销内倾相配合还能使汽车转向轻便。

前轮外倾角大时,虽然对安全和操纵有利,但是过大负外倾角使得车轮向内倾斜,并且使得车重集中在这个轮胎的内沿。在这种情况下,就会导致轮胎的内沿发生磨损和划伤。因此,合适的外倾角调整对于保证正常的轮胎胎面寿命是极其重要的。一般车轮外倾角为1°左右。

4.前轮前束

前轮安装时,同一轴上两端车轮的旋转平面不平行,前端略向内束,称为前轮前束。而当轮胎前部内沿之间的距离大于轮胎后部内沿之间的距离时,前轮就是后束,如图5.26所示。各种车型对前束值规定的测量部位不同:有的规定在轮胎内侧突出部位测量;有的规定在轮胎内沿面上测量;还有的规定在轮辋外缘上测量。

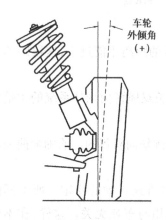

图 5.25　车轮外倾角

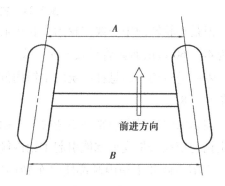

图 5.26　车轮前束

前轮前束的作用是:减小或消除汽车前进中,因前轮外倾和纵向阻力致使前轮前端向外滚开所造成的不良后果。前轮有了外倾后,当它向前滚动时就类似滚锥绕着锥尖滚动,其轨迹不再是直线向前,而是逐渐向外偏斜,但受车桥和转向横拉杆的约束,又不能任意向外偏斜,而只能是边向外滚边向内滑动,其结果是轮胎横向偏磨增加。有了前束,车轮向前滚动的轨迹要向内偏斜。因此,只要前束和外倾配合适当,轮胎滚动的偏斜方向就会互相抵消,轮胎内外偏磨的现象就会减小。

5.后轮外倾角和前束

随着道路条件的改善,现代轿车的行驶速度越来越高,对于前轮驱动汽车和独立后悬挂汽车,如果后轮定位不当,即使前轮定位良好,仍然会有不良的操纵性和轮胎早期磨损。因此,汽车后轮具有一定程度的外倾角和前束可使后轮获得合适的侧偏角,提高高速行驶的操纵稳定性。

6.与车轮定位有关的几个概念

①车轮退缩角。车轮退缩角是一个车轮相对于另外一个车轮退后的状态,有前退缩角和后退缩角。

②后轴偏置。后轴偏置是指整个后桥壳发生微小地转动,使得一个后轮向前运动,而另一个后轮向后运动。在这种情况下,后轮和车辆的几何中心线不平行。

③推力线。推力线是一条与后轮中心线垂直,并且方向朝前的假想线。

二、车轮定位检测及其调整

车轮定位参数的检测分为静态检测法和动态检测法两种。静态检测法是在汽车静止的情况下,使用测量仪器对车轮定位进行几何参数的测量;动态检测法是在汽车以一定车速行驶的情况下,用测量仪器或设备检测车轮定位产生的侧向力或由此引起的车轮侧滑量,来反映车轮定位情况。

1.车轮定位参数的静态测量及其调整

在汽车正常使用过程中,不必经常检查和调整车轮定位。只有当发现轮胎磨损严重且不均匀、车轮有摆振、操纵稳定性差或悬架车桥、车身系统因意外事故修理后,就要检查并调整车轮定位。现以东风雪铁龙爱丽舍轿车为例说明前轮定位的检测与调整。

在检查车轮定位之前,应先检查并满足下列各项条件:轮胎充气压力符合规定值、轮胎尺寸一致;车轮及轮胎无摆振现象;车轮轴承间隙正常;悬架系统的球头销无过大间隙;汽车空载:油液加满,车上无人。

(1)车轮前束的检查和调整

车轮安装时,同轴上的两轮(左右轮),其前端距离小于后端距离的现象,称为车轮前束,如图5.27所示,其差值 $B - A$ 为前束值,$B - A$ 为负数时,称为负前束。

(2)车轮前束的检查

①将汽车停放在水平路面上,将转向盘辐条对中,使转向轮摆正,松开驻车制动器,让汽车向前移动约 5 m,以消除转向机构间隙。

②在每个车轮的后部,在轮轴中心线高度上的轮冠中心线处(胎面上)作一标记,如图 5.28 所示。

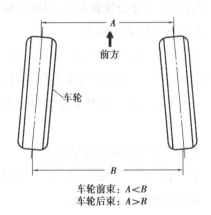

车轮前束: $A < B$
车轮后束: $A > B$

图 5.27 车轮前束

③测量两标记间的距离 B,如图 5.28 所示。

④慢慢向前推动汽车,直到测量标记转到前侧,再测量两标记的间距 A 值。

计算前束值,即 $B - A$。分别测出前轮前束和后轮前束值。

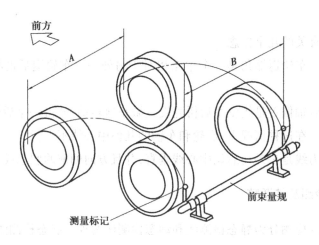

图 5.28　车轮前束测量

前轮前束规定值为:有助力转向车型 1～3 mm;无助力转向车型 −3～−1 mm。

后轮前束规定值为: −2～2 mm。

(3)车轮前束的调整

富康轿车后轮前束不可调整,其前轮前束可以调整,当前轮测出的前束值不符合其规定值,则应对其进行调整,使之满足要求。

前束的调整依赖左、右转向横拉杆中的调整螺母(图 5.28)进行,调整时,左右车轮对称调整,不可单独调整某一边,否则,可能会出现跑偏、转向轮与车身干涉等现象。

在前束调节完成后,转向轮处于直行位置时,应检查转向盘是否居中。若转向盘不居中,则需对前束进行重新调整,以保证转向盘居中、转向轮处于直行位置时前束值符合标准。

2.车轮外倾角的检查

车轮外倾角是指车轮在安装时,车轮上端略向外倾斜,车轮所处的平面与纵向垂直平面间的夹角。当车轮外倾角为负值时,车轮则为内倾。车轮外倾角的形成是由转向节(或后摆臂总成)的设计及悬架系统杆件的安装位置决定的,富康轿车前、后轮外倾角均不可调整。

车轮外倾角的检查方法如下:

①将水平式车轮定位测试仪装到被测车轮的轮毂上,如图 5.29 所示。

②使车轮处于直线行驶位置。

③观测测量仪中间的气泡,读出车轮的外倾角度值,其前后轮外倾角度值应在规定范围之内。

④若前轮外倾角超出 0.032°±30′(有助力转向)、0.015°±30′(无助力转向)的范围,后轮外倾角超出 −1°±30′的范围,则应分别检查前、后悬架系统的有关零部件是否弯曲变形或损坏,车身是否变形,待找出原因,排除故障后,应重新测量前、后轮外倾角,直到正常为止。

3. 主销后倾角和主销内倾角的检查

主销后倾角是指汽车转向轮主销轴线,在汽车纵向平面内,其轴线上端向后倾斜与垂直线形成的夹角,主销后倾的目的是为了保证汽车沿直线稳定行驶,但后倾不宜过大,否则转向沉重且车轮回正过猛。而主销内倾角是指转向轮主销轴线,在汽车横向平面内,其轴线上端向内倾斜与垂直线形成的夹角,主销内倾的目的是保证转向轮转向后能自动回正。富康轿车由于前轮采用的是麦克弗逊式独立悬架,因而其主销是无形的,其主销内倾角、主销后倾

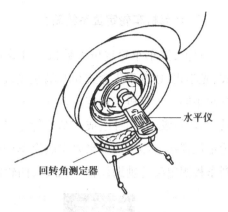

图 5.29　水平式车轮定位测试仪

角是靠悬架机构的杆件、转向节、球头节等相应的定位尺寸来保证,其各自角度均不可调整。

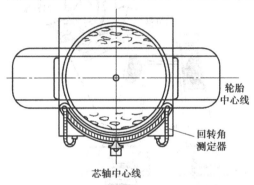

图 5.30　安装回转角测定器

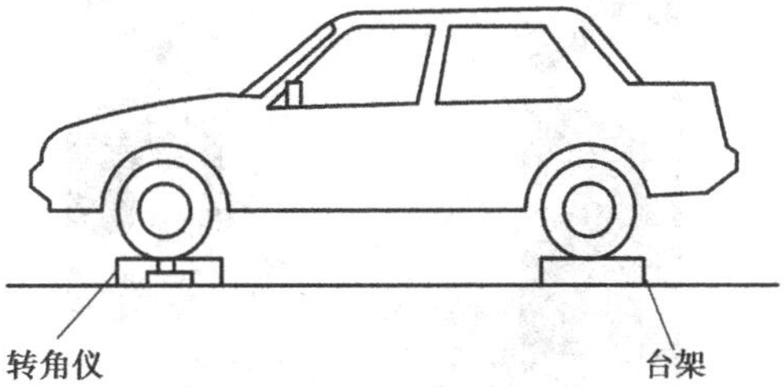

图 5.32　用推杆压制动踏板

图 5.31　给后轮垫台架

用水平式车轮定位测试仪检查主销后倾角、主销内倾角时,要将前轮置于回转角测定器上面,使轮胎中心线和芯轴中心线的交点与测定器中心对准,如图 5.30 所示。汽车后轮下也要垫放与测定器同高的台架,如图 5.31 所示,以保证各车轮都处于同一水平面。将水平式车轮定位测试仪装在前轮轮毂上,测量主销内倾角和后倾角,需将前轮向左和向右偏转一定角度(通常设定为 20°)来配合完成,其车轮偏转角度的大小由回转角测定器控制。为防止车轮滚动而影响测量结果,可使用一个制动踏板推杆来压紧脚制动踏板,如图 5.32 所示,而不允许操作人员坐在车上踩制动踏板。

测出的主销后倾角应在规定的 2.96°±30′ 范围内,否则应检查前、后悬架的有关零部件是否变形、损坏;测出的主销内倾角应在规定的 10.627°±30′ 范围内,否则应检查前悬架有关零部件是否变形、损坏或连接松旷。

由于东风雪铁龙爱丽舍轿车主销后倾角和内倾角均不可调整,因此,当其检测不合格时,应待查明原因,排除故障后,重新检查主销内倾角和主销后倾角,直到正常为止。

三、计算机车轮定位系统简介

目前,汽车车轮定位参数依靠计算机四轮定位系统来检测,如图 5.33 所示,分为拉线式、光学式、数据采集盒式和电脑激光式 4 种。它们的测量原理是一致的,只是采用的测量方法不同。计算机车轮定位系统主要包括:带计算机数据处理机柜、车轮传感器、传感器夹具、车轮转盘、线缆等组成。车轮传感器把车轮的定位数据通过高频发射器传送到计算机车轮定位仪接收器上。如果要完成汽车四轮定位还必须有定位台(图 5.34)、方向盘固定架、刹车板固定架等辅助设备。无线式四轮定位仪的工作原理如图 5.35 所示。

图 5.33　计算机车轮定位系统

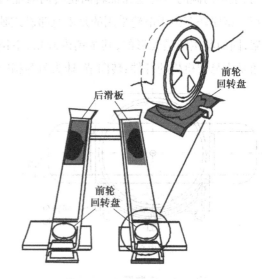

图 5.34　四轮定位仪的定位台

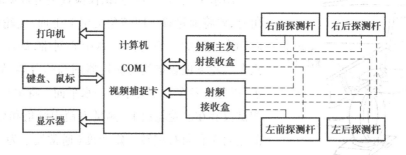

图 5.35　计算机定位系统原理图

计算机定位系统全面检测车轮定位参数的能力,包括前束、外倾角、主销内倾角、主销后倾角、退缩角、推力角等。一个标准的车轮定位仪有以下特点:

①储存在硬盘中的计算机软件程序。它包括车辆四轮定位程序分析图表。

②光碟(CD)或者数字视频光盘(DVD)。在光碟(CD)或者数字视频光盘(DVD)中可能包括了车辆的目录和定位程序,以及调整和检查位置的数字图片,可以通过光碟(CD)或者数字视频光盘(DVD)补充最新的资料。

③直观的测量和调整数据显示。

④计算机定位仪上有定位程序按钮,并且以合适的顺序进行排列。当完成一个步骤时,就会显示一个检查标记,那么维修人员就可以选择和单击任何步骤的调整。

⑤在计算机车轮定位仪的软件中可以看到专用工具视频。这些视频显示了车辆定位所需的专用车轮定位调整工具。

⑥当维修人员在车后时,可以通过全功能遥控装置来控制定位程序,并且察看悬挂调整结果。

⑦计算机四轮定位注意事项。

a. 当使用计算机定位仪时,为了获得精确的读数以及避免设备和车辆损坏或者人身伤害,必须遵守设备制造商的规定程序。

b. 专用工具:计算机车轮定位仪、四轮定位车辆定位台。

c. 车辆应当位于定位台上,并且在每个前轮胎下有回转台,而在后轮胎下有普通的滑板。当轮胎位于定位台或者地板上进行悬挂调整时,在调整过程中轮胎不能移动。否则,就可能导致悬挂调整不准确。前车轮轴头的中心应当与回转板的零标记在一条直线上。这些回转板的定位销必须插好,并且拉起手制动。

【任务实施】

一、准备工作

1. 工具设备和材料
课件、汽车、计算机车轮定位仪、四轮定位车辆定位台。组合工具、工具车、计算机等上网设备。

2. 安全防护用品
标准作业装。

二、信息收集

车型:＿＿＿＿＿＿＿＿＿＿＿　出厂时间:＿＿＿＿＿＿＿＿＿＿＿

VIN 码:＿＿＿＿＿＿＿＿＿＿＿

三、学生以小组为单位,根据故障现象与状态、分析、讨论完成表 5.11 的填写

表 5.11　四轮定位的车辆故障分析

故障现象	故障状态	可能原因
胎面内缘磨损	转向偏转,过早的轮胎更换	
胎面外缘磨损	转向偏转,过早的轮胎更换	

续表

故障现象	故障状态	可能原因
胎面羽状磨损	过早的轮胎更换	
胎面凹坑磨损	车轮振动	
转向偏转	方向稳定性减小	
方向盘转动	当直线行驶时,方向盘向右偏转	
	当直线行驶时,方向盘向左偏转	
方向盘回转	转弯以后,方向盘回转力过大	
	转弯以后,方向盘回转不合适	
差的行驶质量	当在不平路面行驶时,行驶质量降低	

四、学生以小组为单位,在教师提供的电脑四轮定位检测仪上进行汽车四轮定位检测,并填写表5.12、表5.13

表5.12　汽车四轮定位检测

检测序号	检测参数	检测结果	是否调整
01	主销后倾角		
02	主销内倾角		
03	车轮外倾角		
04	前轮前束		
05	后轮外倾角		
06	后轮前束		

汽车四轮定位检测仪:　　　　　　　　检测车型:

表5.13　汽车四轮定位检测

检测序号	检测参数	检测结果	是否调整
01	主销后倾角		
02	主销内倾角		
03	车轮外倾角		
04	前轮前束		

汽车四轮定位检测仪:　　　　　　　　检测车型:长安之星2

五、学生以小组为单位，分析案例、讨论完成表 5.14 的填写

表 5.14　汽车故障案例分析

案　例	故障现象	分析原因	维修方案
一辆长安福特福克斯轿车在高速公路行驶时，由于驾驶不当，与高速公路的右侧护栏发生的较为严重的碰撞	车辆如果继续行驶的故障现象		
一辆桑塔纳 2000 轿车行驶 10 万公里	车辆行驶中，转弯后回正较慢		

六、各小组成员通过教室上网设备，查阅有关轿车、越野车、货车的车轮定位参数，各派一名代表上台叙述其特点及区别

【任务检测】

一、填空题

1.为了保证汽车直线行驶的_____、使汽车转向_____以及减少轮胎与机件的_____，转向轮、转向桥、前轴与车架的安装应保持一定的相对位置。

2.转向轮、转向桥、前轴与车架的这种具有一定相对位置的安装称为转向轮_____。它包括_____、_____、_____与_____4 个参数。

3.随着汽车行驶里程增加会使零件出现_____、而汽车发生_____事故后会使零件产生变形，此时，_____参数将发生变化，从而严重影响汽车的行驶_____。

4.出现下列情况应当进行四轮定位：_____、_____、_____、_____、_____。

5.转向节主销轴线或假想的主销_____（某些独立悬架的汽车无实际主销）在纵向平面内向后_____，与_____线所形成的夹角称为主销后倾角。

6.转向节主销轴线或假想的主销轴线在横向平面内向内_____，与_____线所形成的夹角称为主销内倾角。

7.车轮定位检测时，前束为零，左右发射光重合。有前束，可测出距离_____。

若不等,左右单独前束_____。

8. 消除由于_____所产生的轮胎侧滑。因为车轮_____作用使车轮顶部朝外倾斜,当车辆向前行驶时,车轮要朝_____滚动,从而产生侧滑,会造成轮胎磨损。

9. 目前,汽车车轮定位参数依靠计算机四轮定位系统来检测,有_____式、_____式、数据采集盒式和_____式4种。

10. 用水平式车轮定位测试仪检查主销后倾角、主销内倾角时,要将前轮置于回转角测定器_____面,使轮胎中心线和芯轴中心线的交点与测定器_____对准。

二、判断题

1. 现在,高速公路的普及,汽车速度的不断提高,轿车的后轮也有了定位的要求,即后轮外倾角后轮前束。 (   )

2. 汽车的每个车轮(或者通过转向节主销)与车桥、车架之间的相互位置关系就是车轮定位。车轮定位是通过安装与调整来实现的。 (   )

3. 磨损、变形、损坏会使定位参数发生变化,从而导致严重事故。更换球销、摆臂、横拉杆等零件后对车轮定位参数进行调整也是必需的。 (   )

4. 车轮外倾角 α 有:零外倾、正外倾、铅垂线外侧、负外倾、铅垂线内侧几种形式。 (   )

5. 转向轮安装时并非垂直于路面,而是向外倾斜一个角度,车轮中心平面与铅垂线的夹角称为外倾角。即汽车在横向平面内,车轮几何中心线与地面铅垂线的夹角。 (   )

6. 轮胎出现不正常磨损:(单边磨损、波状磨损、块状磨损、偏磨等)。或者汽车更换悬架系统或转向系统有关部件。或者前部经碰撞事故后。应该进行车轮定位检测。 (   )

7. 由于前轮前束的作用,车轮在前进时,两轮力图向内侧滚动。同样由于机械约束,前轮不可能向内侧滚动,这就又出现了前轮边滚动边向外滑的现象。 (   )

8. 当使用计算机定位仪时,能够直观地测量和调整数据显示。 (   )

9. 当使用计算机定位仪时,为了获得精确的读数以及避免设备和车辆损坏或者人身伤害,必须遵守设备制造商的规定程序。 (   )

10. 当使用计算机定位仪时,当维修人员在车后时,可以通过全功能遥控装置来控制定位程序,并且察看悬挂调整结果。 (   )

【评价与反馈】

班级：　　　　　　　　　姓名：　　　　　　　　　指导教师：

序　号	考核项目	配　分	考核内容	配　分	考核标准	得　分
1	出勤/纪律	5	出勤	2	违规一次不得分	
			行为规范	3	违规一次不得分	
2	安全/防护/环保	20	着装	4	违规一次不得分	
			个人防护	4	违规一次不得分	
			"5S"/"EHS"	4	违规一次不得分	
			设备使用安全	4	违规一次不得分	
			操作安全	4	违规一次不得分	
3	知识水平	20	知识测验成绩	20	测验成绩的20%计	
4	技能考核	40	技能测验成绩	40	测验成绩的40%计	
5	学习能力	10	工单填写,工艺计划制订	4	未做不得分	
			组内活动情况	4	酌情扣1~4分	
			资料查阅和收集	2	未做不得分	
6	任务拓展	5	知识拓展	2	未做不得分	
			技能拓展	3	未做不得分	
7	总　分		100			

【教师评估】

序　号	优　点	存在问题	解决方案

教师签字：

任务5.5 车轮的维护与检测

【任务目标】

目标类型	目标要求
认知目标	1.知道汽车轮胎的维护作业 2.知道汽车车轮的检测方法 3.知道汽车车轮的换位方法 4.知道常用维修工具、设备的安全操作规范
技能目标	1.能正确对汽车车轮进行日常维护 2.能正确对汽车车轮进行检测 3.能进行安全操作,具有安全生产意识 4.能正确使用常用的维修工具、设备、仪器和仪表
情感目标	1.养成主动学习习惯 2.培养"5S"/"EHS"意识 3.培养团队协作交流与语言表达能力

【任务描述】

汽车的正常行驶离不开车轮。汽车车轮的好坏将直接影响汽车的行驶安全。汽车轮胎如果出现裂口、爆裂、漏气将会严重影响汽车的行驶安全。因此,为了减少汽车行驶的安全隐患,延长汽车轮胎的使用寿命,必须及时发现轮胎中存在的问题,并按照技术要求定期对汽车车轮进行检测与维护。

通过本任务学习,知道汽车车轮的作用、构造、检测与维护。

【知识准备】

随着道路质量的提高和高速公路的出现,汽车行驶速度越来越高,如水泥路面车速为100 km/h 时的磨损率是车速为40 km/h 时的4倍,而由于车轮位置不正或者失调(如不平衡)使轮胎磨损率增加,严重时,其磨损量是正常使用时的10倍。所以,对车轮平衡度的要求也越来越高。

如果车轮不平衡,在其高速旋转时,不平衡质量将引起车轮上下跳动和横向振摆。这不仅影响了汽车的行驶平顺性、乘坐舒适性和操纵稳定性,使车辆难以控制,而且也影响了汽车行驶的安全性。此外,还因加剧了轮胎及有关机件的磨损和冲击,缩短了汽车使用寿命,

168

增加了汽车运输成本。因此,车轮平衡问题越来越引起人们的重视,车轮平衡度已成为汽车检测项目之一。

一、汽车轮胎的拆装与检查

1. 检查车轮轴承

①将被举车辆安全地停放在举升机上并举升到合适高度,举升高度与操作者齐胸,确保举升机安全锁止后,才可进行操作。

②检查轴承有无松动,操作者双手分别放在上下胎面,用力轴向推拉车轮,若有摆动,使用制动锁顶住制动踏板,重复检查,检查时需戴手套。若摆动不明显,则原因是车轮轴承。若摆动较明显,则原因是球节或主销等。

③检查轴承转动状况和有无噪声,手放在胎面,转动车轮。

2. 拆卸车轮

①将扭力扳手与连接杆和套筒连接好,按照交叉顺序,松动轮毂螺母,以便后面拆卸。(注:此项操作时车辆需停放在地面)

②连接棘轮扳手和套筒,检查棘轮扳手的转向,按照交叉顺序拆卸轮毂螺母,拆下的螺母要码放整齐,操作时不许戴手套。(注:此项操作时车辆需安全停放在举升机合适高度上)

③取下车轮至车轮拆装托架上,车轮不要着地。

3. 检查车轮

①检查胎面和胎壁是否有裂纹或损坏,检查时,戴手套,慢慢转动车轮一圈,边旋转边目视检查轮胎,若有较大裂纹或损坏,要更换轮胎。

②检查轮胎是否嵌入金属颗粒或其他杂物,若有杂物嵌入,应取出。

③检查轮辋是否损坏或腐蚀,检查中应戴手套和目视检查。

④检查轮胎是否异常磨损,目视检查轮胎整个外观,是否有不均匀磨损,若有,则作进一步检查,如检查气压、作车轮动平衡等。观察胎面磨损标记,若磨损已到磨损标记,则应更换轮胎。

⑤测量胎面沟槽深度,首先清洁深度规,再对深度规校零,每个沟槽至少测量 3 处的深度。(注:测量时,深度规要垂直于胎面)

⑥测量轮胎气压,首先对轮胎气压表校零,再旋下气门芯帽,按压气压表手柄,测量气压值,其值应符合车辆技术要求,备胎气压大于此值。(注:测量时,测量头要对准气门芯,不能放气)

⑦检查轮胎是否漏气,用毛刷蘸些肥皂水,涂抹在气门芯及其周围,观察有无气泡,然后清洁气门芯,检查完毕后必须旋紧气门芯帽。

4. 安装车轮

①首先将车轮放至相应位置,然后将轮毂螺母按交叉顺序旋紧,再用棘轮扳手预紧轮毂螺母,下降举升机至车轮着地。

②准备扭力扳手,调整扭力数值,扭力数值根据车型而定,检查扭力扳手旋转方向。再连接扭力扳手、连接杆、套筒,按照交叉顺序扭紧轮毂螺母。(注:4个车轮均要紧固,操作者的手不能触地,谨防伤手)

5.轮胎换位

汽车在行驶过程中,前后轮的载荷、受力以及功能不同,因而汽车轮胎的磨损不同,为保持同一台汽车的轮胎磨损均匀,延长轮胎的使用寿命,并使寿命趋于一致,轮胎应定期换位;进行车轮换位后可延长汽车轮胎的平均使用寿命,也增加了汽车在行驶过程中的平稳性、舒适性以及安全性;轮胎换位方法常用的有交叉换位法[图5.36(a)]和单边换位法[图5.36(b)]。

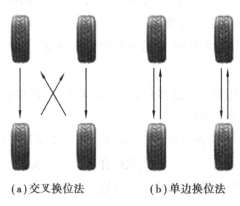

(a)交叉换位法   (b)单边换位法

图5.36 四轮二桥汽车轮胎换位法

二、车轮平衡原理

1.静不平衡

车轮重心与旋转中心重合为静平衡。如静不平衡,则不平衡量产生离心力。

$$F = mr\omega^2$$

车轮转速越高,离心力越大。r越大,离心力越大。m越大离心力越大。F分解为水平力F_x和垂直分力F_y。F_x在c、d点最大,使车轮前后窜动,形成沿中销摆动力矩。F_y在a、b点最大,使车轮上下跳动,由于陀螺效应引起摆振,如图5.37所示。

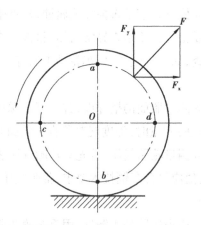

图5.37 车轮旋转受力示意图

2.动不平衡

车轮重心与旋转中心对称,质量分布对车轮中心面对称为动平衡。如不对称则产生力矩不为零。不平衡力矩使车轮对主销力矩加大而摆振。

3.不平衡原因

①轮胎、轮辋、轮毂、制动鼓、螺栓等零件变形，端跳，形位公差。

②累积误差大。

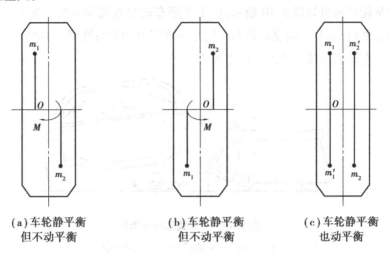

(a)车轮静平衡　　　　　(b)车轮静平衡　　　　　(c)车轮静平衡
但不动平衡　　　　　　　但不动平衡　　　　　　　也动平衡

图 5.38　车轮动平衡示意图

4.检测原理

动不平衡:不平衡力矩作用于两支承处,如图 5.39 所示。N_R 受压向上,N_t 向下,可在 N_R 下装传感器和 N_t 上装传感器,传感器受力最大时,频闪灯(指示位置的二极管发亮),12 点钟位置加平衡块。

①$N_1 - N_2 + F_1 + F_2 = 0$

②$N_{1c} - F_{1a} - F_2(a+b) = 0$

$F_1 = m_1 \omega 2r$,求出 m_1;

$N_1 = 0, N_2 = 0, F_1 = 0, F_2 = 0$。

5.车轮平衡仪测量原理(见图 5.39)

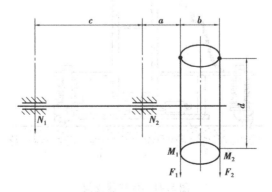

图 5.39　车轮动平衡检测示意图

三、车轮检测机

1.就车式车轮平衡机结构

就车式车轮平衡机如图5.40所示,因不平衡车轮是在其原车桥上振动,不平衡力传感器装在车桥支架内,它是汇同制动鼓和车轮紧固件甚至传动系统(驱动轴)一同进行平衡的,这是真正解决车轮实际使用状态时的平衡方法。

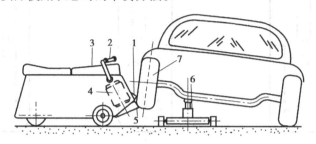

图5.40 就车式车轮平衡机

1—光电传感器;2—手柄;3—仪表板;4—驱动电机;
5—摩擦轮;6—传感器支架;7—被测车轮

除力传感器外,其他如电测系统和光电相位装置以及显示仪表板和摩擦轮驱动电机等均装在一个驱动小车内。车桥支架是一个复杂的力传感器,它有两种形式,一种供轻型小客车使用,另一种为中型车设计,如图5.41所示。支架高度可由顶杆和销钉来调整以适应不同车型的要求,支架在车桥下就位,车桥压下后,小轮弹簧即被压下缩入,底板直接接触地面。以增加支架的承载能力,车体质量和不平衡振动力的主要部分由应变梁通过支柱和底板传向地面,小部分力由传感器感知,以达到不平衡力采样的目的,应变梁不仅

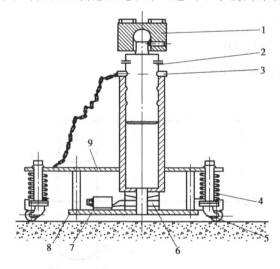

图5.41 传感器支架

1—顶板;2—顶杆;3—销钉;4—小轮弹簧;
5—小轮;6—传感器;7—底板;8—支柱

可以减小传感器受力以避免压损,更重要的是应变梁必须正比例地将不平衡力传递给传感器。因此,应变梁是由应变线性良好的材料制成,使用中严格避免锤击和加热,因为任何改变应变梁弹性模数的操作都将危及应变梁的线性,从而完全破坏电测系统软件所预设的标定系数。

传感器支架的安装位置随被测车型和操作人员的习惯及现场条件而定,完全是随机的,因此,就车平衡机电测系统的计算机软件必须具有自标定功能。这一功能是智能化的,它能根据事先设定的已知不平衡量值(一般为30 g)反算出支架支点与车轮的悬臂和轮毂直径等参数,这是就车平衡机的一大特点。

驱动小车前下部靠近被测轮胎处有一光电传感器组,它包括一个强光源和两个光电二极管,强光用以照射轮胎上的反光标志,为光二极电管提供相位信号以供计算机识别,计算机同时根据两个光电二极管接受反光信号的前后来判断车轮的旋转方向。

2.离车式车轮平衡机的结构

离车式车轮平衡机按动平衡原理工作,既可以检测不平衡力,也可用以测定不平衡力矩,车轮拆离车桥装于平衡机主轴上,一切结构和安装基准都已确定,所以无须自标定过程。平衡机的构造和电测系统都较简单,平衡操作时只要将被测车轮的轮辋直径和轮胎宽度以及安装尺寸输入电测电路即可完成平衡作业,平衡机仪表即会自动显示轮胎两侧的不平衡质量 m_1 和 m_2 及其相位。

离车式平衡机的主轴为卧式布置称卧式平衡机,如图5.42所示。卧式平衡机最大的优

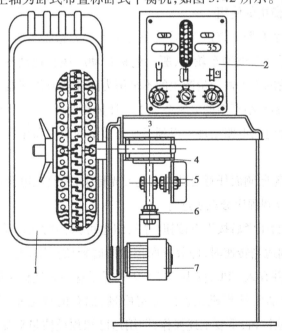

图5.42　卧式离车式平衡机

1—安全罩;2—仪表板;3—主轴;4—应变梁;

5—水平传感器;6—垂直传感器;7—驱动电机

点是被测车轮装卸方便,机械结构和传感装置也较简单,造价也较低廉,深受修理保养厂家欢迎,同时也是制造厂家的首选机型。但因车轮在悬臂较长的主轴上形成很大的静态力矩,影响传感系统的初始设定状态,尤其是垂直传感器的预紧状态,长时间使用后精度难以保证,零漂也较大,但其平衡精度仍然能满足一般营运车辆的要求,其灵敏度能达到 10 g。

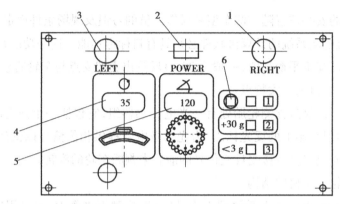

图 5.43 卧式离车式平衡机操作面板

1—右按钮;2—动能控制按钮;3—左按钮;

4—左侧车轮平衡量;5—右侧车轮平衡量

四、车轮检测机的使用

1. 就车式车轮平衡机的使用

被测车轮事先由举升器举离地面,并将车桥坐落于传感器支架上。操作人员骑于车上推动手把,使摩擦轮紧压于被测车轮上,驱动电机带动摩擦轮拖动车轮以相当于 110 km/h 的车速旋转,这时车轮的不平衡质量产生的不平衡力随即被力传感器感知并转变成电量,这一电信号由电缆传入驱动小车内的电测系统予以计量和处理。光电传感器拾取车轮的初相位信号和转速信号,经电测电路处理后得到不平衡质量的量值和相位值,显于仪表板的两组数码管上。

测试前须在被测轮胎侧面任意处贴装白色反光标志,为使光电元件正常工作,胎侧距光电管不得超过 5 cm,检测程序分三步进行。

①待摩擦轮与轮胎压紧后按下右按钮(左按钮也可),同时按压第一次试验按钮驱动车轮旋转,待转速上升到适当转速时,即分离摩擦轮同时释放按钮,电路即记录与不平衡力及其相位有关的原始量并存入 CPU,仪表的灯光闪烁显示这组未经标定的不平衡数值和相位。

②在反光标志处加装计算机预设的标定质量,如有的规定小客车为 30 g,大货车为 300 g,按下第二次试验按钮,重复上述操作,即用这已知预设质量对振动系统的刚性和结构参数进行计算。当转速上升到设定值时显示灯即被点亮,计算机即将第一次所测得的变量自动处理成常量并显示于仪表板上,这就是就车式平衡机的自标定功能。这时将显示的质量加装在所显示的相位处,然后除去标定重块。

③剩余不平衡量检测,以证实剩余不平衡量是否满足有关法规的要求,如果达不到要求,可进行第二次复试,第二次复试后如仍达不到标准要求,只能拆下轮胎使用较高精度的离车式车轮平衡机进行平衡。

如果是驱动桥,则可用发动机拖动车轮旋转,其他操作如同前述。对于平衡要求较高的车辆,为了消除阻尼造成的相位误差,平衡时可令车轮左右各转一次,取两次的平均值为最后测定值。

这里必须着重指出,所有平衡机都有最大不平衡量限值,严重失衡的车轮是不能上机平衡的。

2. 离车式车轮平衡机的使用

离车式车轮平衡机的参数显示和操作系统因采用 CRT 显示,或用发光二极管显示,其外形结构差异很大,但其基本操作内容则大同小异。前者显示形象美观,并有屏幕提示便于操作,但造价较高;后者结构简单,工作可靠,参数调整方便,成本低廉。如图 5.44 所示就是最为典型的一种操作面板。旋钮 8 设定轮胎宽度 B,旋钮 7 设定轮辋直径 D,旋钮 6 则设定安装尺寸 H,对于立式平衡机是胎面至顶面安全罩的距离(安全罩放下处于工作状态),对于卧式平衡机 H 值是胎面至平衡机箱体的距离。

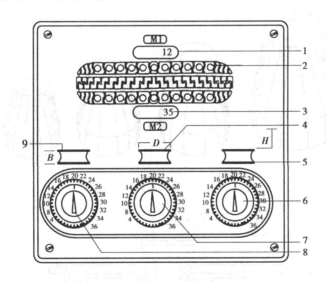

图 5.44　卧式离车式平衡机操作面板

车轮由专用的定位锥和紧固件安装就绪后即可启动电机实施平衡,待转数周期累积足够时,上下(或左右)不平衡值 m_1 和 m_2 即有数字显示,此时即可停车。待车轮完全停止后即可用手转动车轮,这时发光二极管即会随转动而左右(或上下)跳闪,如将上排光点调至中点,这时就可在车轮的轮辋上平面正对外缘(操作者方向)处加装 m_1,显示的平衡重如图 5.45 所示,用同样方法加装 m_2 值平衡重。加装完毕后进行第二次试验观察剩余不平衡量是否满足法规要求。具体的操作步骤各机型略有差异,使用者应按所用机型的使用说明书进行操作。

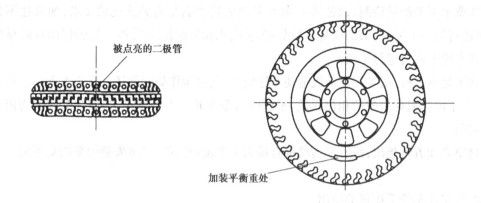

图5.45 平衡重位置与加装

　　车轮在平衡机主轴上的定位至关重要,为了确保不同型式和不同规格的车轮的中心都能与主轴中心严格重合,所有离车式车轮平衡机均配有数个大小不等的定位锥体,如图5.46所示。锥体内孔与主轴高精度配套,外锥面与轮辋中心孔紧密接合,并由专用快速蝶形压紧螺母紧压于主轴定位平台上,如图5.47所示。注意车轮的外侧向下(立式平衡机)或向内(卧式平衡机)。

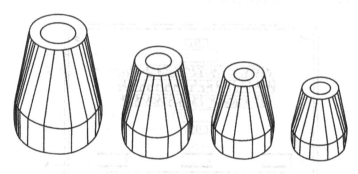

图5.46 车轮定位锥体

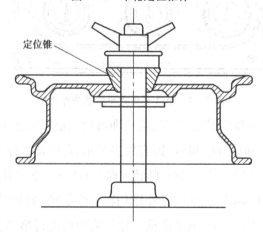

图5.47 轮辋安装

为了方便用户,离车式平衡机都随机配备一个专用卡尺,如图 5.48 所示,以供用户测量轮辋直径 D 和轮胎宽度 B,因为轮胎宽度用直尺是难以测量的。为了适应不同计量制式和国度,平衡机上的所有标尺一般都同时标有英制和公制刻度。

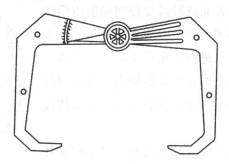

图 5.48 动平衡专用卡尺

3.平衡重

车轮平衡机的平衡重也称配重。目前通常使用两种形式,如图 5.49 所示为卡夹式配重。它用于大多数轮辋有卷边的车轮,对于铝镁合金轮辋,因无卷边可夹,则使用如图 5.50 所示的粘贴式配重,其外弯面有不干胶粘贴于轮辋内表面。

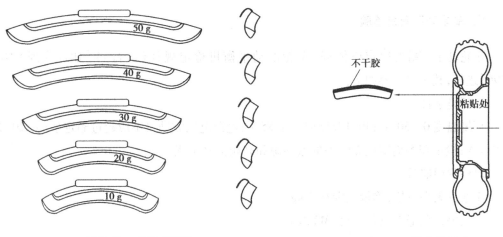

图 5.49 卡夹式配重   图 5.50 粘贴式配重

标准的配重有两种系列。一种系列以盎司(OZ)为基础单位,分 9 挡,最小为 14.2 g(0.5 OZ),最大为 170.1 g(6 OZ),间隔为 14.2 g(0.5 OZ)。另一种以克(g)为基础单位,分 14 挡,最小为 5 g,最大为 80 g,60 g 以上以 10 g 分为一挡。

五、车轮平衡机使用注意事项

①离车式平衡机的主轴固定装置和就车式平衡机的支架上都装入精密的位移传感器和易碎裂的压电晶体传感器,因此严禁冲击和敲打主轴或传感器支架。

②在检修平衡机时,传感器的固定螺栓不得任意松动。因为这一螺栓不是一般的紧固件,由它向传感晶体提供必要的预紧力,当这一预紧力发生变化时,电算过程将完全失准。

③商业系统供给的配重最小间隔为 5 g,过分苛求车轮平衡机的精度和灵敏度并无太大的实际意义。特殊情况下,如高速行驶的小客车和赛车,则可使用特制的平衡重块。

④必须明确平衡机的机械系统和电算电路都是针对正常车轮使用条件下平衡失准或轻微受损但仍能使用的车轮而设计的,对因交通事故而严重变形的轮辋或胎面大面积剥离的车轮是不能上机进行平衡作业的。一方面不平衡量过大的车轮旋转时的离心力可能损伤平衡机的传感系统,而且超值的不平衡力可能会溢出电算范围而使设备自动拒绝工作。

⑤当不平衡量超过最大配重时可用两个以上配重并列使用,但这时要注意因多个配重占用较大的扇面会使其有效质量低于实际质量。因扇面的边缘的质量所处半径 R_2 小于计算半径 R_1。如图 5.51 所示,这种情况不仅影响该面的平衡力,而且还波及左右两面的力矩值(即动平衡量)。因此,在使用多个平衡重时须慎重处理。

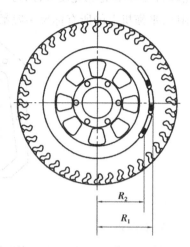

图 5.51　配重并列使用

六、车轮动平衡机检验

车轮动平衡机的检定应依据《车轮的动平衡机检定规程(试行)》[JJG(交通)010—1996]进行,其主要内容如下:

1. 环境条件

环境温度 0 ~ 30 ℃;相对湿度应小于85%;电源电压波动量不应超过额定值的 220(1 ± 10%) V;检定现场周围应无强烈的振动源和高频信号干扰。

2. 检测用器具

①架盘天平一架,称量范围 0.2 kg。

②砝码:克、毫克组各 1 套(M2 级)。

③专用检测装置:

a. 标准检测转子参数见表 5.15。

b. 试重规格与数量见表 5.16。

3. 一般要求的检定

①平衡机应有清晰的铭牌,标明规格型号和最大平衡质量等。

②指针式显示,表盘清晰,指针摆动平衡。

③数字式显示,显示应清晰完整,配有打印装置时,打印结果应清晰,并与显示数字相一致。

④各开关、旋钮、按键功能正常,操作灵活可靠,应有明显文字或符号标志。

表 5.15 标准检测转子参数

序号	m /kg	d /mm	D /mm	P_1 /mm	P_2 /mm	P_3 /mm	P_4 /mm	A /mm	B /mm	C /mm
1	10	100	350	220	330	240	280	165	8	8
2	20	100	380	240	356	260	300	165	10	10
3	30	100	530	430	508	450	450	229	10	12
4	40	100	580	460	558	480	500	342	12	14

表 5.16 试重规格与数量

质量/g	1	5 *	5	10	15	20	30	40	50	60	70	80
数 量	10	12	8	4	4	4	2	2	2	2	2	2

注:"*"代表螺钉。

【任务实施】

一、准备工作

1. 工具设备和材料

课件、汽车、举升机、组合工具、工具车、卧式车轮平衡机、就车式车轮平衡机、零件摆放台、计算机等上网设备。

2. 安全防护用品

标准作业装。

二、信息收集

车型:_____   出厂时间:_____

VIN 码:_____

三、学生以小组为单位,并完成表 5.17 的填写

表 5.17 子午线轮胎结构

序号	结构名称	用 途
1		
2		
3		
4		

179

续表

序号	结构名称	用　途
5		
6		
7		
8		
9		
10		
11		
12		

四、学生以小组为单位,在教师提供的场地完成车轮拆卸,并通过讨论完成表 5.18 的填写

表 5.18　汽车车轮结构

序号	结构名称	用　途
1		
2		
3		
4		
5		

五、学生以小组为单位,在教师提供的场地完成车轮检修作业,并通过讨论完成表 5.19 的填写

表 5.19　车轮检修作业表

项　目	作业内容	作业要求(测量值)	检查结果
一、检查车轮轴承	(1)举升车辆到合适高度		□正常 □不正常
	(2)检查轴承有无摆动		□正常 □不正常
	(3)检查轴承转动状况和有无噪声		□正常 □不正常

项　　目	作业内容	作业要求（测量值）	检查结果
二、拆卸车轮	(1)拆卸车轮工具准备		□正常 □不正常
	(2)拆卸轮毂螺母		□正常 □不正常
	(3)取下车轮至放至车轮		□正常 □不正常
三、检查轮胎	(1)检查胎面和胎壁是否有裂纹或损坏		□正常 □不正常
	(2)检查轮胎是否嵌入金属颗粒或其他异物		□正常 □不正常
	(3)检查轮辋是否损坏或腐蚀		□正常 □不正常
	(4)检查轮胎是否异常磨损		□正常 □不正常
	(5)测量胎面沟槽深度		□正常 □不正常
	(6)测量轮胎气压		□正常 □不正常
	(7)检查轮胎是否漏气		□正常 □不正常
四、安装车轮	(1)安装车轮		□正常 □不正常
	(2)用棘轮扳手预紧轮毂螺母		□正常 □不正常
	(3)使车辆降至地面		□正常 □不正常
	(4)检查扭力扳手旋向以及安装连接		□正常 □不正常
	(5)紧固轮毂螺母		□正常 □不正常

六、学生以小组为单位,在教师提供的卧式车轮平衡机上完成轮胎检测作业,并通过讨论完成表5.20的填写

表5.20　轮胎检测作业表

轮胎位置	检测量	标　准	添加量
前　左			
前　右			
后　左			
后　右			

车轮平衡机型号_____　车型_____　轮胎型号_____

七、各小组成员通过教室上网设备,查阅有关轿车、越野车、货车的轮胎类型与特点,各派一名代表上台叙述其特点及区别

【任务检测】

一、填空题

1.汽车的正常行驶离不开车轮。汽车车轮的好坏将直接影响汽车的_____安全。汽车轮胎如果出现_____、_____、_____将会严重影响汽车的行驶安全。

2.如果车轮不平衡,在其高速旋转时,不平衡质量将引起车轮上下_____和横向_____。这不仅影响了汽车的行驶平顺性、乘坐舒适性和操纵稳定性。

3.就车平衡机由_____、_____、_____、_____、_____、_____、_____等组成。

4.车轮重心与旋转中心对称,质量分布对车轮中心面对称为_____平衡。如不对称则产生力矩不为_____。不平衡力矩使车轮对主销力矩加大而_____。

5.使用就车平衡机时,车轮的不平衡质量产生的不平衡力随即被力传感器_____并转变成_____,这一电信号由电缆传入驱动小车内的电测系统予以_____和处理。

6.车轮在平衡机主轴上的定位至关重要,为了确保不同型式和不同规格的车轮的中心都能与主轴中心严格_____,所有离车式车轮平衡机均配有数个大小不等的_____锥体。

7.使用离车式平衡机时,车轮由专用的_____锥和_____件安装就绪后

即可启动电机实施平衡,待转数周期累积____时,_____(或左右)不平衡值 m_1 和 m_2 即有数字显示,此时即可停车。

8. 车轮平衡机的平衡重也称配重。目前通常使用两种形式即_____、_____。

9. 标准的配重有两种系列。一种系列以盎司(OZ)为基础单位,分_____挡,最小为 14.2 g(0.5 OZ),最大为 170.1 g(6 OZ),间隔为 14.2 g(0.5 OZ)。另一种以克(g)为基础单位,分_____挡,最小为 5 g,最大为 80 g,60 g 以上以 10 g 分为一挡。

10. 当不平衡量_____最大配重时可用两个以上配重并列使用,但这时要注意因多个配重占用较大的扇面会使其有效质量_____实际质量。配重并列使用应当_____。

二、判断题

1. 由于车轮位置不正或者失调(如不平衡)使轮胎磨损率增加,严重时,其磨损量是正常使用时的 10 倍。　　　　　　　　　　　　　　　　　　　　　　　　(　　)

2. 目前,车轮平衡问题越来越引起人们的重视,车轮平衡度已成为汽车检测项目之一。　　　　　　　　　　　　　　　　　　　　　　　　　　　　　　　(　　)

3. 汽车在行驶过程中,前后轮的载荷、受力以及功能不同,因而汽车轮胎的磨损不同。　　　　　　　　　　　　　　　　　　　　　　　　　　　　　　　(　　)

4. 车轮重心与旋转中心重合为静平衡。如静不平衡,则不平衡量产生离心力。(　　)

5. 就车平衡机的传感器支架的安装位置随被测车型和操作人员的习惯及现场条件而定,完全是随机的。　　　　　　　　　　　　　　　　　　　　　　　　(　　)

6. 离车式平衡机的主轴为卧式布置称卧式平衡机,卧式平衡机最大的优点是被测车轮装卸方便,机械结构和传感装置也较简单,造价也较低廉,深受修理保养厂家欢迎。(　　)

7. 离车式车轮平衡机按动平衡原理工作,既可以检测不平衡力,也可用以测定不平衡力矩。　　　　　　　　　　　　　　　　　　　　　　　　　　　　　　(　　)

8. 离车式车轮平衡机平衡精度仍然能满足一般营运车辆的要求,其灵敏度能达到 10 g。　　　　　　　　　　　　　　　　　　　　　　　　　　　　　　(　　)

9. 离车式平衡机的主轴固定装置和就车式平衡机的支架上都装入精密的位移传感器和易碎裂的压电晶体传感器,因此严禁冲击和敲打主轴或传感器支架。　　(　　)

10. 使用车轮平衡机的环境条件是:环境温度 0～30 ℃;相对湿度应小于85%;电源电压波动量不应超过额定值的 220(1±10%) V;检定现场周围应无强烈的振动源和高频信号干扰。　　　　　　　　　　　　　　　　　　　　　　　　　　　　　(　　)

【评价与反馈】

班级：　　　　　　　　姓名：　　　　　　　　指导教师：

序 号	考核项目	配 分	考核内容	配 分	考核标准	得 分
1	出勤/纪律	5	出勤	2	违规一次不得分	
			行为规范	3	违规一次不得分	
2	安全/ 防护/ 环保	20	着装	4	违规一次不得分	
			个人防护	4	违规一次不得分	
			"5S"/"EHS"	4	违规一次不得分	
			设备使用安全	4	违规一次不得分	
			操作安全	4	违规一次不得分	
3	知识水平	20	知识测验成绩	20	测验成绩的20%计	
4	技能考核	40	技能测验成绩	40	测验成绩的40%计	
5	学习能力	10	工单填写,工艺计划制订	4	未做不得分	
			组内活动情况	4	酌情扣1~4分	
			资料查阅和收集	2	未做不得分	
6	任务拓展	5	知识拓展	2	未做不得分	
			技能拓展	3	未做不得分	
7	总 分				100	

【教师评估】

序 号	优 点	存在问题	解决方案
教师签字：			

项目 **6**
汽车整车性能检测

任务6.1　汽车安全性能检测

【任务目标】

目标类型	目标要求
认知目标	1.知道汽车前照灯检测标准 2.知道前轮侧滑量检测的评价标准 3.知道汽车前照灯检测仪的使用方法
技能目标	1.能正确识别汽车车灯 2.能规范使用汽车前照灯检测仪 3.能规范使用前轮侧滑量的检测设备
情感目标	1.养成主动学习习惯 2.培养"5S"/"EHS"意识 3.培养团队协作交流与语言表达能力

【任务描述】

汽车安全性能检测是指汽车在不解体的情况下,对影响汽车安全性能方面的项目进行检查与测试的技术;包括前照灯检测、转向轮侧滑量以及前轮前束调整等。现代汽车安全性能检测技术缩短了检测时间,提高了检测效率及可靠性,为汽车的安全行驶提供了可靠保证。

通过本任务学习,知道汽车前照灯检测标准、前轮侧滑量检测的评价标准与汽车前照灯检测仪的使用方法,能够完成相关的作业。

【知识准备】

一、汽车前照灯的检测

前照灯是汽车上最主要的光源,是汽车在夜间或在能见度较低的条件下,为驾驶人提供行车道路照明的重要设备,而且也是驾驶人发出警示,进行联络的灯光信号装置。前照灯必须有足够的发光强度和正确的照射方向。汽车前照灯在长期使用过程中,由于灯光的逐步老化、外部环境的污染,使前照灯聚光性能变差,导致前照灯发光强度降低;同时由于在汽车行车过程中受到振动,引起前照灯安装位置发生变化,会改变光束的正确照射方向。这些变化都会使驾驶人对道路情况辨认不清,或在与对面来车交会时对驾驶人造成炫目等,导致交通事故发生。因此,前照灯发光强度和照射方向必须符合国家标准的有关规定。

1.汽车前照灯的检测标准

汽车前照灯由灯泡、反光镜、配光镜构成。前照灯有远、近两种灯光。其安装与使用方面必须符合《机动车运行安全技术条件》(GB 7258—2012)的规定要求:

①近光灯不得炫目。

②有变光装置。

③同一辆机动车上前照灯不允许左、右远、近光交叉开亮。

④数量一般有二灯制和四灯制。二灯制前照灯一般均为远、近光双光束灯,装在内侧的两只是远光单光束灯。

根据《机动车运行安全技术条件》(GB 7258—2012)的规定,汽车前照灯的评价指标为光束照射位置和前照灯光束发光强度(cd)。

(1)前照灯光束照射位置

①如图 6.1 所示,检验前照灯近光光束照射位置时,前照灯照射在距离 10 m 的屏幕上,乘用车前照灯近光光束明暗截止线转角或中点的高度应为 $0.7 \sim 0.9H$(H 为前照灯基准中心高度,下同),其他机动车(拖拉机运输机组除外)应为 $0.6 \sim 0.8H$。机动车(装用一只前照灯的机动车除外)前照灯近光光束水平方向向左偏应小于 170 mm,向右偏应小于等于 350 mm。

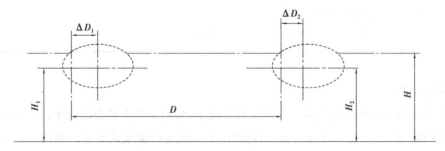

图 6.1 用屏幕法检验前照灯光位置

②检测前照灯远光光束照射位置时对于能单独调整远光光束的前照灯,前照灯照射在

距离 10 m 的屏幕上时,要求光束中心离地高度:对乘用车为 0.85～0.95*H*(但不得低于前照灯近光光束明暗截止线转角或中心的高度),对其他机动车为 0.8～0.95*H*。机动车(装用一只前照灯的机动车除外)前照灯远光光束水平位置要求,左灯向右偏应小于 170 mm,向右偏应小于 350 mm,右灯向左或向右偏均小于等于 350 mm。

(2)前照灯远光光束发光强度

机动车每只前照灯的远光光束发光强度应达到表 6.1 的要求。

表 6.1　前照灯远光光束发光强度要求　　　　　　　　(单位:cd)

车辆类型	使用状况	新注册车		在用车	
		二灯制	四灯制	二灯制	四灯制
最高设计车速小于 70 km/h 的汽车		10 000	8 000	8 000	6 000
其他汽车		18 000	15 000	15 000	12 000
拖拉机运输机组	功率>18 kW	8 000	—	6 000	—
	功率<18 kW	6 000	—	5 000	—

(3)前照灯配光性能

目前国际上通用的前照灯配光标准有两种:美国 SAE 标准和欧洲 ECE 标准。我国规定执行 ECE 标准。配光性能应符合《汽车用灯丝灯泡前照灯》(GB 4599—2007)的要求,如图 6.2 所示。该配光性能应在前照灯的基准中心上前 25 m,过 *HV* 点的铅垂配光屏幕上测定。在配光屏幕上,近光应产生明显的明暗截线,其水平面部分在 *V*－*V* 线的左侧,右侧为与水平线向上成 15°的斜线,或向上成 45°斜线至水平线垂直距 25 cm 转向水平的折线。为实现上述配光,通常是将前照灯灯泡内的配光镜做成不对称形式,配光镜左侧边缘倾斜 15°。

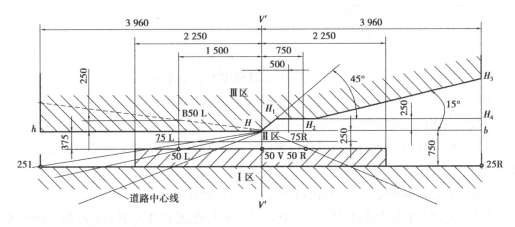

图 6.2　非对称形配光(ECE 方式)示意图(尺寸:mm;测定距离 25 m)

区域Ⅲ是一个明显的暗区,该区 B50L 点表示相距 50 m 处迎面来车驾驶人眼睛的位置,由于此点光的照度值规定很低(最大值为 0.3lx),所以可避免使迎面来车驾驶人眩目。

近年来,国内外又发展了一种优良的光形,其近光光形如图6.3所示。明暗界指线呈Z形配光。这不仅可以避免使迎面而来的驾驶人眩目,还可以防止使迎面而来的行人和非机动车使用者眩目,更保证了汽车夜间行驶的安全。

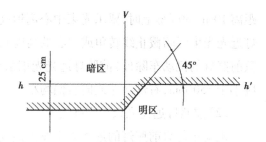

图6.3 Z形非对称配光示意图

2.汽车前照灯的检测方法

汽车前照灯一般都采用前照灯检测仪检测,前照灯检测仪按照结构形式可分为聚光式、屏幕式、投影式、自动追踪光轴式4种。因设备的型号、厂家有所不同,所以操作方法略有不同。但是,检测前的准备是一样的,前照灯检测仪的使用严格按照使用说明书进行操作。这里仅就目前应用较为广泛的屏幕式前照灯检测仪和自动追踪光轴式前照灯自动检测仪的检测方法作简单介绍。

(1)检查前的准备

①检测仪的准备。

a.在前照灯检测仪不受光的情况下,调整前照灯检测仪光计和光轴偏斜指示计指针的机械零点。

b.检查聚光透镜和反射镜的镜面上有无污物。若有,用柔软的布或镜头纸擦干净。

c.检查水准器的技术状况。若水准器无气泡,应进行修理;若气泡不在红线框内时,可用水准器调节器或垫片进行调整。

d.检查导轨是否沾有泥土等杂物。若有,应扫除干净。

②被测车辆的准备。

a.清除前照灯上的污垢。

b.轮胎气压应符合汽车制造厂的规定。

c.汽车蓄电池应处于充足电状态。

(2)屏幕式前照灯检测仪操作步骤

屏幕式前照灯检测仪机构如图6.4所示,其检测方法步骤如下:

①被测车辆驶近检测仪,且距检测仪3 m,方向垂直于检测仪导轨。

②用车辆摆正找准器使检测仪与汽车对正。

③打开前照灯,用前照灯找准器使检测仪与前照灯对正(固定屏幕调整到和前照灯同样高度,受光器与前照灯中心重合)。

④使左右光轴刻度尺的零点与活动屏幕上的基准指针对正。

⑤将受光器上下左右移动,使光度计指示达到最大值,此时受光器上基准指针所指活动屏幕的上下刻度值和活动屏幕上基准指针所指固定屏幕的左右刻度值,即为光轴的偏斜量。

⑥光度计上的指示值,即为前照灯发光强度值。

（3）自动追踪光轴式前照灯检测仪操作步骤

自动追踪光轴式前照灯检测仪的结构如图 6.5 所示，其操作步骤如下：

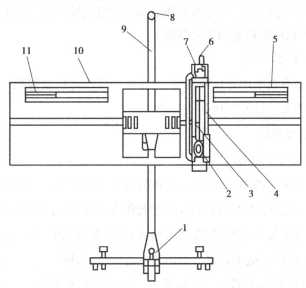

图 6.4 屏幕式前照灯检测仪

1—底座；2—受光器；3—光轴刻度尺（上下）；4—活动屏幕；5，11—光轴刻度尺（左右）；

6—前照灯找准器；7—光度计；8—车辆摆正找准器；9—支柱；10—固定屏幕

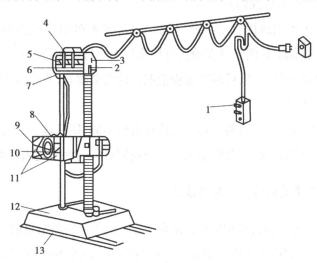

图 6.5 自动追踪光轴式前照灯检测仪

1—控制盒；2—熔丝；3—电源开关；4—在用显示器；5—左右偏斜指示计；

6—光度计；7—上下偏斜指示计；8—车辆摆正找准器；9—受光器；10—聚光透镜；

11—光电元件；12—控制箱；13—导轨

①将被测车辆尽可能地与导轨保持垂直方向驶近检测仪，使前照灯与检测仪受光器相距 3 m。

②用车辆摆正找准器使检测仪与被测车对正。

③开亮前照灯,接通检测仪电源,用控制器上的上下、左右控制开关移动检测仪的位置,使前照灯光束照射到受光器上。

④按下控制盒上的测量开关,受光器随即追踪前照灯光轴,根据光轴偏斜指示计和光度计的指示值,即可得出光轴偏斜量和发光强度。

3.前照灯的故障诊断与排除

前照灯检验不合格有以下两种故障现象:一是前照灯发光强度偏低;二是前照灯照射位置偏斜。下面分别介绍故障诊断与排除的方法。

(1)前照灯发光强度偏低

①左右前照灯发光强度均偏低。

a.检查前照灯反光镜的光泽是否明亮,如昏暗、镀层剥落或发黑应予更换。

b.检查灯泡是否老化,质量是否符合要求,如老化或质量不符合要求,光度偏低者应更换。

c.检查蓄电池端电压是否偏低,如端电压偏低,则应先充足电再检测。送检汽车普遍存在蓄电池电量不足、端电压偏低的现象。如由蓄电池供电,前照灯发光强度一般很难达到标准的规定;如由发电机供电则大部分汽车前照灯发光强度能增加,多数可达到标准规定。

②左右前照灯发光强度不一致。检查发光强度偏低的前照灯的反光镜光泽是否灰暗,灯泡是否老化,质量是否符合要求,此情况一般多为搭铁线接触不良。

(2)前照灯光束照射位置偏斜

前照灯安装位置不当或因强烈振动而错位致使光束照射位置偏斜超标,应予以调整。前照灯光速照射位置偏斜的调整可在前照灯检测仪上进行。先将左右及上下光轴刻度尺旋钮置于所需要调整的方位上,然后调整被检前照灯的安装螺钉,直至左右指示表及上下指示表指针均指向零点即可。

注:不同车型的前照灯结构类型和安装位置有所不同,所以进行灯光位置调整时要先熟悉结构。如果超出可调整范围,要特别注意检查前照灯安装底座是否变形。

二、汽车前轮侧滑量的检测与故障诊断

侧滑是轮胎胎面在前进过程中的横向滑移现象。汽车前轮侧滑量的检测是指在不解体的前提下,对前轮行进过程中产生横向滑移量大小的检测。汽车的前轮侧滑对汽车的操纵稳定性影响很大。侧滑量太大,会引起汽车行驶方向不稳、转向沉重、增加轮胎磨损、加大燃料消耗,甚至操纵失准而导致交通事故。所以,为确保行车安全,必须对前轮侧滑量定期检测。

1.前轮侧滑量检测的评价标准

根据 GB 7258—2012、GB 21861—2008 规定:用侧滑检验台检测前轮(转向轮)侧滑量,单位是 m/km;其方法是汽车以不高于 5 km/h 的速度正直居中驶向侧滑检验台,使前轮平稳通过滑板,其值应在 ±5 m/km 之间。

2.前轮侧滑量的检测设备与方法

（1）前轮侧滑量的检测设备

检测前轮侧滑量的检测台一般用滑板式侧滑检测台,可分为单板式和双板式两种,结构如图 6.6 所示,主要由测量装置、指示装置和报警装置等组成。

（2）前轮侧滑检测方法

侧滑检验台的型号、结构形式、允许轴重不同,其使用方法也有所区别。在使用前一定要认真阅读使用说明书,以掌握正确的方法。侧滑检验台的一般使用方法如下:

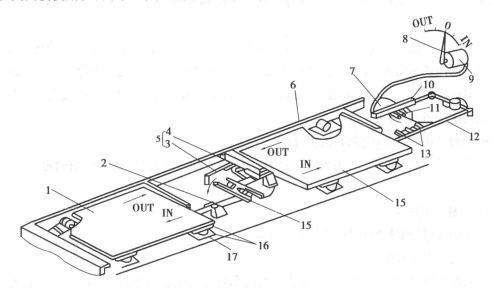

图 6.6　侧滑检验台结构组成

1—左滑板;2—导向滚轮;3—回位弹簧;4—摆臂;5—回位装置;6—框架;

7—产生电信号的自整角动机;8—指针;9—接受电信号的自整角动机;10—齿条;

11—齿轮;12—连杆;13—限位开关;14—右滑板;15—双销叉式曲柄;16—轨道;17—滚轮

①检验台的准备

a.检查侧滑检验台导线连接情况,在导线连接良好的情况下打开电源开关,查看指针式仪表的指针是否在机械零点上,或查看数码管亮度是否正常并是否都在零位上,发现故障应及时排除。

b.检查侧滑检验台上面及其周围的清洁情况,如有油污、泥土、砂石及水等应予清除。

c.打开侧滑检验台的锁止装置,检查滑板能否在外力作用下左右滑动自如,外力消失后回到原始位置,且指示装置指在零点。若发现失准,对于指针式仪表,可以用零点调整电位计或游丝零点调整钮将仪表校零;对于数字式仪表,可按下校准键,调节调零电阻,使侧滑显示值为零,或按复位键清零。

d.检查报警装置在规定值时能否发出报警信号,并视需要进行调整或修理。

②被检汽车的准备

a.轮胎气压应符合规定。

b.轮胎上粘有油污、泥土、水,或轮胎花纹沟槽内嵌有石子时,应清理干净。

c.轮胎花纹深度必须符合《机动车运行安全技术条件》(GB 7258—2012)的规定。

③前轮侧滑检测步骤

a.拔掉滑板的锁止销钉,接通电源。

b.汽车以不高于5 km/h的速度正直居中驶向侧滑检验台,使前轮平稳通过滑板。速度过高会因为滑板的惯性力和仪表的动态响应迟滞而影响测量精度,速度过低也会引起失真的误差。

c.当被测车轮完全通过滑板后,观察指示仪表,读取最大值,注意记下滑板的运动方向,即滑板是向内还是向外运动。记录时,滑板向外侧滑动记为负值,表示车轮向内侧滑动(即OUT);滑板向内侧滑动记为正值,从指示仪表上观察侧滑方向并读取、打印最大侧滑量,表示车轮向内侧滑动(即IN)。

d.检测结束后,切断电源并锁止滑动板。

对于有后轮定位的汽车,仍可按上述方法检测后轴的侧滑量,诊断后轴的定位值是否失准。

④检测时注意事项

a.车辆通过侧滑检验台时,不得转动方向盘。

b.不得在侧滑检验台上制动或停车。

c.勿使轴荷超过侧滑检验台允许载荷的汽车行驶到检验台上,以防压坏零部件或压弯滑板。

d.不要在侧滑检验台上进行车辆修理保养工作。

e.清洁时,不要将水或泥土带入检验台。应保持侧滑检验台滑板下部的清洁,防止锈蚀或阻滞。

3.前轮侧滑的故障诊断

如果前轮侧滑量超过技术要求,直观表现就是汽车直线行驶状态的不稳定。产生前轮侧滑故障的根本原因是前轮前束与前轮外倾角的不匹配。

为了保证汽车具有良好的操纵稳定性,前轮所在平面以及主销轴线总是设计成与汽车纵向或横向铅垂面成一定角度。这些角度参数包括主销内倾角、主销后倾角、车轮外倾角和车轮前束,称为前轮定位。随着汽车车速的不断提高,轿车的后轮也有了定位,即:车轮外倾角和车轮前束值。汽车前轮和后轮的定位合称为汽车四轮定位。

前轮外倾角如图6.7所示。其作用一方面是为了避免

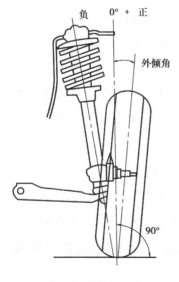

图6.7 前轮外倾角

汽车承重后,前梁变形引起前轮出现内倾、从而加速轮胎的磨损和加大轮毂外侧轴承负荷。

前轮有了外倾角以后,在滚动时,就会类似于圆锥滚动,出现两个车轮企图向各自的外侧滚开的趋势。由于受到横直拉杆和车桥约束、车轮不可能向外滚开,于是车轮将在地面上出现边滚边滑(向内)的现象,从而增加了轮胎磨损。

为了消除前轮外倾角带来的不良后果,在安装前轮时,人为使两轮中心平面不平行。在沿前进方向上,两轮前端距离小于后端距离。如图6.8所示,B 与 A 之差就称为前轮前束值。

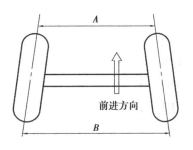

图6.8　前轮前束

由于前轮前束的作用,车轮在前进时,两轮力图向内侧滚动。同样由于机械约束,前轮不可能向内侧滚动,这就又出现了前轮边滚动边向外滑的现象(或存在这种倾向)。

所以,前轮外倾角和前轮前束应有适当匹配,才能保证汽车前轮无横向滑动的直线滚动。当前轮前束值与前轮外倾角匹配不当时,前轮就可能在直线行驶过程中不做纯滚动而是边滚边滑,产生侧滑现象。

虽然大部分汽车的后轮是没有车轮定位的,但是有些汽车(如上海桑塔纳等)的后轮也有前束和外倾,因此也应进行后轮侧滑量检测。当检查这部分汽车的后轮侧滑量时,可以确知后轴是否弯曲变形和轮毂轴承是否松旷。

前轮侧滑故障的排除方法:若滑板向外滑且其侧滑量超出规定值,则表明转向轮前束值过大,可将前束值向负向调整。若滑板是向内滑,且其侧滑量超过规定值,则说明转向轮负前束过大,可将前束值向正向调整。非独立悬架可通过转向梯形机构的横拉杆来调整。独立悬架可通过左右转向控制支杆来调整。

【任务实施】

一、准备工作

1. 工具设备和材料
课件、汽车、前照灯检测仪、组合工具、工具车、零件摆放台、计算机等上网设备。
2. 安全防护用品
标准作业装。

二、信息收集

车型:_____　出厂时间:_____

VIN 码:_____

三、学生以小组为单位,在老师指定的汽车对前照灯项目进行作业,并填写下表

班级:_____ 姓名:_____ 学号:_____

	作业过程记录	备 注
前照灯检测前的准备		
前照灯检测方法步骤		

四、学生以小组为单位,在老师指定的汽车里完成前轮定位参数的检测,并填写下表回答问题

几种汽车的前轮定位参数

汽车型号	主销后倾角	主销内倾角	前轮外倾角	前轮前束值
长安微型客车				
长安天语				
福特福克斯				
福特蒙迪欧2				
桑塔纳2000				

五、各小组成员通过教室上网设备,查阅的有关资料,说明各种汽车四轮定位参数的特点,并说明这些参数的变化原因,并各派一个代表上台叙述

【任务检测】

一、判断题

1. 前照灯是汽车上最主要的光源,是汽车在夜间或在能见度较低的条件下,为驾驶人提供行车道路照明的重要设备,同时也是驾驶人发出警示、进行联络的灯光信号装置。( )

2. 汽车前照灯在长期使用过程中,由于灯光的逐步老化、外部环境的污染,使前照灯聚光性能变差,导致前照灯发光强度降低;同时由于在汽车行车过程中受到振动而引起前照灯安装位置发生变化,会改变光束的正确照射方向。( )

3. 目前,国际上通用的前照灯配光标准有两种,即美国 SAE 标准和欧洲 ECE 标准。我国规定执行 ECE 标准。( )

4. 汽车前轮侧滑量的检测是指在不解体的前提下,对前轮行进过程中产生横向滑移量大小的检测。( )

5. 在进行前轮侧滑量检测时,汽车以不高于 5 km/h 的速度正直居中驶向侧滑检验台,使前轮平稳通过滑板,其值应在 ±5 m/km 之间。( )

6. 前轮有了外倾角以后,在滚动时就会类似于圆锥滚动,出现两个车轮企图向各自的外侧滚开的趋势。( )

7. 由于前轮前束的作用,车轮在前进时,两轮力图向内侧滚动。( )

8. 前轮定位参数包括主销内倾角、主销后倾角、车轮外倾角和车轮前束值;后轮定位只有车轮外倾角和车轮前束值,合称为四轮定位。( )

9. 随着汽车车速的不断提高,轿车的后轮也有了定位,即车轮外倾角和车轮前束值。汽车前轮与后轮的定位合称为汽车四轮定位。( )

10. 当前轮前束值与前轮外倾角匹配不当时,前轮就可能在直线行驶过程中不做纯滚动而是边滚边滑,从而产生侧滑现象。( )

二、简答题

1. 简述左右前照灯发光强度均偏低故障诊断与排除方法。

2.简述前照灯光束照射位置偏斜故障诊断与排除方法。

3.简述前轮侧滑故障诊断与排除方法。

【评价与反馈】

班级：　　　　　　　　　　姓名：　　　　　　　　　　指导教师：

序　号	考核项目	配　分	考核内容	配　分	考核标准	得　分
1	出勤/纪律	5	出勤	2	违规一次不得分	
			行为规范	3	违规一次不得分	
2	安全/防护/环保	20	着装	4	违规一次不得分	
			个人防护	4	违规一次不得分	
			"5S"/"EHS"	4	违规一次不得分	
			设备使用安全	4	违规一次不得分	
			操作安全	4	违规一次不得分	
3	知识水平	20	知识测验成绩	20	测验成绩的20%计	
4	技能考核	40	技能测验成绩	40	测验成绩的40%计	
5	学习能力	10	工单填写，工艺计划制订	4	未做不得分	
			组内活动情况	4	酌情扣1～4分	
			资料查阅和收集	2	未做不得分	
6	任务拓展	5	知识拓展	2	未做不得分	
			技能拓展	3	未做不得分	
7	总　分		100			

【教师评估】

序　号	优　点	存在问题	解决方案
教师签字：			

任务6.2　汽车舒适性检测

【任务目标】

目标类型	目标要求
认知目标	1. 知道影响舒适性的几种性能 2. 知道汽车平顺性的检测内容 3. 知道汽车空调调节性能的检测项目
技能目标	1. 能对影响汽车行驶平顺性的因素进行分析 2. 能对汽车空调调节性能的检测方法进行叙述 3. 能对汽车乘坐环境和操作性能的影响因素进行分析
情感目标	1. 养成主动学习习惯 2. 培养"5S"/"EHS"意识 3. 培养团队协作交流与语言表达能力

【任务描述】

汽车舒适性是指为乘员提供舒适、愉快的乘坐环境,货物的安全运输和方便安全的操作条件的性能。汽车舒适性主要包括汽车平顺性、汽车空调调节性能、汽车乘坐环境及驾驶操作性能等。它是现代高速、高效率汽车的一个主要性能。

通过本任务学习,知道汽车舒适性的特征及其范围,并适时检测汽车的舒适性技术性能,为汽车安全行驶提供可靠依据。

【知识准备】

一、汽车的平顺性检测

汽车平顺性就是保持汽车在行驶过程中乘员所处的振动环境具有一定舒适度的性能,对于载货汽车还包括保持货物完好的性能。

汽车在行驶时,因为路面不平等因素引起汽车的振动,并由此影响人的舒适、工作效率和身体健康,以及影响所运货物的完好;同时振动还会在汽车上产生动载荷,加速零件磨损,导致疲劳失效。

1. 汽车行驶平顺性的评价标准

汽车行驶平顺性通常是根据人体对振动的生理反应及对保持货物完整性的影响制订评价方法,同时用振动的物理量,如频率、加速度、加速度变化率等作为其评价指标。

(1)国际通用的平顺性评价标准

人体坐姿受振模型如图6.9所示,当前国际最新的车辆乘坐舒适性评价标准《人体承受全身振动评价——第一部分:一般要求》(ISO 2634—1:1997(E))规定:在进行舒适性评价时,考虑座椅支承处的 3 个线振动和 3 个角振动,靠背和脚支承处各 3 个线振动,共 12 个轴向振动。健康影响评价时,仅考虑座椅支承处的 3 个线振动。并且,给出了在 1~80 Hz 振动频率范围内,人体对振动反应的 3 个不同的感觉界限。

①暴露极限。该界限常作为人体能够承受振动量的上限,当人体承受强度在这个极限以下,能保持人的健康和安全。

②疲劳—降低功效界限(TFD)。该界限与保

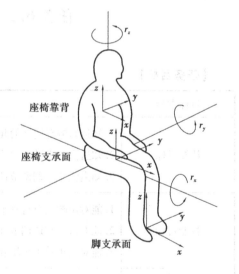

图 6.9 人体坐姿受振模型

持工作效率有关,当驾驶人承受的振动强度在此界限之内时,能准确灵活地反应,正常驾驶不致太疲劳以致工作效率降低。

③舒适降低界限(TCD)。该界限与保持舒适有关,在这个界限之内,人体对暴露的振动环境主观感觉良好,乘员能在车上进行吃、读、写等动作。

这 3 个感觉界限的振动允许值与频率的变化趋势完全相同,只是振动加速度均方根允许值不同。“暴露极限”加速度均方根的允许值是“疲劳—降低功效界限”的两倍,“舒适降低界限”是“疲劳—降低功效界限”的 1/3.15。

（2）我国的平顺性评价标准

我国参照 ISO 2631 制定了《汽车平顺性实验方法》(GB/T 4970—2009)，用于测定汽车在随机不平路面上行驶时振动对成员及货物的影响。该标准规定，以"疲劳—降低功效界限"和"舒适降低界限"作为人体承受振动能力的主要评价指标，以 TFD 和 TCD 与车速的关系曲线——车速特性来评价汽车的行驶平顺性。其中轿车和客车用"舒适降低界限"车速特性评价；货车用"疲劳—降低功效界限"车速特性评价。

（3）用车身振动固有频率评价

实验表明，为保持汽车具有良好的行驶平顺性，车身振动固有频率应为人体所习惯的步行时身体上、下运动的频率，为 60～85 次/min，即 1～1.6 Hz。

2.汽车行驶平顺性的检测内容

汽车行驶平顺性的检测主要包括以下内容。

（1）汽车悬架系统的刚度、阻尼和惯性参数的测定

通过测定轮胎、悬架、坐垫的弹性特性，就是载荷与变形的关系曲线，可以求出在规定载荷下轮胎、悬架、坐垫和刚度。由加、卸载曲线包围的面积，可确定这些元件的阻尼。另外，还要测量悬架质量、非悬架质量等振动惯性方面的参数。

（2）悬架系统部分固有频率和阻尼比的测定

将汽车前轮、后轮分别从一定高度抛向，记录车身和车轮质量的衰减振动曲线，得到车身质量振动周期和车轮质量振动周期，根据公式计算出各部分的固有频率。最后根据衰减率按公式求出各部分的阻尼比。

（3）汽车振动系统的频率响应函数的测定

在实际随机输入的路面上或在电液振动台上，给车轮 0.5～30 Hz 范围的振动输入，记录车轴、车身、坐垫上各测点的振动响应，最后根据数据统计分析仪处理得到各环节的频率响应函数。

（4）在实际随机输入路面上的平顺性实验

《汽车平顺性实验方法》(GB/T 4970—2009)采用座椅、靠背和脚 3 个点、每点各 3 个方向的线振动，共 9 个轴向，用总加权加速度均方根值，或者综合振动总值来评价。

（5）汽车驶过凸块脉冲输入平顺性实验

汽车行驶时会遇到凸起和凹坑，尽管遇到的概率不大，但过大的冲击会严重影响平顺性，按照《汽车平顺性实验方法》(GB/T 4970—2009)，以加权加速 4 次方和根值方法来评价。

3.影响汽车行驶平顺性的因素分析

汽车行驶的平顺性除受外界环境条件影响外，主要与汽车自身的结构特性有关。在这里只探讨汽车自身因素对行驶平顺性的影响，主要包括悬架结构、轮胎、悬挂质量和非悬挂质量等。

（1）悬架结构的影响

悬架结构主要指弹性元件、导向装置与减振装置,其中弹性元件在悬架系统中阻尼影响较大。

①弹性元件。减少悬架刚度,可降低车身的固有频率,并提高汽车行驶平顺性。但刚度降低会增加非悬挂质量的高频振动位移。而大幅度的车轮振动有时会使车轮离开地面,前轮定位角也将发生显著变化,在紧急制动时会产生严重的汽车"点头"现象。转弯时因悬架侧倾刚度的降低,会使车身产生较大的侧倾角。解决问题的最好措施是,采用悬架刚度可变的非线性悬架,使空车时的刚度比满载时的低。

②悬架阻尼系统。为了使减震器阻尼效果良好,又不传递大的冲击力,常将压缩行程的阻尼和伸张行程的阻尼取不同值。在弹性元件的压缩行程,为了减少减震器传递的路面冲击力,应选择较小的相对阻尼系数;而在伸张行程,为使振动迅速衰减,则选择较大的相对阻尼系数。

（2）轮胎的影响

由于汽车的轮胎是具有弹性的,所以在行车时,减缓了很多因路面不平而引起的振动。它与悬架共同保证汽车行驶的平顺性。轮胎性能的好坏对汽车行驶平顺性有直接影响。提高轮胎缓冲性能的方法一是增大轮胎断面、轮胎宽度和空气容量;二是改变轮胎结构形式,如采用子午线轮胎;三是提高帘线和橡胶的弹性,要用较柔软的胎冠。在采用足够软悬架的情况下,相当大的行驶速度范围内,低频共振的可能性完全可以消除。但轮胎刚度过低,会增加车轮的侧向偏离,影响其稳定性,同时,还使滚动助力增加,轮胎寿命降低。

（3）悬挂质量

汽车的悬挂质量由车身、车架及其上的总成构成。悬挂质量由减震器和悬架弹簧与车轴、车轮相连。减少公共汽车和载货汽车的悬挂质量,车身振动和加速度增加,会大大降低行驶平顺性。在此情况下,为了保持良好的行驶平顺性,应采用等挠度悬架,使悬架刚度随悬挂质量的减小而减小。

（4）非悬挂质量

车轮、车轴构成非悬挂质量。车轮在经过具有一定弹性和阻尼的轮胎支撑的路面上,减小非悬挂质量可降低车身的振动频率,增加车轮的振动频率。这样就使低频共振与高频共振区域的振动减小,而将高频共振移向更高的行驶速度,对行驶平顺性有利。

常用非悬挂质量与悬挂质量之比(用 β 表示)评价非悬挂质量对平顺性的影响。比值越小,行驶平顺性越好。对于现代轿车,$\beta = 10.5\% \sim 14.5\%$ 时,可以保证良好的行驶平顺性。汽车行驶平顺性能下降,说明与平顺性相关的结构系统的技术状况下降,甚至是出现了故障。所以,必须对平顺性下降的原因进行分析诊断,以确保行驶车辆的舒适性和安全稳定性。

二、汽车空气调节性能的检测

汽车空气调节性能是指对车内空气的温度、湿度和粉尘浓度实现控制调节,使车室内空气经常保持在使乘员舒适的状态。汽车空气调节是改善工作条件、提高工作效率的重要手段。整车空气调节性能检测是指空气调节装置安装在汽车上后测定车厢内的降温、采暖、保温性能,测定车内气流分布,了解空气调节机组的运行情况以及空气调节机组对汽车性能的影响。实验方法分为道路实验和室内模拟实验两种。

1.汽车空气调节性能评价标准

对汽车空气调节性能的评价通常是由成员和驾驶员对车内的温度、湿度、空气流速、空气压力、气味、空气洁净度,甚至包括噪声和振动等指标的感受和反应来获得的。汽车舒适的空气调节参数评价指标见表6.2。

表6.2 汽车舒适的空气调节参数评价指标

项目\指标	温度/℃		相对湿度/%	换气量/(m·min^{-1})	风速/(m·s^{-1})	CO_2体积分数/%	CO体积分数/%
	冬季	夏季					
舒 适	15~18	22~27	30~70	0.6	0.075~0.2	0.03	0.01
不舒适	0~14	27~43	<30,>70	0.35	<0.075,>0.3	0.3	>0.015
有 害	<0	>43	<15,>95	0.14	>0.4	10	>0.03

2.汽车空气调节性能的检测项目与方法

目前,我国对汽车空气调节的检测还没有设立国家标准,一般参考国际汽车空调协会试验标准 IMACA 和日本 JISD 1618—1986 标准。

汽车空气调节检验以换气性能、采暖性能和制冷性能为研究对象,主要测定项目是风量、风速、温度、湿度。根据所测数据,对汽车空气调节系统的性能做出定量的评价。此外还必须进行主观评价,以做出全面的综合判断。

环境实验室可随意给定温度、湿度、日照等条件,可获取高重复性的实验数据。通常实验控制条件的范围:温度为 -30~50 ℃;湿度为 20%~80%;日照量为 0~1.16 kJ/(m^2·s)。

(1)换气性能检测

换气性能是汽车空调的最基本性能。换气性能检验主要有车内空气换气量,车内风速风向,进、排通气孔位置影响等。

①换气量。进出车内的空气量是由空调装置的进风量、车身缝隙的空气渗漏量平衡决定的。空调装置进风量的测定分为静态和动态两种测定方法。静态测定法是在车辆静止状态下,改变空调装置的鼓风机电压,测定各出口的风量;动态测定法可在汽车运行中进行风量测定,也可在风洞室内测定,更简便的方法是利用鼓风机送与车速相当的风量,进行测定。不管采用什么方法,都必须确保空气入口→车内→空气出口的压力变化与汽车行驶状态相同。逐个测定车身每个缝隙的渗漏量是十分困难的。一般只测总渗漏量。从车身缝隙向外渗漏的空气量,要由外界向车内补充。总渗漏量可通过测定车内某一定压时的补充空气量来代替。

②风速、风向。"体感风速"是风速的主要检验内容,应在相当于人体各部位处装微型风速传感器,以测定身体感受到的风速。风向测定可采用"气流可见化"检验方法,最简便的是"丝丛法",在细木棍的尖部贴附丝线或毛线,受气流作用后便随风飘动,以此判断气流的方向和强度。

③空气入口和出口。根据车身表面压力分布,在正压大的部位设置空气入口,在负压大的部位设置空气出口,其换气效率较高。

(2)采暖、制冷性能检验

在采暖和制冷性能检验中,最基本的内容是温度测量。

①采暖性能。对于采暖性能来说,最重要的是温度与温度分布。测量内容包括足部附近的温度分布、足部和面部空间的温度差、左右座席的温度差、前后座席的温度差等。

发动机冷却液温度也是采暖性能的重要评价项目。检验气温一般选择 -20 ℃左右,检验车速应选择负荷小的情况(即发动机发热量少),如40~50 km/h,还要选发热量急剧变化的工况,如 80 km/h 以上的车速和发动机怠速两种工况编成一定组合进行检验。

检验前汽车要停放,当发动机冷却液温度、机油温度、车内各部位温度与外界气温相等时,方能开始检验。检验从开始到达规定温度时所需时间和升温过程。车内温度上升越快,则性能越好。经过 40 min 左右,车内温度趋于稳定。这时,如果足下温度达到 30 ℃左右,面部温度达到 25 ℃左右,则认为加热器的性能良好。

②制冷性能。与采暖性能一样,制冷性能的主要检验项目也是温度测量。此外,出风口的风量和风速也是制冷性能的重要测试参数。为了掌握空调系统工作是否正常,还应测定制冷剂气体的压力。

检验条件因地区而异,我国可选气温 36~42 ℃,湿度 30%~70%,检验运行工况应包括40~50 km/h 中速行驶、100 km/h 左右高速行驶以及怠速等适当组合。

在检验环境下,将汽车停放 1~2 h 后,待车内温度稳定时便开始检验,测定降温过程。经过 40~50 min,车内温度趋于稳定。此时如果面部温度为 20 ℃左右,足下温度为 25 ℃左右,则认为制冷性能良好。

检验中测定制冷剂空气压力,若高压为 1.27~1.47 MPa,低压为 0.1~0.15 MPa,则认为制冷系统工作正常。检验中还应考核蒸发器上的水分有无冻结现象。

③温度控制性能。温度控制性能是指温度调节杆的动作量和吹出空气温度变化的关系。如果调节杆能使吹送空气温度呈直线变化,则认为温度控制性能良好。检验时,将温度调节杆的动作行程分为 4~10 等分,置于各等分点时送吹空气,测定车内各部位温度。检验气温在 -20~40 ℃范围内,每隔 10 ℃或 15 ℃进行一次检验。检验车速为 50~80 km/h,并应保证冷却液温度能使节温阀处于开启状态。在所有吹口处同时测定吹送空气温度,由此对左右侧温差作出评价。

(3)主观评价检验

主观评价检验主要是对车内整体温度分布和风量(风感)进行评价。另外,鼓风机响声、座席触感、空调控制杆的操纵性等也应列入评价内容。主观评价分为综合评价和头、足等身体局部感受评价,在规定时间里,将各部位的感觉记录在评价卡上。

检验条件与制冷、采暖性能基本相似,但主观评价检验要求在实际行驶状态下进行,并要求有更多的人参与检验评价。由于难以找到适宜的检验条件,主观评价检验也多在环境检验室内进行。检验前,评价人员必须在检验室内的检验条件下停留 30 min,并按规定着装。

三、汽车乘坐环境与驾驶操作性能检测

汽车乘坐环境及驾驶操作性能是指乘坐空间大小、座椅及操纵件的布置、车内装饰、仪表信号设备的易辨认性等。汽车舒适性各方面的评价与汽车其他性能不同,都与人体主观感觉直接相关。

乘坐舒适性在很大程度上还取决于座位的结构、尺寸、布置方式和车身(或载货汽车的驾驶室)的密封性(防尘、防雨、防止废气进入车身)、通风保暖、照明、隔音等效能,以及是否设有其他提高乘客舒适的设备(钟表、收音机、烟灰盒、点烟器等)。

1. 空气舒适性和操作方便性的评价与检验

目前,对汽车乘坐环境和操作性能主要是从操作方便、安全运行等方面检测评价。进行检验评价的内容有车室空间、装置、视界、视认性、照明性能等,具体检测项目与检测内容见表6.3。

表6.3 汽车乘坐环境和操作性能主要测定内容

项　目	测定内容
车内空间	室内尺寸(长、宽、高),大客车立席面积
上下车方便性	室内尺寸车门开口(高、宽),带篷车后门(高、宽),大客车紧急用车门尺寸,大客车门踏板高
座椅	座椅宽、内深、椅间间隙、头枕尺寸、触感
操纵装置总体布置	配置范围、识别标志,视认性
操作者视野	直接视界,间接视界,刮水器视界,除霜性
照明	照明灯(中心距、高度、主光轴、配光),牌照灯(照度、视认性),倒车灯(照射距离、光度),辅助前照灯、示宽灯、侧灯、尾灯、停车灯、制动灯,方向指示灯
座椅安全带	固定位置,着脱方便性

注:表中的检测项目与内容的测定均可采用一般工业测试仪表测取物理量进行检测评价。

2. 汽车乘坐环境和操作性能的影响因素分析

汽车乘坐环境与驾驶操作性能主要与必要的活动空间、舒适的乘坐(操作)姿势、较强的

信息接受能力 3 个方面因素相关。

（1）必要的活动空间

汽车的外形尺寸不可能无限大。研究车内活动空间的基本条件是在有限的外形内,如何设计出必要的空间来。为有效发挥活动空间的功效,必须探讨车室长、宽、高之比,轴距的长短、车室前后玻璃平面倾角、车门形状、内饰影响、车内设备布置、车身造型、空气动力特性、结构强度、自重等方面的因素。实际上,汽车活动空间是指可以容纳额定乘员的最小极限尺寸。确定车室容积时,应考虑乘员坐姿及供身体转动的足够空间。

车内装饰件,除考虑尺寸大小外,还应研究人的心理要求,注意色调和谐。为节省资源和能源,应正致力于结构紧凑型研究。

（2）舒适的乘坐（操作）姿势

汽车座椅的重要作用是在乘坐环境下支持乘员,并作为缓冲装置缓和地板传给人体的振动。为让乘员乘坐舒适,对座椅要求的主要因素是稳定的坐姿、合理的体压分布、缓冲特性、座椅尺寸、蒙皮的触感等。

（3）较强的信息接受能力

①视界。驾驶汽车时,必须知道道路状况、各种信号标志和周围交通情况等外部信息,其几乎全是靠视觉获得。所以视觉良好即可减轻驾驶人的负担,提高舒适性和工作效率。

视觉良好是指在人的视野内,具有广阔的视界。因此,应尽可能地减少驾驶人视野内的死角（盲区）。汽车视界可分为直接视界（驾驶人眼睛可直接看到的视界）、间接视界（通过后视镜观察到的视界）、刮水器视界（由刮水器刮拭区所看到的视界）。

影响直接视界的因素有风窗玻璃开口面积、立柱、座椅、翼子板等车身构件的位置和尺寸,风窗玻璃的透光率和车身玻璃的反射率等。

影响间接视界的因素有后视镜的位置与大小,靠枕等的构造和后座乘员头部位置等。此外,研究在下雨和寒冷时使用刮水器和除霜器的视界也很重要。

②视认性。驾驶人通过装在车上的仪表和警告灯,获取汽车各装置工作状态和行驶状况的信息,并进行判断和操作,称为视认性。所以视认性良好的仪表和警告灯等是舒适的进行汽车驾驶必不可缺的设施。影响视认性的因素有仪表的数量和布置、指针与表示文字的长度和大小、配色和夜间照明等。

③照明。用于夜间行驶的照明和用于表示信号的照明是有很大差别的。为确保驾驶人舒适,不易疲劳,并安全地驾驶汽车,各国都以法律形式规定了各种照明装置的主要性能,如明亮度、颜色、配光、安装位置和闪光频率等。

汽车舒适性是与使用者联系最为密切的性能,良好的汽车舒适性能保证驾驶者的平稳情绪、快速的反应速度进而保证行车的安全性;同时,也有助于增加汽车使用年限。

> **注意:**汽车空间舒适性和操作方便性是进行车辆选用的重要参考指标。

【任务实施】

一、准备工作

1. 工具设备和材料

课件、汽车、组合工具、工具车、零件摆放台、计算机等上网设备。

2. 安全防护用品

标准作业装。

二、信息收集

车型：_____ 出厂时间：_____

VIN 码：_____

三、学生以小组为单位，在教师提供的实习场地进行汽车车身类型比较，然后填写下表

类 型	定 义	结构特点	性能特点	应用车型
非承载式				
半承载式				
承载式				

四、各小组成员通过上网设备,查阅各种汽车空调,进行比较,然后填写下表

分类方法	类 型	特 点
按驱动 方式分	独立式	
	非独立式	
按空调 功能分	单一功能型	
	冷暖一体式	
按控制 方式分	手动调节	
	电控调节	
按控制 方式分	全自动调节	
	电脑控制 全自动调节	

五、各小组成员通过教室上网设备,查阅的有关各种汽车的舒适性设备,进行比较,并各派一个代表上台叙述

【任务检测】

一、判断题

1. 汽车舒适性主要包括汽车平顺性、汽车空调调节性能、汽车乘坐环境及驾驶操作性能等。它是现代轿车、越野车、商务车、休闲车的一个重要指标。 (   )

2. 汽车行驶平顺性通常是根据人体对振动的生理反应及对保持货物完整性的影响制订评价方法,同时用振动的物理量,如频率、加速度、加速度变化率等作为其评价指标。 (   )

3. 车悬架系统的刚度、阻尼和惯性参数的测定。通过测定轮胎、悬架、坐垫的弹性特性,就是载荷与变形的关系曲线,可以求出在规定载荷下轮胎、悬架、坐垫和刚度。 (   )

4. 疲劳—降低功效界限与保持工作效率有关,当驾驶人承受的振动强度在此界限之内时,能准确灵活地反应,正常驾驶不致太疲劳以致工作效率降低。 (   )

5. 汽车空气调节性能是指对车内空气的温度、湿度和粉尘浓度实现控制调节,使车室内空气经常保持在使乘员舒适的状态。汽车空气调节是改善工作条件、提高工作效率的重要手段。 (   )

6. 汽车舒适性是与使用者联系最为密切的性能,良好的汽车舒适性能保证驾驶者的平稳情绪、快速的反应速度进而保证行车的安全性;同时,也有助于增加汽车使用年限。 (   )

7. 视认性良好的仪表和警告灯等是舒适进行汽车驾驶必不可少的设施。影响视认性的因素有仪表的数量和布置、指针与表示文字的长度和大小、配色和夜间照明等。 (   )

8. 驾驶汽车时,所必须知道的道路状况、各种信号标志和周围交通情况等外部信息,几乎全是靠视觉获得。所以视觉良好可减轻驾驶人的负担,提高舒适性和工作效率。 (   )

9. 汽车视界可分为直接视界(驾驶人眼睛可直接看到的视界)、间接视界(通过后视镜观察到的视界)、刮水器视界(由刮水器刮拭区所看到的视界)。 (   )

10. 环境实验室可随意给定温度、湿度、日照等条件,可获取高重复性的实验数据。通常实验控制条件的范围:温度 $-30 \sim 50$ ℃;湿度 $20\% \sim 80\%$;日照量 $0 \sim 1.16$ kJ/($m^2 \cdot s$)。 (   )

二、简答题

1. 汽车行驶平顺性的检测主要包括哪些内容?

2. 简述提高轮胎缓冲性能的方法。

3. 简述汽车空调调节性能的检测项目。

4. 简述汽车乘坐环境和操作性能主要测定的内容。

【评价与反馈】

班级：　　　　　　　　　　　姓名：　　　　　　　　　　　指导教师：

序　号	考核项目	配　分	考核内容	配　分	考核标准	得　分
1	出勤/纪律	5	出勤	2	违规一次不得分	
			行为规范	3	违规一次不得分	
2	安全/防护/环保	20	着装	4	违规一次不得分	
			个人防护	4	违规一次不得分	
			"5S"/"EHS"	4	违规一次不得分	
			设备使用安全	4	违规一次不得分	
			操作安全	4	违规一次不得分	
3	知识水平	20	知识测验成绩	20	测验成绩的20%计	
4	技能考核	40	技能测验成绩	40	测验成绩的40%计	
5	学习能力	10	工单填写,工艺计划制订	4	未做不得分	
			组内活动情况	4	酌情扣1~4分	
			资料查阅和收集	2	未做不得分	
6	任务拓展	5	知识拓展	2	未做不得分	
			技能拓展	3	未做不得分	
7	总　分		100			

【教师评估】

序　号	优　点	存在问题	解决方案

教师签字：

任务6.3　汽车环保性能检测

【任务目标】

目标类型	目标要求
认知目标	1.知道汽车废气的主要成分、原因及其危害 2.知道汽车排放污染物检测评价标准 3.知道汽车排放污染物的检测方法
技能目标	1.能规范操作汽车尾气分析仪 2.能规范进行汽车排放污染物超标进行故障诊断作业
情感目标	1.养成主动学习习惯 2.培养"5S"/"EHS"意识 3.培养团队协作交流与语言表达能力

【任务描述】

汽车环保性能检测,是指车辆在不解体情况下,对涉及车辆有关环境保护方面的项目进行检查与测试的技术。其主要包括汽油机或者柴油机排气污染物的检测,车辆噪声和喇叭声级测试等。汽车的环保性能体现了现代汽车的新技术及新标准,是绿色汽车的具体表现之一。

通过本任务学习,知道汽车排放污染的种类、危害、检测手段及控制标准;知道汽车排放污染对自然、环境与人的危害。

【知识准备】

汽车在给人类社会带来许多好处的同时也产生了一些危害,这就是汽车公害。汽车公害一般是指交通事故、汽车排放污染、噪声污染、汽车垃圾、汽车电磁污染。其中,汽车排放污染主要有发动机尾气污染、汽油蒸发及曲轴箱串气。随着大气污染的加剧和人们环保意识的不断增强,汽车污染的控制也日益严格。其实,自汽车产生以来,科学技术的发展使汽车污染的控制不断完善。这一过程如下:

• 1964年开始使用闭式曲轴箱通风。

• 1973年起使用热转换器(氧化转换器)。

• 1975年起使用三效催化转换器。

• 1976年起使用三效催化转换器与氧传感器,需要时再加上废气再循环,空气二次喷射技术。

- 1980 年代,稀薄燃烧、分层燃烧发动机技术开始应用。
- 1990 年代,汽油直喷技术开始应用。
- 2000 年以后,CAI 技术开始研究。

汽车多种控制措施对有害排放物的降低效果见表6.4。

表6.4　多种控制措施对有害排放物的降低效果

控制措施　　　　　有害气体	HC	CO	$NO_x(NO+NO_2)$
原始值	100%	100%	100%
可变正时(VVT)	96%	100%	85%
废气再循环(EGR)	95%	100%	56%
电控燃油喷射(EFI)	79%	85%	50%
三元催化转换器(TWC)	7%	16%	9%
二次空气喷射	5%	8%	4%
延迟点火	3%	6%	3%
金属排气管隔热	2.5%	5%	2.5%

一、汽车排放污染物的检测

根据使用燃油的不同,汽车发动机排出废气的成分也不相同。有害成分的排放量与汽车的技术状态有密切的关系。这些有害成分排入大气,将产生空气污染,危害生态环境,特别是汽车车内的小气候产生的严重污染,对驾驶人、乘员身体产生危害,甚至危及生命,因此对汽车的排放性必须加以严格监控。

1.汽车废气的主要成分及产生原因

汽车排放污染物主要一氧化碳(CO)、碳氢化合物(HC)、氮氧化物(NO_x)、微粒、硫化物等。这些污染物由汽车的排气管、曲轴箱和燃油系统排出,分别称为排气污染物(又称尾气)、曲轴箱污染物和燃油蒸发污染物。随着汽车工业的迅速发展,汽车保有量急剧增加,汽车排放污染物对大气的污染已经构成公害。它对部分人群,尤其是对大城市的人群造成了严重的健康威胁。同时它还损害生态环境,污染河流湖泊,危及野生动植物的生存。

①一氧化碳。汽车排放中的 CO 是燃料不完全燃烧的产物。当发动机混合气过于浓或燃烧质量不佳时,易生成 CO。

②碳氢化合物。汽车废气中的 HC 是多种碳氢化合物的总称,是发动机未燃尽的燃料分解或供油系中燃料蒸发所产生的气体。在汽车排放污染物中,HC 主要来自曲轴箱窜气,其次是来自燃油箱中的蒸发,其余则由发动机排气管排出。

③氮氧化物。排放中的氮氧化物主要指 NO_2 和 NO,通常可概括表示为 NO_x。NO_x 主要是在高温燃烧过程中由空气中的氧和氮化合而成,燃料中含氮化合物也会部分形成氮氧化物排放。汽车尾气中直接排出的氮氧化物基本上是 NO,汽油机排出的氮氧化物中,NO 占99%,而柴油机排出的氮氧化物中 NO_2 所占比例较大。

④硫化物。发动机排出的硫化物主要为二氧化硫(SO_2)。它由所用燃料中含有的硫与空气中的氧化反应而生成。

⑤微粒。汽油机排出的主要微粒是铅化物、硫酸盐、低分子物质;柴油机排出的主要微粒为炭化物质(炭烟)和高分子量的有机物(润滑油氧化和裂解的产物),其微粒的直径为 $0.1 \sim 1~\mu m$。柴油机产生的微粒量比汽油机多 $30 \sim 60$ 倍,炭烟是柴油燃烧不完全的产物,它由直径较小的多孔性炭粒构成。

2. 汽车排放污染物检测评价标准

按照《点燃式发动机汽车排气污染物排放限值及测量方法》(GB 18285—2005)的规定,装配点燃式发动机的车辆排放污染物限值如下:

①装配点燃式发动机的车辆双怠速检验排气污染物限值见表6.5。从表中可以看出,高怠速排放测量值低于怠速排放测量值。

表6.5 装配点燃式发动机的车辆双怠速检验排气污染物限值

车辆类型	怠速		高怠速	
	CO	HC	CO	HC
2005 年 7 月 1 日生产的第一类轻型车	0.5	100	0.3	100
2005 年 7 月 1 日生产的第二类轻型车	0.8	150	0.5	150
2005 年 7 月 1 日后生产的重型车	1.0	200	0.7	200
2000 年 7 月 1 日后生产了第一类轻型车	0.8	150	0.3	100
2001 年 10 月 1 日后生产的第二类轻型车	1.0	200	0.5	150
2004 年 9 月 1 日后生产的重型车	1.5	250	0.7	200

注意:怠速和高速时检测的 CO、HC 浓度应分别符合排放标准的要求,否则为不合格。

②装配点燃式发动机的车辆加速模拟工况检验排气污染限值。根据《点燃式发动机汽车排气污染物排放限值及测量方法》(GB 18285—2005)的规定,采用简易工况法的地区,应制订地方排气污染物排放限值,经省级人民政府批准,报国务院环境保护行政主管部门备案后实施。由此可知,区域的不同,排气污染物排放限值也略有不同。如广东省地方标准《点燃式发动机汽车排气污染物排放限值及测量方法》(DB44—592—2009)规定的装配点燃式发动机的车辆加速模拟工况检验排气污染限值见表6.6。

表 6.6 装配点燃式发动机的车辆加速模拟工况检验排气污染限值

限值类型	基准质量 RM/kg	ASM5025			ASM2540		
		CO/%	HC/10^{-6}	NO/10^{-6}	CO/%	HC/10^{-6}	NO/10^{-6}
I	$RM \leqslant 1\ 250$	2.00	200	4 000	2.50	200	3 500
	$1\ 250 < RM \leqslant 1\ 700$	1.50	160	2 800	2.00	160	2 600
	$1\ 700 < RM$	1.20	130	2 100	1.60	130	2 000
II	$RM \leqslant 1\ 250$	0.95	150	1 650	0.90	120	1 400
	$1\ 250 < RM \leqslant 1\ 700$	0.80	115	1 250	0.80	110	1 150
	$1\ 700 \leqslant RM$	0.75	95	9 500	0.70	100	850
III	$RM \leqslant 1\ 305$	0.95	150	1 650	0.90	120	1 400
	$1305 \leqslant RM \leqslant 1\ 760$	0.80	115	1 250	0.80	110	1 150
	$1\ 760 < RM$	0.75	95	950	0.70	100	850

特别说明:第Ⅰ类限值适用于 2000 年 7 月 1 日以前登记注册并取得号牌的第一类轻型汽车,以及 2001 年 10 月 1 日以前登记注册并取得号牌的第二类轻型汽车;第Ⅱ类限值适用于 2000 年 1 月 1 日以后且于 2008 年 6 月 30 日以前登记注册并取得号牌的第二类轻型汽车;第Ⅲ限值适用于 2008 年 7 月 1 日以后登记注册并取得号牌的轻型汽车。

③按照《车用压燃试发动机和压燃式发动机汽车排气烟度排放值及测量方法》(GB 3847—2005)的规定,装配压燃式发动机的车辆自由加速检验排气限值应符合表 6.7 的要求。

表 6.7 装配压燃式发动机的车辆自由加速检验烟度排放限值

车辆类型	烟度排放限值
2005 年 7 月 1 日新车	<原车规定值 +0.5 m(光吸收系数)
2001 年 10 月 1 日起生产的在用汽车	<2.5 m(光吸收系数)
2001 年 10 月 1 日前生产的在用汽车	<3.0 m(光吸收系数)
1995 年 7 月 1 日起生产的在用车	<4.5(烟度值/Rb)

3.汽车排放污染物的检测设备与方法

按照《点燃式发动机汽车排气污染物排放限值及测量方法》(GB 18285—2005)和《车用压燃式发动机和压燃式发动机汽车排气烟度排放值及测量方法》(GB 3847—2005)的规定:汽油车排放污染物的检测方法有双怠速法与简易工况法;柴油车排气烟度的检测方法主要有自由加速法、全负荷烟度测量法和加载减速法。

（1）双怠速检测法

按照《点燃式发动机汽车排气污染物排放限值及测量方法》（GB 18285—2005）规定，装用点燃式发动机新生产汽车的形式核准和生产一致性检查以及在用汽油车的排放检查采用双怠速。双怠速检测是指在汽车在空挡条件下，加油至高速和低速时检测污染物的方法，用于对汽油车怠速、高怠速工况下排气中的 CO 和 HC 浓度进行检测。

高怠速工况是指发动机无负载稳定运转在 5% 额定转速或制造厂技术文件中规定的某一高转速时工况。

怠速和高怠速检测的 CO、HC 浓度应分别符合排放标准要求，对于使用闭环控制电子燃油喷射系统和三元催化转化器技术的汽车，高怠速时检测的过量空气系数应在 1.00 ± 0.03 或制造厂规定的范围内，否则为不合格。

双怠速检测法的检测设备主要是部分红外线气体分析仪，如 TH500E、FGA-4100 等汽车尾气分析仪，如图 6.10 所示。由于不同的分析仪各有其特点，所以操作前一定要认真阅读其操作使用说明书，严格按照设备使用说明书进行操作。

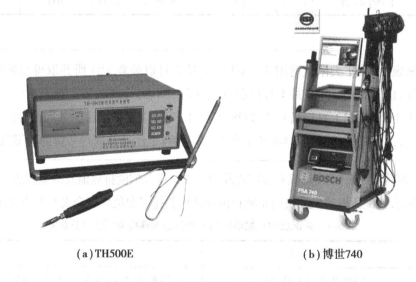

（a）TH500E　　　　　　　　　（b）博世740

图6.10　汽车尾气分析仪

（2）简易瞬态工况法

简易瞬态工况法是一种带负荷的测试方法，它是模拟汽车上路时有负荷的检测，涵盖加速、减速、等速、怠速等各种工况过程，如实反映车辆实际行驶时的尾气排放特征；由于瞬态工况能够克服其他检测方法不能检测电喷车氧传感器故障的缺点，从而增加了尾气排放缺陷的检测。与双怠速检测方法相比，简易瞬态工况法具有误判率低，能有效防止调校作弊行为，同时也能对汽车的氮氧化物排放进行检测，为在用车监管提供更加科学、客观的依据。

简易瞬态工况法的设备主要包括地盘测功机、排气取样系统、五气分析仪、气体流量分析仪和自动检测控制系统，如图 6.11 所示。

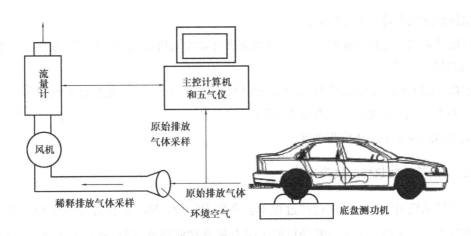

图 6.11　简易瞬态工况法检测汽车尾气简图

简易瞬态工况法使机动车尾气由静态检测上升为动态检测,可以保证机动车尾气排放始终处于合理的水平,从而有效控制了机动车尾气污染,加速淘汰尾气严重超标的老旧车辆。同时可以及时发现尾气排气状况不佳的车辆,使其相关部件得到维修、清洗、更换或准确调整,从而使车辆恢复正常车辆的状态。

（3）自由加速烟度法

自由加速烟度法是指柴油机从怠速状态突然加速至高速空载转速过程中进行排气烟度测量的一种方法,它包括滤纸烟度法和不透光烟度法。

①滤纸烟度法。滤纸烟度法是指柴油机处于怠速、加速踏板迅速踏到底,维持 4 s 后松开。在该工况下,从排气管抽取规定长度的排气柱所含的炭烟,用光电法确定清洁滤纸染黑的程度。

滤纸烟度法适用于自 1995 年 7 月 1 日起至 2001 年 9 月 30 日期间生产的在用汽车,所测得的烟度值应不大于 4.5Rb。

②不透光烟度法。不透光烟度法是指被测气体封闭在一个内表面不反光的容器内。不透光烟度计的显示仪表有两种计量单位:一种为绝对光吸收系数单位,从 0 到趋于 ∞;另一种为不透光度的线性分度单位,从 0 ~ 100%。两种计量单位的量程,均应以光全通过时为0,全遮挡时为满量程。

不透光烟度法适用于自 2001 年 10 月 1 日起至 GB 3847—2005 实施之日生产的汽车,按要求进行自由加速试验,所测得的排气光吸收系数应符合表 6.7 的规定,否则为不合格。

（4）全负荷烟度测量法

全负荷烟度测量法是指柴油机在全负荷稳定转速下测量柴油机排气烟度的一种方法。

由于柴油车冒黑烟在全负荷运转时较为严重,因此全负荷烟度测量法是柴油车烟度检测中最常用的方法。《车用压燃式发动机和压燃式发动机汽车排气烟度排放限值及测量方法》（GB 3847—2005）标准中,规定压燃式发动机形式核准烟度检测试验采用全负荷烟度测量法。

（5）加载减速工况法

加载减速工况法（Lug Down Mode）是一种在汽车底盘测功机上模拟车辆负载稳定运行

时测量压燃式汽车排气烟度的方法。

测试设备主要包括底盘测功机、不透光烟度计和发动机转速计,由计算机控制系统集中控制,如图 6.11 所示。

根据《车用压燃式发动机和压燃式发动机汽车排气烟度排放限值及测量方法》(GB 3847—2005)规定,在机动车保有量大、污染严重的地区,对于压燃式发动机在用汽车的排放监控采用加载减速工况法检测烟度。

二、排放污染物超标的故障诊断

汽车发动机可燃混合气在燃烧过程中会产生 HC、CO、NOx 等有害气体和 CO_2、H_2O、O_2 等无害气体。由于尾气成分与发动机的工况有最直接的联系,所以通过汽车尾气的检测可初步分析发动机的工作状况、性能好坏,还可以检查包括燃烧情况、点火能量、进气效果、供油情况、机械情况等诸多方面。更为重要的是,当发动机各系统出现故障时,尾气中某种成分必然偏离正常值,通过检测发动机不同工况下尾气中不同气体成分的含量可判断发动机故障所在的部位。

①发动机各部分技术状况与尾气成分间的关系表见表 6.8。

表 6.8　发动机各部分技术状况与尾气成分间的关系表

部位名称	技术状况	检测项目	相关的尾气
进排气门、汽缸衬垫	烧蚀或密封性下降	汽缸压力、汽缸漏气率和进气真空度	HC、CO
活塞、活塞环、缸套	磨损和密封性下降		HC、CO
空气流量、温度、节气门位置、转速传感器和 ECU	信号失真,影响喷油时间	相关电路信号、MNF(L 型)、MAP(D 型)、转速信号、TPS 信号、氧传感器信号	HC、CO
喷油器、进气温度、进气管内壁状况	喷油雾化质量不良	温度信、燃油压力、空燃比(A/F)	HC、CO
点火线圈初级	影响点火能量		HC
点火模块、与点火有关的传感器信号	工作不良,影响点火正时	点火波形、漏电检验、导通检验	HC
火花塞、高压线、分电器	有效点火能力下降		HC
曲轴箱强制通风装置、燃油箱蒸发控制装置	工作性能下降	检查电磁阀电路	HC
二次空气喷射系统、进气预热系统	工作性能下降	检测相关控制电路	HC、CO
催化转化器	工作温度、转化效率、使用寿命	表面颜色检查	HC、CO、NOx

> **特别提示**:通过尾气分析,可以检测到混合气过浓或过稀、二次空气喷射系统失灵、喷油器故障、进气歧管真空泄漏、废气涡轮增压器故障、汽缸盖衬垫损坏、EGR 阀故障、排气系统泄漏以及点火系统提前角过大等方面的故障。

②尾气成分异常的原因分析。HC 的度数高,说明燃油没有充分燃烧。汽缸压力不足、发动机温度过低、油箱中油汽蒸发、混合气由燃烧室向曲轴箱泄漏、混合器过浓或过稀、点火正时不准确、点火间歇性不跳火、温度传感器不良、喷油器漏油、油压过高或过低等因素都将导致 HC 读数过高。

CO 的读数是零或接近零,则说明混合气充分燃烧。CO 的含量过高,表明燃油供给过多、空气供给过少,燃油供给系统和空气供给系统有故障,如喷油器漏油、燃油压力过高、空气滤清器不洁净。也可能是其他问题,如活塞环胶结、曲轴箱强制通风系统受阻、点火提前角过大或冷却液温度传感器有故障等。CO 的含量过低,则表明混合气过稀,故障原因有燃油油压过低、喷油器堵塞、真空泄漏、EGR 阀泄漏等。

CO_2 是可燃混合气燃烧的产物,其高低反映出混合气燃烧的好坏,即燃烧效率。可燃混合气燃烧越完全,CO_2 的读数就越高,混合气充分燃烧室尾气中 CO_2 的含量达到峰值的 13% ~16%(体积分数下同)。当发动机混合气过浓或过稀时,CO_2 的含量都将降低。当排气管尾部的 CO_2 低于 12% 时,要根据其他排放物的浓度来确定发动机混合气的浓度。燃油滤芯太脏、燃油油压低、喷油器堵塞、真空泄漏、EGR 阀泄漏等将造成混合气过稀。而空气滤清器阻塞、燃油压力过高,都将导致混合气过浓。

O_2 的含量是反映混合气空燃比的最好指标,是有用的诊断数据之一。可燃混合气燃烧越完全,CO_2 的读数就越高;与此相反,燃烧正常时,只有少量未燃烧的 O_2 排出汽缸,尾气中 O_2 的含量应为 1% ~2%。O_2 的读数小于 1%,说明混合气过浓;O_2 的读数大于 2%,表示混合气太稀。导致混合气过稀的原因有很多,如燃油滤芯太脏、燃油油压低、喷油器堵塞、真空泄漏、EGR 阀泄漏等。而空气滤清器堵塞、燃油压力过高等都可能导致混合气过浓。

当 CO、HC、浓度高,CO_2、O_2 浓度低时,表明发动机混合气很浓。HC 和 O_2 的读数高,则表明点火系统工作不良、混合气过稀,而引起失火。

利用尾气分析仪的读数,可以知道每个缸的工作状况。当进行单缸断火时,如果每个缸 CO、CO_2 的读数都下降,HC、O_2 的读数都上升,且上升和下降的量都一样,表明各缸都工作正常。如果只有一个缸的变化很小,而其他缸都一样,则表明这个缸点火或燃烧不正常。另外,当四缸发动机中有一缸不工作时,其浓度将上升到 4.75% ~7.25%;若有两缸不工作,则会上升到 9.5% ~12.5%。

【任务实施】

一、准备工作

1. 工具设备和材料

课件、汽车、汽车尾气分析仪、组合工具、工具车、零件摆放台、计算机等上网设备。

2. 安全防护用品

标准作业装。

二、信息收集

车型：_____ 出厂时间：_____

VIN 码：_____

三、各小组拆卸发动机排放控制系统并完成表 6.9

表 6.9　发动机排放控制系统主要零件识别

序　号	零件名称	材　料
1		
2		
3		
4		
5		
6		
7		
8		
9		

四、学生以小组为单位,讨论查阅资料完成表 6.10

表 6.10　发动机各部分技术状况与尾气成分的关系表

班级:_____　姓名:_____　学号:_____

部位名称	技术状况	检测项目	相关的尾气
进排气门、汽缸衬垫			
活塞、活塞环、缸套			
空气流量、温度、节气门位置、转速传感器和 ECU			
喷油器、进气温度、进气管内壁状况			
点火线圈初级			
点火模块、与点火有关的传感器信号			
火花塞、高压线、分电器			
曲轴箱强制通风装置、燃油箱蒸发控制装置			
二次空气喷射系统、进气预热系统			
催化转化器			

五、学生以小组为单位,在教师提供的汽车上完汽车尾气排放污染测定,并填写表 6.11

表 6.11　汽车尾气排放污染测定表

有害气体 检测车型	HC	CO	$NO_x(NO+NO_2)$
长安之星 2			
长安天语			
长安福特福克斯			
长安福特蒙迪欧 2			
桑塔纳 2000			

六、各小组成员通过教室上网设备,查阅的有关各种汽车的尾气排放污染的案例,各派一名代表上台叙述

【任务检测】

一、判断题

1. 汽车在给人类社会带来许多好处的同时也产生了一些危害,这就是汽车公害。汽车公害一般是指交通事故、汽车排放污染、噪声污染、汽车垃圾、汽车电磁污染。　　　（　　）

2. 汽车排放污染主要有发动机尾气污染、汽油蒸发及曲轴箱串气。　　　（　　）

3. 1976 年起使用三元催化转换器与氧传感器,需要时再加上废气再循环,空气二次喷射技术。使汽车尾气中的有害成分大大降低。　　　（　　）

4. 二次空气喷射就是将新鲜的空气送入排气管,降低尾气的温度,以便于进一步氧化,减少尾气中有害物质。　　　（　　）

5. 三元催化转换器 TWC 中的三元是指尾气中的 3 种有害气体,即:HC、CO、NO_x（NO + NO_2）。　　　（　　）

6. 尾气成分异常的原因分析时,HC 的度数高,说明燃油没有充分燃烧。　　　（　　）

7. 检测尾气成分的传感器是氧传感器。它是发动机燃油喷射时进行闭环控制的标志。　　　（　　）

8. 尾气成分分析时,CO 的读数是零或接近零,则说明混合气充分燃烧。　　　（　　）

9. 简易瞬态工况法是一种带负荷的测试方法,它是模拟汽车上路时有负荷的检测,涵盖加速、减速、等速、怠速等各种工况过程。　　　（　　）

10. 滤纸烟度法是指柴油机处于怠速、加速踏板迅速踏到底,维持 4 s 后松开。在该工况下,从排气管抽取规定长度的排气柱所含的炭烟,用光电法确定清洁滤纸染黑的程度。　　　（　　）

二、简答题

1. 汽车尾气的主要成分有哪些? 产生原因是什么?

2. 汽车技术发展过程中对发动机尾气处理有何变化?

3.汽车尾气的有害成分对人体有何危害?

4.柴油机与汽油机尾气成分及控制标准有何的区别?

【评价与反馈】

班级：　　　　　　　　　　姓名：　　　　　　　　　指导教师：

序　号	考核项目	配　分	考核内容	配　分	考核标准	得　分
1	出勤/纪律	5	出勤	2	违规一次不得分	
			行为规范	3	违规一次不得分	
2	安全/防护/环保	20	着装	4	违规一次不得分	
			个人防护	4	违规一次不得分	
			"5S"/"EHS"	4	违规一次不得分	
			设备使用安全	4	违规一次不得分	
			操作安全	4	违规一次不得分	
3	知识水平	20	知识测验成绩	20	测验成绩的20%计	
4	技能考核	40	技能测验成绩	40	测验成绩的40%计	
5	学习能力	10	工单填写,工艺计划制订	4	未做不得分	
			组内活动情况	4	酌情扣1~4分	
			资料查阅和收集	2	未做不得分	
6	任务拓展	5	知识拓展	2	未做不得分	
			技能拓展	3	未做不得分	
7	总　分		100			

【教师评估】

序　号	优　点	存在问题	解决方案
教师签字：			

项目 **7**
整车综合故障诊断

任务7.1　汽车故障诊断仪的使用

【任务目标】

目标类型	目标要求
认知目标	1. 知道故障诊断仪的作用 2. 知道简单叙述故障诊断仪的诊断原理 3. 认识金德 KT300 和金德 KT600 的结构
技能目标	1. 能进行安全操作，具有安全生产意识 2. 能按步骤正确使用金德 KT300 和 KT600 读取故障码 3. 能正确记录故障码 4. 能正确使用金德 KT300 和 KT600 读取数据流
情感目标	1. 养成主动学习习惯 2. 培养"5S"/"EHS"意识 3. 培养团队协作交流与语言表达能力

【任务描述】

汽车故障诊断仪(俗称解码器)是现代汽车维修中非常重要的工具,它能够快速读取汽车故障码,为排除汽车故障争取宝贵的时间。通过学习,能够正确使用故障诊断仪进行检测和数据分析,快速查明发生故障的部位和原因。

【知识准备】

一、认识汽车故障诊断仪

1. 汽车故障诊断仪及其作用

汽车故障诊断仪是现代汽车维修中非常重要的工具,如图 7.1 所示。汽车故障诊断仪俗称解码器,用户可以利用它在不解体汽车的情况下迅速地读取汽车电控系统中的故障,并通过液晶显示屏显示故障信息,迅速查明发生故障的部位及原因。

汽车故障诊断仪的种类非常多,当前广泛使用的故障诊断仪有两种类型,一种是专用诊断仪,如通用公司的 TECH-Ⅱ,福特公司的 Super Star Ⅱ,奔驰公司的 HHT,奥迪公司的 V. A. G1552 等是为各车系设计的故障诊断仪器。这

图 7.1 汽车故障诊断仪

类诊断仪只适用于单一系列车型,且价格昂贵,汽车制造厂一般仅向代理商或特约维修厂提供,从而使使用的范围受到限制。另一种是通用汽车故障诊断仪,如美国 SNAP-ON 公司生产的 MT2500,国产的金德、元征、金博士等,其使用范围不局限于某一系列车型,特别适合于维修汽车种类比较多的综合型汽车维修厂。这种诊断仪还具有一机多用的功能,如具有读码、解码、清码、数据扫描等功能,有的解码器还具备传感器输入信号和执行器输出信号检测、调整以及系统匹配、标定和防盗密码设定等功能。

2. 诊断原理

诊断电子控制系统的传感器、执行器状态以及 ECU 的工作是否正常。通过判断 ECU 的输入、输出电压是否在规定的范围内变化时,可以判断电子控制系统工作是否正常。

当电子控制系统中的某一电路出现超出规定的信号时,该电路及相关的传感器反映的故障信息以故障代码的形式存储到 ECU 内部的存储器中,维修人员可利用该诊断仪来读取故障码,使其显示出来。

二、金德 KT600 汽车诊断仪

金德 KT600 智能诊断仪是集多种功能于一体的新型诊断设备。该产品为国内首创,包含了大多数原厂通信协议及控制器局域网(CAN)的通信协议,可扩充性强。配备超大容量的 CF 卡,可随意扩充升级程序,实时保存诊断结果;带有精密的微型打印机,可实时打印诊断报告;彩色大屏幕,触摸屏操作,非常直观明了;实时检测点火系统、传感器、执行器的波形,为准确判断汽车故障提供强有力的支持。

1. 功能简介

金德 KT600 汽车诊断仪具有下列功能:

①汽车故障诊断。

②三通道/五通道汽车专用示波器。

③数据流波形显示/存储/对比。

④打印功能,RFID 钥匙诊断。

⑤汽车英汉词典。

⑥行车记录。

⑦温度、压力检测(选配)。

⑧振动、异响测试分析。

2. 产品特点

(1)系统运行速度更快

金德 KT600 汽车诊断仪装备有领先的 32 位嵌入式芯片,选用海量内存,能使用户感受到提速带来的畅快。

(2)系统稳定性更高

金德 KT600 汽车诊断仪运用先进开发手段,使系统应用程序快速、稳定。在拥有大量车型资料的同时,产品的稳定性大幅度提高。

(3)系统独立性更强

各车型测试应用程序存储于存储卡上,相互独立,完全可以实现分车型升级。数据流波形显示/存储。

(4)汽车数据流测试为波形显示

可通过观察数据流连续的变化来准确分析数据流。并可存储数据流,进行回放,从而发现传感器、执行器等的异常情况。

(5)波形显示符合国际潮流

有纵列、三维、阵列、单缸等多种次级波形显示方式,并能显示点火击穿电压、闭合角、燃烧时间、转速等参数。

3. 组成

(1)主机

主机可单独使用,在其单独使用时,即成为一台标准的手持式计算机,具备所有标准掌上电脑的功能,如个人数据管理、英汉词典、计算器等。

(2)诊断盒

诊断盒是进行汽车故障诊断的必要部件,承担着汽车诊断的主要任务,由于对其进行了详细的功能设计,为后续的升级服务(网上下载升级)奠定了基础。

(3)示波盒

示波盒是进行汽车故障诊断的重要部件,可以分析出进行汽车系统和燃油系统的可能故障点,为汽车运行的技术改善和故障诊断提供科学依据。

（4）打印机

打印机与主机相连,用于打印测试结果。使用 $\phi 30$ mm $\times 57$ mm(内孔为 $\phi 12$ mm)的热过敏打印纸。

如图7.2、图7.3所示为金德KT600综合诊断仪,其屏幕和按键说明见表7.1。

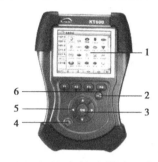

图7.2　金德KT600综合智能仪正面视图

1—触摸屏;2—"ESC"键;

3—"OK"键;4—电源开关;

5—方向选择键;6—F1 ~ F4键

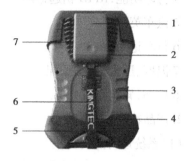

图7.3　金德KT600综合智能仪背面视图

1—打印盒;2—打印机卡扣;

3—手持处;4—卡锁;5—胶套

6—保护带;7—触摸笔槽

表7.1　金德KT600智能诊断仪主要部件说明

序号	项　目	功能说明
1	打印盒	内装热敏打印机和2 000 mA·h锂电池
2	打印机卡扣	按下打印机卡扣,滑出打印机盒盖板,以安装打印纸
3	手持处	凸显设计更人性化,有利于手持使用
4	卡　锁	锁住诊断盒(或示波盒),确保其与仪器可靠连接
5	胶　套	保护仪器,防止磨损
6	保护带	防止手持时仪器滑落
7	触摸笔槽	用于插装触摸笔

图7.4所示为金德KT600综合智能诊断仪上接口视图,其屏幕和按键说明见表7.2。

图7.5所示为金德KT600综合智能诊断仪下接口视图,其屏幕和按键说明见表7.3。

图7.4　金德KT600综合智能
诊断仪上接口

图7.5　金德KT600综合智能
诊断仪下接口

表7.2　上接口说明

	项　目	说　明
1	NET	插网线,可实现在线升级
2	PS2	可外挂键盘或条码枪,内含标准
3	CF CARD	CF 卡插槽(实现 CF 卡插拔)
4	POWER	给主机供电

表7.3　下接口说明

	项　目	说　明
1	DLAG	数据通信时该信号灯会亮
2	DLAGNOSTIC	测试端口
3	LLNK	诊断仪正确连接并通电后该信号灯会亮

图7.6 所示为金德 KT600 综合智能诊断仪示波盒接口,其接口说明见表7.4。

图7.6　金德 KT600 综合智能诊断仪示波盒接口

表7.4　示波盒接口说明

	项　目	说　明
1	CH1	示波通道 1
2	CH2	示波通道 2
3	CH3	示波通道 3/触发通道(对于三通道示波盒)
4	CH4	示波通道 4
5	CH5	触发通道

4.供电方式

金德 KT600 主机有4种供电方式,可以根据需要进行选择。

(1)交流电源供电

找到机箱内金德 KT600 标准配置的电源适配器,其中一端连接在仪器的电源供电端口,另一端连接至 100 ~ 240 V 交流插座。

227

（2）汽车蓄电池供电

找到机箱内金德 KT600 标准标准配置中的电源延长线和汽车鳄鱼夹,其中一端连接在视频的电源供电端口,另一端连接至汽车蓄电池。

（3）点烟器供电

找到机箱内金德 KT600 标准配置中的电源延长线和汽车点烟器,其中一端连在仪器的电源供电羰口,另一端连接至汽车点烟器。

（4）诊断座供电

5.开机

连接好主机电源后,按下金德 KT600 正面左下角的电源开关按钮,屏幕先出现下载条,等待片刻后进入启动界面(首次启动将弹出用户注册信息)。

6.任务模块

进入主界面后,可以看到金德 KT600 提供的四大任务模块:汽车诊断功能、系统设置功能、示波分析仪功能、辅助功能。用户可以通过单击触摸屏上的各功能模块进入各功能操作界面。

7.汽车诊断准备

（1）测试条件

打开汽车电源开关,汽车蓄电池电压应为 11～14 V,金德 KT600 的额定电压为 DC12 V,节气门应处于关闭状态,即怠速接合点闭合。点火正时和怠速应在标准范围内,冷却液温度和变速箱油温达到正常工作温度(冷却液温度 90～110 ℃,变速箱油温 50～80 ℃)

（2）选择测试接头和诊断座

金德 KT600 配有多种测试接头。根据诊断界面的提示选择相应的测试接头。不同车型的诊断座位置会有所不同,找到正确的诊断座进行测试。

（3）设备连接

将金德 KT600 诊断盒插入诊断插槽,注意插入方向,将印有"UP"字样的一面朝上。确定诊断座的位置、形状以及是否需要外接电源。根据车型及诊断座的形状选择相应的测试接头。将测试延长线的一端插入金德 KT600 测试口内,另一端连接专用测试接头。将连接好测试延长线的测试接头插到车辆的诊断座上。

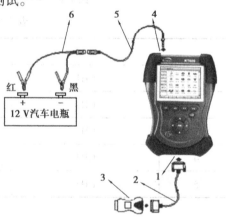

图 7.7　金德 KT600 综合智能诊断仪
连接蓄电池示意图

1—KT600 测试口;2—测试延长线;

3—专用测试接头;4—KT600 电源接口;

5—电源延长线;6—双钳电源线

注意:请一定要先连接好主机、测试延长线和诊断接头后,才将测试接头连接到诊断座上,否则容易导致连接过程中因导线短路造成诊断座保险丝熔化。

图 7.7 所示为金德 KT600 综合智能诊断仪连

接蓄电池示意图。

8. 进入诊断系统

连接好仪器，接通电源，启动诊断仪，进入主菜单，选择"汽车诊断功能"模块，如图 7.8 所示。单击某车型的相应的车标即可进入该车的诊断系统。

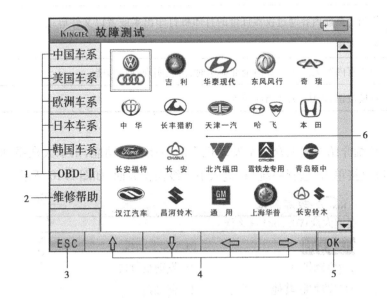

图 7.8　汽车诊断功能模块的主菜单

1—车系选择；2—维修帮助；3—退出键；4—方向键；5—确认键；6—车标

选择相应的车型进入汽车诊断系统，进行车辆故障测试，如单击中国车系下的奥迪大众图标，屏幕显示该车车型诊断信息，V02.53 为当前仪器内该车型的诊断车型版本，如图 7.9 所示。

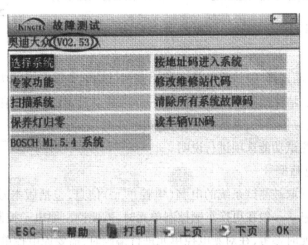

图 7.9　故障测试界面 1

车型诊断信息界面各按钮说明见表 7.5。

表7.5　车型诊断信息界面各按钮说明

按　钮	说　明
ESC	触摸按钮,返回上级菜单
帮　助	提供当前页面相关帮助信息
打　印	将当前页面内容通过仪器自带的打印机打印出来或者以文件形式保存至 CF 卡的 Temp 文件夹中
上页/下页	当所有内容无法在一页内全部显示时,由它实现翻页功能
OK	触摸按钮,确认,执行当前任务

本教材仅详细介绍奥迪大众车系发动机下的各项检测功能,由于大众系列车型的诊断方法一样,所以直接单击"选择系统"栏进入下一级操作界面,如图7.10 所示。

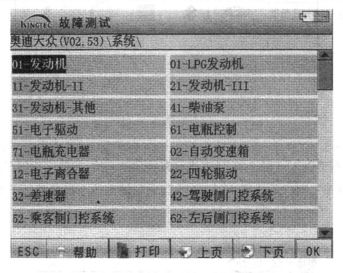

图7.10　故障测试界面2

图7.10 所示界面选择"01—发动机",将出现测试功能菜单。测试功能包括读取车辆电脑型号、读取故障码、清除故障码、读取动态数据流、基本设定、控制器编码、元件控制测试、各种调整匹配、自适应值清除、系统登录、防盗钥匙匹配等。

下面分别对各测试功能选项进行说明。

(1)读取车辆电脑型号

此项功能可以读取被测试系统的电脑(电控单元)信息,包括版本号、CODING 号、服务站代码以及相关信息。一般在更换车辆控制单元时,需要读出原电子控制单元信息并记录,以供购买新电控单元时参考,在对新电控单元进行编码时,需要原电控单元信息。

在系统测试功能菜单中选择"01—读取车辆电脑型号",屏幕显示如图7.11 所示。

部分车型存在多屏信息,按任意键或单击屏幕将会显示下一屏相关信息,按"ESC"键返回上一级菜单。

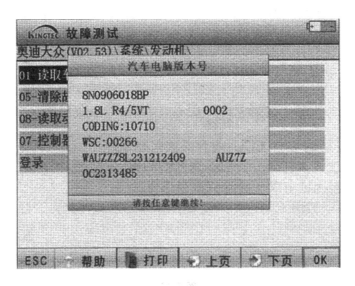

图 7.11

（2）读取故障码

此项功能可以读取被测试系统 ECU 存储器内的故障码，以帮助维修人员快速查到车辆故障的原因。在系统测试功能菜单中选择"02—读取故障码"，系统开始检测电控单元随机存储器（ROM）中存储的故障记忆内容，测试完毕后屏幕显示出测试结果，如图 7.12 所示。

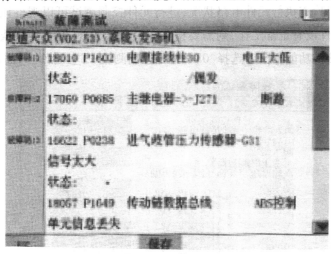

图 7.12

通过滚动屏幕查看所有故障码信息，若所测试系统无故障码，则屏幕显示"系统正常"字样，选择"ESC"键返回上一级菜单。

（3）清除故障码

在系统测试功能菜单中选择"05—清除故障码"，进入操作界面，如图 7.13 所示。

此项功能可以清除被测试系统 ECU 内存储的故障码，一般车型严格按照常规顺序操作：先读故障码并记录（或打印），然后再清除故障码，试车，再次读取故障码并进行验证，维修车辆，清除故障码，再次试车，确认故障码不再出现。

图 7.13

当前硬性故障码是不能被清除的,如果是氧传感器、爆燃传感器、混合气修正、汽缸失火之类的技术性故障码虽然能立即清除,但在一定周期内还会出现,必须要彻底排除故障,故障码才不会出现。

(4)元件控制测试

此项功能可以检查执行元件电路状况,进行元件控制测试可以观察该元件是否正常工作,如果该执行元件没有正常工作,则需要检查相关电器元件、插头线束或机械部件是否存在故障。在系统测试功能菜单中选择"03—元件控制测试",进入操作界面,如图 7.14 所示。

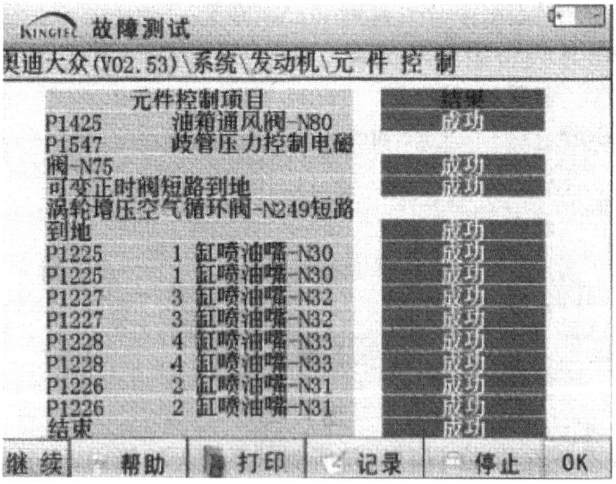

图 7.14

仪表板系统将会进行模拟显示,可以观察各仪表是否存在故障。按任意键或单击屏幕进入元件控制测试,此时仪表板上所有警告灯将会有显示,从而可以判断仪表警告灯或者线路是否有故障。单击"继续"键进入下一元件的测试,方法同前,直到被测系统的元件全部测试完成,按"ESC"键返回系统测试功能菜单。

（5）读取动态数据流

通过此项功能用户可以读取任意的动态数据流。在系统测试功能菜单中选择"08—读取动态数据流"进入操作界面。

例如，进入奥迪大众的测试系统，默认读取 1、2、3 组数据流，如图 7.15 所示，可以通过单击界面上的组号调节框顺序增减组号，选择不同的数据流组，或者可以直接单击组号框，利用界面弹出的小键盘输入具体的数据流组号。

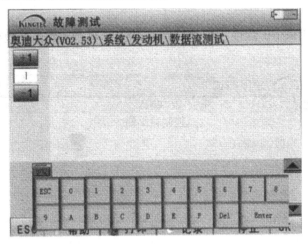

图 7.15

（6）基本设定

对奥迪大众的某些系统进行维修或者保养后，必须进行基本设定，如节气门自适应过程，点火正时、混合气、怠速稳定阀的设定，ABS 系统的排气等，对不同的车型、不同参数的基本设定要选择不同的组号，以原厂手册为准。

一般情况下，可以先查看基本设定组号对应的数据流，如果无此组数据流或者数据流与基本设定内容不符，则此基本设定组号不正确。基本设定的操作步骤如下：在系统测试功能菜单中选择"04—基本设定"，屏幕显示如图 7.16 所示。

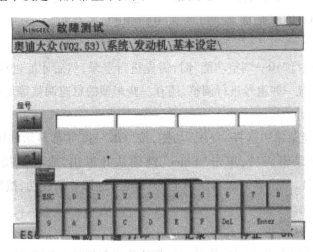

图 7.16

用户可以通过界面弹出的小键盘进行组号设定,完成设定后选择"OK"键确认并退出。

(7)控制器编码

如果车辆电控单元编码没有显示或者主电控单元已经更换,则必须进行控制器编码,如果新电控单元零件号和索引号完全和电控单元一样,则只需读出原电控单元的编码,然后编入新电控单元,如果车辆配置不同,电控单元编码就肯定不同,一些车型的电控单元可能只允许编码一次,且错误的编码轻则会导致车辆性能不良,重则给车辆带来严重故障,所以要尽量避免误码操作。

在系统测试功能菜单中选择"07—控制器编码",系统将会弹出编码录入界面,屏幕显示如图7.17所示。

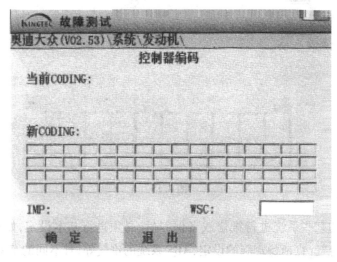

图7.17

单击录入界面后,利用界面弹出的小键盘在"CODING"栏输入正确的电控单元编码,单击"Enter"键确认并退出,或直接单击"ESC"键退出小键盘后,单击"确认"键,则控制器编码完成。返回上一级菜单重新执行"01—读取车辆电脑型号"功能,可以查看刚才录入的编码是否已经显示在"CODING"后面。

(8)登录

一般在对系统执行"10—调整功能"时,需先进行登录,然后才能进行调整。例如,防盗钥匙匹配,对仪表系统一些组号进行调整,还有一些车型的怠速调整等均需要先登录后才能执行各项功能。

在系统测试功能菜单中选择"登录"功能,按"OK"键,屏幕显示如图7.18所示,通过单击小键盘输入登录密码后,单击"Enter"键确认并退出,或者直接单击小键盘上的"ESC"键退出小键盘,单击界面提示菜单上的"确定"键即登录成功,按"ESC"键返回上一级菜单。

(9)调整

调整功能在各系统中有不同的用途,需要查看该车型的原厂手册,方可对车辆进行操

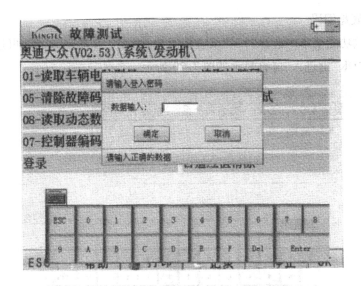

图 7.18

作,但不是所有的车型都具备该功能,关键在于该车型的电控单元是否支持该功能。通过该功能用户可以实现防盗钥匙匹配、怠速稳定阀设定等。

首先在系统测试功能菜单中选择"登录"功能,登录成功后,选择"10—调整",进入操作界面,如图 7.19 所示。

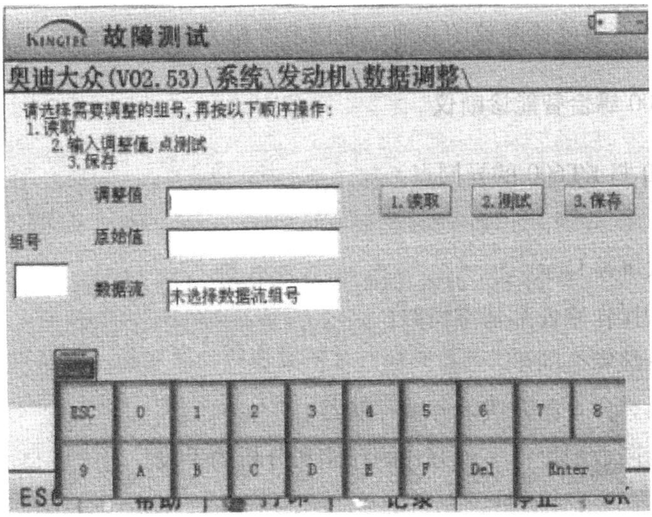

图 7.19

在使用调整功能时,请参照车型的原厂手册,首先输入组号,通过界面弹出的小键盘输入所要调整的组号后,单击"读取"按钮,系统将自动读取该组的原始值;选择调整值窗体,通过界面弹出的小键盘录入所需数值,单击"测试"按钮进入测试阶段,测试完成后单击"保存"按钮,系统将自动保存刚才的调整信息,按"ESC"键退出调整功能。

(10)自适应值清除

自适应值清除功能相当于调整功能的"00"组,是为了恢复电控单元的初始值。

（11）设定底盘编码

在系统测试功能菜单中选择"17—仪表板组合（防盗）"，按"OK"键，再选择"15—设定底盘编码"，按"OK"键进入，屏幕显示如图7.20所示。

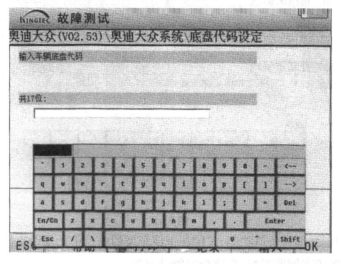

图7.20

利用界面弹出的小键盘输入该车的底盘编码，单击"设定"按钮，系统执行参数设定，参数设定完成后单击屏幕任意处退出。

金德KT600综合智能诊断仪的其他功能请参考相关资料。

三、金德KT300综合智能诊断仪

1. 金德KT300与KT600的异同点

（1）共同点

①都是真彩大屏幕显示。

②诊断程序和操作软件都基本类似。

③诊断程序升级完全同步。

④都可使用由客户自己升级的外置存储器。

⑤都具有对诊断数据进行多种方式的存储和分析的手段。

（2）不同点

①KT600带打印机电源而KT300没有。

②KT600具有示波器接口而KT300没有。

③KT600使用按键操作，KT300是全屏触摸。

④KT600硬件平台先进于KT300。

金德KT300综合智能诊断仪的功能及使用方法在这里就不一一介绍了，使用时请参阅相关资料。

【任务实施】

一、准备工作

1. 工具设备和材料

课件、汽车一台、金德 KT600 汽车诊断仪、金德 KT300 综合智能诊断仪、工具车、计算机等上网设备。

2. 安全防护用品

标准作业装。

二、信息收集

发动机型号:_____　　发动机编号:_____

故障诊断仪型号:_____

三、各小组进行 KT600 智能诊断仪识别学习并完成表 7.6—表 7.8

表 7.6　KT600 综合智能仪认识

序　号	正面视图	背面视图
1		
2		
3		
4		
5		
6		
7		

表 7.7　KT600 智能诊断仪主要部件说明

序　号	项　目	功能说明
1		
2		
3		
4		
5		
6		
7		

表 7.8　KT600 智能诊断仪系统测试功能表

序　号	功　能	点火开关状态 接通□断开□		发动机怠速 运转□停止□	
01		□	□	□	□
02		□	□	□	□
03		□	□	□	□
04		□	□	□	□
05		□	□	□	□
06		□	□	□	□
07		□	□	□	□
08		□	□	□	□

　　四、各小组成员通过教室上网设备,查阅的有关汽车故障码中闪码与数码的含义,各派一名代表上台叙述

【任务检测】

一、填空题

1. 汽车故障诊断仪(俗称解码器)是现代汽车维修中非常重要的工具,它能够快速读取汽车_____,为排除汽车故障争取宝贵的_____。

2. 学习汽车故障诊断仪的使用方法,能够正确使用故障诊断仪进行_____和_____分析,快速查明发生故障的_____和_____。

3. 汽车故障诊断仪具有读码、解码、清码、数据扫描等功能,有的解码器还具备传感器_____和执行器_____检测、调整以及系统_____、标定和_____设定等功能。

4. 当解码器的电子控制系统中的某一电路出现超出规定的信号时,该电路及相关的传感器反映的故障信息以_____的形式存储到_____内部的存储器中,维修人员可利用该诊断仪来_____故障码,使其显示出来。

5. 金德 KT600 汽车诊断仪可通过观察数据流连续的变化来准确分析数据流。并可存储_____,进行_____,从而发现传感器、执行器等的_____情况。

6. 示波盒是进行汽车故障诊断的重要部件,可以分析出进行汽车系统和燃油系统的可能故障点,为汽车运行的_____和_____提供科学依据。

7. 进入金德 KT600 汽车诊断仪主界面后,可以看到 KT600 提供的四大任务模块:汽车_____、系统_____、示波_____功能、辅助功能。用户可以通过单击触摸屏上的各功能模块进入各功能操作界面。

8. 测试金德 KT600 汽车诊断仪时,应打开汽车电源开关,汽车蓄电池电压应为_____ V,KT600 的额定电压为 DC _____V,节气门应处于_____状态,即怠速接合点闭合。点火正时和怠速应在标准范围内,冷却液温度和变速箱油温达到正常工作温度(冷却液温度 90 ~ 110 ℃,变速箱油温 50 ~ 80 ℃)

9. 连接金德 KT600 汽车诊断仪时,应将 KT600 诊断盒插入诊断插槽,注意插入方向,将印有"_____"字样的一面朝_____。

二、判断题

1. 汽车故障诊断仪俗称解码器,用户可以利用它在不解体汽车的情况下迅速地读取汽车电控系统中的故障,并通过液晶显示屏显示故障信息,迅速查明发生故障的部位及原因。　　　　　　　　　　　　　　　　　　　　　　　　　　　　　(　　)

2. 汽车故障诊断仪能够诊断电子控制系统的传感器、执行器状态以及 ECU 的工作是否正常。　　　　　　　　　　　　　　　　　　　　　　　　　　　　　　　(　　)

3. 金德 KT600 汽车诊断仪能够将各车型测试应用程序存储于存储卡上,相互独立,完全

可以实现分车型升级。数据流波形显示/存储。 （　）

4. 金德 KT600 汽车诊断仪装备领先的 32 位嵌入式芯片,选用海量内存,让用户感受提速带来的畅快。 （　）

5. 金德 KT600 汽车诊断仪主机有 4 种供电方式,可以根据需要进行选择。 （　）

6. 连接好主机电源后,按下 KT600 正面左下角的电源开关按钮,屏幕先出现下载条,等待片刻后进入启动界面(首次启动将弹出用户注册信息)。 （　）

7. 金德 KT600 汽车诊断仪开机时,应连接好主机电源后,按下 KT600 正面左下角的电源开关按钮,屏幕先出现下载条,等待片刻后进入启动界面(首次启动将弹出用户注册信息)。 （　）

8. 使用金德 KT600 汽车诊断仪,应连接好仪器,接通电源,启动诊断仪,进入主菜单,选择"汽车诊断功能"模块。单击某车型的相应的车标即可进入该车的诊断系统。 （　）

9. 在 KT600 功能菜单中 02 为读取故障码、05 为读取故障码。 （　）

【评价与反馈】

班级：　　　　　　　　姓名：　　　　　　　　指导教师：

序号	考核项目	配分	考核内容	配分	考核标准	得分
1	出勤/纪律	5	出勤	2	违规一次不得分	
			行为规范	3	违规一次不得分	
2	安全/防护/环保	20	着装	4	违规一次不得分	
			个人防护	4	违规一次不得分	
			"5S"/"EHS"	4	违规一次不得分	
			设备使用安全	4	违规一次不得分	
			操作安全	4	违规一次不得分	
3	知识水平	20	知识测验成绩	20	测验成绩的20%计	
4	技能考核	40	技能测验成绩	40	测验成绩的40%计	
5	学习能力	10	工单填写,工艺计划制订	4	未做不得分	
			组内活动情况	4	酌情扣1~4分	
			资料查阅和收集	2	未做不得分	
6	任务拓展	5	知识拓展	2	未做不得分	
			技能拓展	3	未做不得分	
7	总分		100			

【教师评估】

序　号	优　点	存在问题	解决方案
教师签字：			

任务7.2　汽车故障及其认知

【任务目标】

目标类型	目标要求
认知目标	1. 知道汽车故障的概念及其变化规律 2. 知道汽车故障的形成原因与各种类型 3. 知道发动机常用维修工具、设备、仪器和仪表的用途与使用方法
技能目标	1. 能进行安全操作,具有安全生产意识 2. 能正确分析汽车常见故障的种类与原因 3. 能通过现象判断汽车故障
情感目标	1. 养成主动学习习惯 2. 培养"5S"/"EHS"意识 3. 培养团队协作交流与语言表达能力

【任务描述】

汽车故障是造成汽车不能正常行驶与发生交通事故的常见原因。因此,认识汽车故障及其规律,尽量避免或者消除汽车故障极其重要。通过学习,要求学生能够知道汽车故障的概念、原因与变化规律。正确认识汽车常见故障,为今后的学习打下基础。

【知识准备】

汽车是由各总成和零部件组成,其结构复杂,使用条件变化不断。因此,在使用过程中不可避免地要产生各种故障,影响行车安全。

汽车故障是指汽车部分或完全丧失了正常工作能力(如不能启动、不能行驶)的现象。汽车故障的种类较多,而且,故障的产生从一定程度上看有很大的偶然性,但仔细分析,故障发生也有其变化规律。因此,分析故障的原因以及故障的变化规律,有利于我们在汽车发生故障时,能够用经验和科学知识准确、快速地诊断出故障原因,找出损坏的零部件和部位,并尽快地排除故障,以保障行车安全,避免造成交通事故。

一、汽车故障的原因

1.本身存在着易损零件

汽车在设计时,因各种因素、各种功能要求不同,各零件有不同的寿命,如汽车在恶劣环境下工作,其零部件就为易损件,如发动机轴承、火花塞等。

2.零件本身质量差异

汽车和汽车零件是大批量和由不同厂家生产的,不可避免地存在着质量差异。当原厂配件在使用中出现问题后,将不合格的配件装到汽车上更会出现质量问题。

3.汽车消耗品质量差异

汽车消耗品质差异主要有燃油和润滑油等,这些品质差的会造成燃烧室积炭、运动接触面超常磨损等,严重则会影响汽车的使用性能而发生故障。

4.汽车使用环境影响

汽车是在野外露天等不断变化的环境里工作,如高速公路路面宽阔平坦,汽车速度较快,易出故障和事故;乡村道路道路不平,汽车振动颠簸严重,易受损伤。山区动力消耗大,在城市用车时间长等,不适当的条件都会使汽车使用工况发生变化,容易发生故障。

5.驾驶技术和日常保养的影响

驾驶技术对汽车故障产生有影响。汽车使用管理日常保养不善,不能按规定进行走合和定期维护,野蛮启动和野蛮驾驶等都会使汽车过早损坏和出现故障。

6.汽车故障诊断技术和维修技术的影响

汽车使用中有故障要即时维修,出了故障要作出准确的诊断,才可能修好。在汽车使用、维护、故障诊断和维修作业中,特别是现代汽车,高新技术应用较多,这就要求汽车使用、维修工作人员要了解和掌握汽车新技术。不会修不能乱修,不懂不能乱动,以免旧病未除,又增新病。

因此,汽车故障广泛地存在于汽车的制造、使用、维护和修理工作的全过程,对于每一个环节都应十分注意,特别是在使用中要注意汽车的故障,有故障要及时发现、及时排除,才能使汽车在使用过程中减少故障的出现,避免交通事故的发生。

二、汽车故障的分类

1.根据故障发生的原因分为人为故障和自然故障。

(1)人为故障

汽车制造和使用时使用了不合格的零部件,或违反了装配技术条件;在使用中没有遵守使用条件和操作技术规程;没有执行规定的维修制度以及由于运输,保管不当等原因,而使汽车过早地丧失了它应有的功能。

(2)自然故障

在使用期间,由于外部或内部不可抗拒的自然原因而引起的故障,如在自然条件下的磨损、腐蚀、老化等损坏形式均为自然故障。

2.根据故障的危害程度分为致命故障、严重故障、一般故障和轻微故障。

(1)致命故障

致命故障涉及人身安全,可能导致人身伤亡;引起主要总成重大经济损失;不符合制动、排放、噪声等法规要求。

(2)严重故障

严重故障会导致整车性能显著下降;造成主要零部件损坏,且不能用随车工具和易损备件在短时间内修复。

(3)一般故障

一般故障会造成停驶,但不会导致主要零部件损坏,并可用随车工具和易损件或价值很低的零件在短时间(约30 min)内修复;虽未造成停驶,但已影响正常使用,需调整和修复。

(4)轻微故障

轻微故障不会导致停驶,尚不影响正常使用,也可用随车工具在短时间(约30 min)内轻易排除。

3.根据汽车使用中所表现出的故障不同分为突发故障和渐进故障。

(1)突发故障

突发故障发生前无可觉察的征兆,是随机发生的,往往伴随着零部件或总成、系统功能的突然丧失。

(2)渐进故障

由于零部件或总成的技术状况参数随工作时间或行驶里程而单调变化,因而故障的发生与否与给定的技术状况参数极限值的大小密切相关,即其故障判断依据是人为界定的。就目前的汽车设计、制造和使用、维修水平而言,汽车故障的41%～58%属于渐进性的,而其中的60%～65%与汽车的维护作业技术水平有关。

三、汽车故障的变化规律

汽车故障的出现存在一定的规律,这种规律用故障率来表示。

汽车的故障率是指汽车发生故障的频率随行驶里程或行驶时间而变化的规律。了解和掌握这一规律,对正确使用和维护车辆,准确及时判断和排除故障,优质高效地维修汽车具有重要意义。图7.21所示为汽车故障率曲线(也称为浴盆曲线)。横坐标代表时间(行驶里程),纵坐标代表故障率。

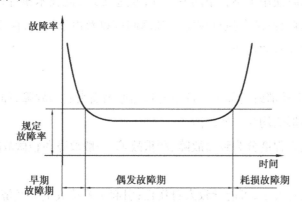

图7.21 零件磨损浴盆曲线

与零件的磨损规律相对应,汽车故障的变化规律分为3个阶段。

1. 早期故障期

早期故障期相当于汽车的磨合期,是新车或刚大修过的汽车使用初期,由于材料缺陷、零件加工及残留物、工艺过程引起的应力、装配与调整质量不适应汽车使用条件等,故该阶段磨损量较大,故障率较高。随着磨合期的结束以及磨合维护的完成,故障率迅速下降。

2. 偶发故障期

偶发故障期也称为随机故障期,其故障的发生是随机性的,没有一种特定的故障在起主导作用,多为使用不当、操作疏忽、润滑不良、维护欠佳,材料内部隐患、工艺和结构缺陷等偶然因素所致。在此期间汽车或总成处于最佳状态,故障率较低且稳定,不随时间而变化。曲线平坦,看不出变化规律。

3. 耗损故障期

随着行驶里程的增加,零件磨损量急剧增加,大部分零件老化、耗损,因而故障率急剧上升,出现大量故障,若不及时维修,将导致汽车总成报废。因此,必须把握好耗损点,制订合理的维修周期。

【任务实施】

一、准备工作

1. 工具设备和材料

课件、汽车一台、组合工具、工具车、零件摆放台、机油滤清器拆装钳、计算机等上网设备。

2. 安全防护用品

标准作业装。

二、信息收集

汽车型号：_____

发动机型号：_____　　发动机编号：_____

三、各小组分别进行汽车常见故障认知活动，并完成表 7.9—表 7.18 的填写

表 7.9　故障 1：离合器打滑

故障现象	故障原因	故障判断
01	01	01
02	02	02
03	03	03
	04	04
		05

表 7.10　故障 2：离合器分离不彻底

故障现象	故障原因	故障判断
01	01	01
02	02	02
	03	03
	04	04
	05	05

表 7.11　故障 3：自动变速器无驱动反应

故障现象	故障原因	故障判断
01	01	01
	02	02
	03	03
	04	04
	05	05

表 7.12 故障 4:自动变速器无前进挡

故障现象	故障原因	故障判断
01	01	01
	02	02
	03	03
	04	04

表 7.13 故障 5:转向沉重

故障现象	故障原因	故障判断
01	01	01
02	02	02
	03	03

表 7.14　故障 6:行驶跑偏

故障现象	故障原因	故障判断
01	01	01
	02	02
	03	03
	04	04

表 7.15　故障 7:轮胎磨损不均匀

故障现象	故障原因	故障判断
01	01	01
	02	02
	03	03
	04	04
	05	05
	06	06

表 7.16　故障 8:液压制动失效

故障现象	故障原因	故障判断
01	01	01
	02	02
	03	03
	04	04

表 7.17　故障 9:液压制动拖滞

故障现象	故障原因	故障判断
01	01	01
02	02	02
	03	03

表 7.18　故障 10:ABS 系统异常

故障现象	故障原因	故障判断
01	01	01
02	02	02
	03	03
	04	04

四、各小组成员通过教室上网设备,查阅的有关汽车故障与交通事故的案例,各派一名代表上台叙述

【任务检测】

一、填空题

1.汽车是由各总成和零部件组成,其结构复杂,使用条件＿＿＿＿＿＿＿＿＿＿。因此,在使用过程中不可避免地要发生各种故障＿＿＿＿＿＿＿＿＿＿,影响＿＿＿＿＿＿＿＿＿＿。

2.汽车故障是指汽车部分或完全丧失了正常＿＿＿＿＿＿＿＿＿＿(如不能启动、不能行

驶)的现象。

3.汽车故障的原因有＿＿＿＿＿＿＿＿、＿＿＿＿＿＿＿＿、＿＿＿＿＿＿＿＿、＿＿＿＿＿＿＿＿、＿＿＿＿＿＿＿＿等。

4.汽车消耗品质量差异主要有燃油和润滑油等,这些品质量差的会造成＿＿＿＿＿＿＿＿积炭、运动接触面＿＿＿＿＿＿＿＿磨损等,严重影响汽车的使用性能而发生＿＿＿＿＿＿＿＿。

5.驾驶技术对汽车故障产生有影响,如野蛮启动和野蛮驾驶等都会使汽车＿＿＿＿＿＿＿＿和出现＿＿＿＿＿＿＿＿。

6.维修工作人员要了解和掌握汽车新技术。不会修不能＿＿＿＿＿＿＿＿,不懂不能＿＿＿＿＿＿＿＿,以免旧病未除,新毛病又会出现。

7.根据故障的危害程度,汽车故障可分为＿＿＿＿＿＿＿＿、＿＿＿＿＿＿＿＿、＿＿＿＿＿＿＿＿和轻微故障。

8.汽车零件的磨损规律相对应,汽车故障的变化规律分为3个阶段:即＿＿＿＿＿＿＿＿、＿＿＿＿＿＿＿＿、＿＿＿＿＿＿＿＿。

9.在汽车零件偶发磨损期,汽车或总成处于最佳状态,故障率较低且＿＿＿＿＿＿＿＿,不随时间而＿＿＿＿＿＿＿＿。曲线平坦,看不出变化＿＿＿＿＿＿＿＿。

二、判断题

1.汽车故障是造成汽车不能正常行驶与发生交通事故的常见原因。　　　　(　)

2.汽车在设计时,因各种因素、各种功能要求不同,各零件有不同的寿命,如汽车在恶劣环境下工作,其零部件就为易损件,如发动机轴承、火花塞等。　　　　(　)

3.汽车和汽车零件是大批量和由不同厂家生产的,不可避免地存在质量差异。(　)

4.高速公路路面宽阔平坦,汽车速度快,易出故障和事故;乡村道路道路不平,汽车振动颠簸严重,易受损伤。　　　　(　)

5.根据故障发生的原因,汽车故障可分为人为故障和自然故障。　　　　(　)

6.根据汽车使用中所表现出故障的不同,汽车故障可分为突发故障和渐进故障。　　　　(　)

7.汽车突发故障是指其发生前无可觉察的征兆,是随机发生的,往往伴随着零部件或总成、系统功能的突然丧失。　　　　(　)

8.早期故障期相当于汽车的磨合期。随着磨合期的结束以及磨合维护的完成,故障率迅速下降。　　　　(　)

9.随着汽车行驶里程的增加,零件磨损量急剧增加,大部分零件老化、耗损,因而,故障率急剧上升,出现大量故障,若不及时维修,将导致汽车总成报废。　　　　(　)

【评价与反馈】

班级：　　　　　　　　　　姓名：　　　　　　　　　　指导教师：

序　号	考核项目	配　分	考核内容	配　分	考核标准	得　分
1	出勤/纪律	5	出勤	2	违规一次不得分	
			行为规范	3	违规一次不得分	
2	安全/防护/环保	20	着装	4	违规一次不得分	
			个人防护	4	违规一次不得分	
			"5S"/"EHS"	4	违规一次不得分	
			设备使用安全	4	违规一次不得分	
			操作安全	4	违规一次不得分	
3	知识水平	20	知识测验成绩	20	测验成绩的20%计	
4	技能考核	40	技能测验成绩	40	测验成绩的40%计	
5	学习能力	10	工单填写，工艺计划制订	4	未做不得分	
			组内活动情况	4	酌情扣1～4分	
			资料查阅和收集	2	未做不得分	
6	任务拓展	5	知识拓展	2	未做不得分	
			技能拓展	3	未做不得分	
7	总　分			100		

【教师评估】

序　号	优　点	存在问题	解决方案

教师签字：

任务7.3　汽车故障诊断

【任务目标】

目标类型	目标要求
认知目标	1.知道汽车故障的各种表现形式 2.知道汽车故障诊断的基本原则 3.知道汽车故障的常用诊断方法与过程 4.知道发动机常用维修工具、设备、仪器和仪表的用途与使用方法
技能目标	1.能进行安全操作,具有安全生产意识 2.能正确使用常用的维修工具、设备、仪器和仪表 3.能正确识别常用的汽车故障诊断仪
情感目标	1.养成主动学习习惯 2.培养"5S"/"EHS"意识 3.培养团队协作交流与语言表达能力

【任务描述】

现代汽车故障诊断是汽车维护、修理及性能检测的必要手段。它区别于传统的汽车故障诊断方法,现代信息技术与电子技术的发展使传统的汽车诊断方法向数字化方向发展。通过本任务的学习,知道汽车故障的表现、汽车故障诊断的基本原则、汽车故障的分析方法等理论知识,掌握汽车常见故障的诊断方法。

【知识准备】

一、汽车故障的表现

汽车性能异常就是汽车的动力性和经济性差,主要表现在汽车最高行驶速度明显低,汽车加速性能差;汽车燃油消耗量大和机油消耗量大。汽车乘坐舒适性差,汽车振动和噪声明显加大。汽车操纵稳定性差,汽车易跑偏,车头摆振;制动跑偏,制动距离长或无制动等。

1.汽车使用工况异常

汽车在使用中突然出现某些不正常现象,应重点加以预防,如发动机突然熄火;制动时无制动;行驶中转向突然失灵;更有甚者汽车爆胎和汽车自燃起火等。汽车使用工况异常症状表现比较明显,发生原因比较复杂,主要是汽车内部有故障没被注意,发展成突发性损坏。

2.汽车异常响声

在汽车使用中,汽车故障往往最易以异常响声的形式表现出来,驾驶员和乘坐者都可以听到。有经验者可以根据异响发生的部位和声音的不同频率和音色判断汽车故障,一般发动机响声比较沉闷并且伴有较强烈的抖振时故障比较严重,应停车、降低发动机转速或关闭发动机来查找,有些声音一时查不出来,应请有经验的人员查找。

3.汽车异味

汽车行驶中最忌发生异味,有异味首先要判断是否是汽车异味。汽车异味主要有:制动器和离合器上的摩擦材料发出的焦臭味;蓄电池电解液的特殊臭味;导线烧毁的焦煳味。在某些时候能够嗅到漏机油的烧焦味,这些情况都需要注意。

4.汽车过热

汽车过热表现为汽车各部的温度超出了正常使用温度范围。以散热器开锅表现最为明显;变速器过热、后桥壳过热和制动器过热等都可以用手试或用水试法表现出来,是长时间高负荷所致,休息即可,如为内部机构故障,应及时诊断和排除。

5.排气烟色异常

发动机排气烟色是发动机工作的外观表现。发动机烧机油排气呈蓝色,表明发动机烧机油;发动机燃烧不完全排气呈黑色,应更换燃油或调整点火正时;发动机排气呈白色,表示燃油中或汽缸中有水,应检查燃油或检查发动机。

6.汽车渗漏

汽车渗漏表现为燃油、机油、冷却液、制动液(或压缩空气)动力转向油的渗漏现象。汽车渗漏极易引起汽车过热和机构损坏。如转向机漏油容易引起汽车转向失灵;漏制动液容易引起制动失灵等。

7.汽车外观异常

将汽车停放在平坦路面上,检查外形状况,如有横向或纵向倾斜。其原因多为车架、车身和悬架、轮胎等出现异常,这样可能影响到汽车行驶安全。如汽车重心偏移、振动严重、转向不稳定和汽车跑偏等。

8.汽车驾驶异常

汽车驾驶异常表现为汽车不能按驾驶员的意愿进行加速行驶、进行转向和制动,可以觉察到汽车操纵机构和执行机构故障,除对油门踏板、制动踏板、离合器踏板和转向盘及其传动机构进行检查和调整外,还应对汽车进行全面检查。找出故障,维修至正常,才能使用。

二、汽车故障诊断的基本原则

汽车故障诊断是指依照相关技术标准,使用专业的工具、仪器、设备和软件,对汽车故障进行检测排查、分析判断,从而查明故障成因,确认故障部位的操作过程。汽车故障的诊断方法基本上是人工直观经验诊断法和仪器设备诊断法。随着汽车技术的发展,特别是电子技术、计算机技术在汽车上的应用,汽车故障诊断正从传统的眼观、耳听、鼻闻、手摸、隔离、试探和比较等经验诊断方式,向以数字化、集成化和智能化的诊断设备为辅助手段,以信息技术为依托的、系统完整的现代汽车故障诊断技术体系发展。

诊断汽车常见故障的基本原则可以概括为:熟悉结构、紧扣原理、观察现象、由表及里、先易后难、少拆为益。这就要求在分析结构和原理的基础上,先全面搜集了解故障的全部现象,然后在使用中从故障逐渐出现、突然出现,保养前出现和大修后出现等几个方面来考察,弄清在什么状况、条件下故障现象最为明显。在条件允许的情况下还可以改变汽车工作状况以观察现象的各种变化,从而抓住故障现象特征。

另外,还必须熟悉汽车的结构、工作原理及正常工作时所具备的条件,要弄清造成故障的主要原因。因为故障的发生并不是单一的,必须分析确定其主要原因,逐一先易后难地排除,再查找,以免走弯路。如发动机排气管冒黑烟,主要原因应是燃烧不完全,故应抓住油、气及其混合的关键,不要被一些次要原因及表面现象所蒙蔽。尤其应注意的是不要动不动就拆卸,很容易造成新的故障,也会浪费不必要的人力、材料和时间。

三、汽车故障的诊断方法

汽车故障诊断也可以理解为在不解体(或仅拆下个别小零件)的情况下,借助仪器、设备或者经验确定汽车的技术状况,查明故障部位及故障原因的汽车应用技术。汽车故障常用的诊断方法有人工经验诊断法、图表分析诊断法、仪表设备诊断法。

1.人工经验诊断法

(1)感官诊断法

感观诊断法有问、看、听、嗅、摸和试6种方法。

①问。"问"就是调查。首先和用户交流,并有针对性地进行询问,通过交谈了解故障出现的全过程。要认真倾听用户提供的汽车故障史,包括使用、维护、故障及修理等情况。情况不明便盲目诊断,会影响排除故障的速度和准确性。有经验的维修人员,在平时汽车故障诊断经验累积的基础上,对有些常见故障或某种车型的普遍性故障,通过"问"就能准确地判断出来。

②看。"看"就是观察。即通过观察车辆外表反映出来的现象。再结合其他情况,来判断车辆的故障。如看各种仪表指示是否正常、各警告灯是否正常;各种导线是否牢靠;各种管路、管接头是否松动、泄漏;轮胎磨损是否过度等。

③听。"听"就是听异响,以判断其工作状态及异响产生的部位,并分析可能的故障原因。听诊时要找到异响最明显的故障部位,分清响声的类型,同时要注意不同工况交变时异响的变化,找出异响的规律和特征,并进行综合分析和判断,避免误诊。

④嗅。"嗅"就是凭嗅觉检查汽车运行时有无异常气味,并判断是否有故障产生。如导线过热熔化、绝缘皮烧焦、摩擦片过热产生焦臭味,供给系泄漏的汽油味、柴油味,变速器油过热、变质发出的气味,机械部件不正常摩擦产生异味,蓄电池电解液泄漏的臭味等。尤其

是在行车中,一旦闻到电线烧着似的橡皮臭味,便应立即靠边停车,查明原因,杜绝火灾的发生。

⑤摸。"摸"就是通过触摸来感觉汽车各部位及电子元件温度的变化情况,以诊断有关系统的工作是否正常。在正常情况下,无论汽车工作多长时间,发动机、变速器总成均应保持一定温度。除发动机外,倘若用手触摸这些总成时,感到烫痛难忍,即表明该处过热,说明此处有故障。

⑥试。"试"就是实地试验。有些故障只有在汽车运行或特定条件下才能显现,修前试验可验证故障现象,找出故障规律;修后试验可检测故障是否排除,并检验维修质量和技术水平。

(2)征兆模拟法

如果汽车出现偶发性故障,但又没有明显的故障征兆,在这种情况下必须模拟与用户车辆出现故障时相同或相似的条件和环境,然后进行全面的故障分析。

在故障征兆模拟试验中,首先必须把可能发生的故障范围缩小,然后再进行故障征兆模拟试验。通过试验判断被测试的器件是否正常工作,同时也验证了故障征兆。

(3)换件诊断法

换件诊断法又称替换法,就是用合格的总成和零部件替换可能损坏的总成和零部件。换件诊断法可以简化故障诊断过程,是一些疑难故障有效的诊断方法之一。

(4)仪表诊断法

仪表诊断法是利用简单仪表进行诊断。常用万用表、示波器、汽缸压力表等常用仪表对汽车故障进行检测。

(5)分段检查诊断法

分段检查诊断法就是按照汽车上的线路、管路和系统的工作路线分段检查故障。

(6)局部拆检诊断法

局部拆检诊断法就是在已经判明故障发生在某个总成后,一时还不能准确判断具体故障部位,则可按照总成的工作原理,进行局部拆装检查。

2.图表分析诊断法

汽车故障分析就是根据汽车的故障现象,通过检测、分析和推理判断出故障原因和故障部位所在。

(1)故障树分析法

对于较复杂的故障,由于导致故障的原因较多,或属于比较少见的故障,因此单靠经验或简单诊断常常解决不了问题,此时必须将系统故障形成的原因由总体至部分按树枝状逐级细化的分析方法即为故障树分析法,它是汽车故障诊断最常用的分析方法。如针对发动机过热、而电动风扇不转的故障便可建立如下故障树(图7.22)进行一一排查和分析。

应用故障树诊断法的关键是建立故障树。首先在熟悉整个系统的前提下逐步分析导致

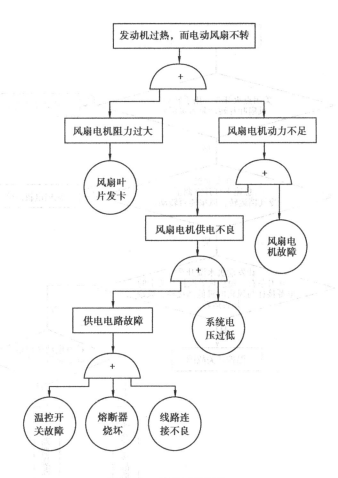

图 7.22 故障树分析法

故障的可能原因,然后将这些原因由总体至局部、由总成到部件、由工作顺序的先后逐层排列,最后得出导致该故障的多种原因组合,用框图形式画出即为故障树。

用故障树诊断法进行故障诊断时一定要注意,必须按照导致故障的逻辑关系进行逐步检查分析,否则就会出现遗漏或重复性的工作,甚至出现查不出故障原因的情况。

(2)故障诊断流程图检查法

根据汽车故障征兆和技术状况间的逻辑关系,反映汽车故障诊断的综合分析、逻辑推理和判断思路,描述汽车故障诊断操作顺序和具体方法,从原始故障现象到具体故障部位和原因的顺序框图即为汽车故障诊断流程图,如图 7.23 所示。它是汽车故障诊断过程中检测思路、综合分析、逻辑推理和判断方法最常用的具体表达方式。

(3)故障诊断流程表检查法

汽车故障诊断的检查程序也可以用流程表的形式表示。

(4)故障征兆表检查法

当故障既不能在故障代码检查中得到证实,也不能通过基本检查确诊的时候,可利用故障征兆表检查法来诊断汽车故障。

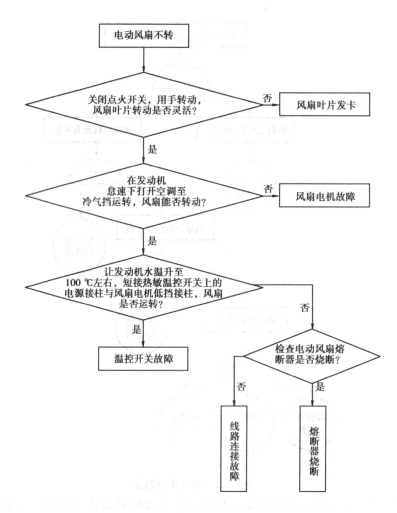

图 7.23　故障诊断流程图检查法

3. 仪器设备诊断法

仪器设备诊断法是指在汽车不解体情况下,利用一些专用诊断仪,如汽车专用万用表、汽车专用示波器、发动机综合参数测试仪、无负荷测功仪、四轮定位仪、汽车故障解码器等对汽车故障进行诊断。现代仪器设备诊断法的优点是检测速度快,准确性高,能定量分析,可实现快速诊断等。

【任务实施】

一、准备工作

1. 工具设备和材料

课件、汽车一台、组合工具、工具车、零件摆放台、故障诊断仪、计算机等上网设备。

2. 安全防护用品

标准作业装。

二、信息收集

发动机型号：＿＿＿＿＿＿＿＿＿＿＿　　发动机编号：＿＿＿＿＿＿＿＿＿＿

故障诊断仪型号：＿＿＿＿＿＿＿＿

三、学生以小组为单位，在教师提供的汽车上完成发动机不能启动故障诊断，并填写相关的作业

发动机不能启动故障诊断

故障现象	故障原因	故障判断
01	01	01
02	02	02
03	03	03
04	04	04
05	05	05
06	06	06
07	07	07

四、学生以小组为单位,在教师提供的汽车上完成发动机有时失速故障诊断,并填写相关的作业

变速器传动齿轮异响

故障现象	故障原因	故障判断
01	01	01
02	02	02
03	03	03
04	04	04
05	05	05
06	06	06

五、学生以小组为单位,在教师提供的汽车上完成汽车制动跑偏故障诊断,并填写相关的作业

汽车制动跑偏故障诊断

故障现象	故障原因	故障判断
01	01	01
02	02	02
03	03	03
04	04	04
05	05	05
06	06	06

六、各小组成员通过教室上网设备,查阅的有关汽车故障诊断新方法知识,各派一名代表上台叙述

【任务检测】

一、填空题

1. 现代汽车故障诊断是_____必要手段。

2. 汽车性能异常就是汽车的_____和_____,主要表现在_____
_____,汽车_____;汽车_____和_____。

3. 汽车使用中突然出现某些不正常现象,应重点加以预防:如_____
_____;_____;_____;更有甚者_____和_____等。

4. 在汽车使用中,汽车故障往往最易以_____的形式表现出来,驾驶员和乘坐者都可以听到。

5. 汽车异味主要有:_____和_____发出的焦臭味;_____
_____臭味;_____的焦煳味。

6. 汽车渗漏表现为_____、_____、_____、_____渗漏现象。

7. 汽车故障诊断是指:依照相关技术标准,使用_____,对汽车故障进行_____、_____,从而查明故障成因,确认故障部位的操作过程。

8. 诊断汽车常见故障的基本原则可概括为:_____、_____、_____、_____、_____、_____、_____。

9. 汽车故障诊断的经验法中,感官诊断法有____、____、____、____、____和____ 6 种方法。

二、判断题

1. 现代信息技术与电子技术的发展使传统的汽车诊断方法向数字化方向发展。(　　)

2. 汽车使用工况异常症状表现比较明显,发生原因比较复杂,主要是汽车内部有故障没有被注意,发展成突发性损坏。(　　)

3. 有经验者可以根据异响发生的部位和声音的不同频率和音色判断汽车故障。(　　)

4. 汽车驾驶异常表现为汽车不能按驾驶员的意愿进行加速行驶、进行转向和制动,可以觉察到汽车操纵机构和执行机构故障等。(　　)

5. 汽车过热表现为汽车各部的温度超出了正常使用温度范围。以散热器开锅表现最为明显。(　　)

6. 汽车故障的诊断方法基本上是人工直观经验诊断法和仪器设备诊断法。(　　)

7. 如果汽车出现偶发性故障,但又没有明显的故障征兆,在这种情况下必须模拟与用户车辆出现故障时相同或相似的条件和环境,然后进行全面的故障分析。(　　)

8. 换件诊断法又称替换法,就是用合格的总成和零部件替换可能损坏的总成和零部件。(　　)

9. 当故障既不能在故障代码检查中得到证实,也不能通过基本检查确诊的时候,可利用

故障征兆表检查法来诊断汽车故障。　　　　　　　　　　　　　　　　　　　　（　　）

【评价与反馈】

班级：　　　　　　　　　　　姓名：　　　　　　　　　　　指导教师：

序　号	考核项目	配　分	考核内容	配　分	考核标准	得　分
1	出勤/纪律	5	出勤	2	违规一次不得分	
			行为规范	3	违规一次不得分	
2	安全/防护/环保	20	着装	4	违规一次不得分	
			个人防护	4	违规一次不得分	
			"5S"/"EHS"	4	违规一次不得分	
			设备使用安全	4	违规一次不得分	
			操作安全	4	违规一次不得分	
3	知识水平	20	知识测验成绩	20	测验成绩的20%计	
4	技能考核	40	技能测验成绩	40	测验成绩的40%计	
5	学习能力	10	工单填写,工艺计划制订	4	未做不得分	
			组内活动情况	4	酌情扣1~4分	
			资料查阅和收集	2	未做不得分	
6	任务拓展	5	知识拓展	2	未做不得分	
			技能拓展	3	未做不得分	
7	总　分		100			

【教师评估】

序　号	优　点	存在问题	解决方案

教师签字：

参考文献

［1］刘宜.汽车性能检测与故障诊断一体化教程［M］.北京:机械工业出版社,2014.

［2］http://www. carservice. com. cn/ 汽车与驾驶维修.

［3］http://www. qclt. com 汽车论坛.

［4］http://www. motortrend. com. cn/ 汽车族.

［5］http://www. ephua. com 汽车维修技术网.

［6］http://www. easiu. com 中国易修网.

［7］http://www. autorepair. com. cn 汽车维护与修理网.